JN268745

博物館をみせる

人々のための展示プランニング

KATHLEEN McLEAN
K.マックリーン

井島真知・芦谷美奈子 訳

玉川大学出版部

PLANNING FOR PEOPLE IN MUSEUM EXHIBITIONS

PLANNING FOR PEOPLE IN MUSEUM EXHIBITIONS
by Kathleen McLean
Copyright © 1993 by Kathleen McLean
Japanese translation rights arranged with
Association of Science-Technology Centers, Inc.
through Japan UNI Agency, Inc., Tokyo.

日本語版によせて

　展示に関して私の書いた本が日本語に翻訳されることを，たいへん名誉に思う．私にとって，これは「一周してもとの場所に戻る」ことになる．というのも，私は子ども時代の数年間を東京で過ごしたからだ．
　わが友ユキコから日本の幼年期の美しさや喜びを多く学んだ．風にたなびく鯉のぼりで子どもの日を祝い，ひなまつりには，ユキコが美しい赤い着物のすてきな人形を私にくれた．
　大人になって再度日本を訪れると，私は，日本で育ったことが私の美的世界観に大きく影響していることに気付いた．色やサイン，素材，濃密さ，そしてシンプルさ．私の展示開発に大きな影響を与えていたのは，日本のわびさびの美であった．
　この本が何らかのかたちで読者の役に立つことを願う．この本に書いていないこともたくさんある．また，最初にこの本を書いて以来，私も多くのことを学んだ．日本に伝わる古い格言を思い出す．「知るものは言わず，言うものは知らず」．
　この本に，あなた自身の経験や知恵を書き加える白紙のページが十分にあることを願って．

2003年　キャスリーン・マックリーン

まえがき

　博物館体験の中心は利用者である．これがこの本のメイン・メッセージである．展示を開発する者だけでなく，教育プログラムの開発担当者やマーケティング担当者にとってもタイムリーなメッセージだろう．

　深刻化する財政難，そして，一見博物館と似ている「エデュテイメント」施設との競争激化に伴い，展示デザイナーや製作者は，自分たちが人々のためにプランニングを行っているという事実をいとも簡単に忘れてしまっている．この本が我々に思い起こさせてくれるのは，利用者一人ひとりを尊重することから始めること，そして，プランニングの全過程を通じて，利用者の興味やニーズを満たすことを心に留めておくことの重要性である．

　この本の出版を可能にしてくれた連邦ミュージアムサービス局に科学館技術館協会（ASTC）から感謝の意を捧げる．また，展示開発者，教師，コンサルタントという忙しい仕事のなか，自らの考えを我ら同僚と分け合う時間をつくってくれた，キャスリーン・マックリーンにはとくに感謝している．

　マックリーンは，20年間の豊富な経験をこの本につぎこんでいる．彼女はオークランド博物館の展示プランナーとしてスタートして以来，ブルックリン子どもの博物館とメリーランド・サイエンスセンターの両館で展示部長と出版部長を務め，数年の間インディペンデント・イグジビションズというプランニング会社を経営していた．1993年にはエクスプロラトリアムへ移り，パブリックプログラムと展示センターのディレクターとなった．

　自らの経験や人々のニーズに対する敏感さをもとに，マックリーンは展示のプランニングに関する考え方をここに提供してくれている．

ウェンディ・ポロック
ASTC 副ディレクター

1996 年 1 月

謝辞

　この本は多くの人々の努力と貢献の積み重ねの結果である．1974 年以来，私が仕事を共にする名誉を得た，科学，歴史，美術，そして子どもの博物館関係者たちの声や経験から成るものである．この本の始まりは 1986 年，カリフォルニアのジョン F. ケネディ大学のミュージアム・スタディーズ課程での展示開発・デザインのフィールドワークのカリキュラムとしてであった．テキストが発行される前にフィールドワークのプログラムは中止されたが，同僚のすすめによって，私はそれを本にできると確信した．しかし，同僚が鋭い目で草稿を読んで，適当な量に戻すのを助けてくれる前は，もともと 50 ページだったテキストは 300 ページを超えるまでに膨らんでいた．

　多くの人々の援助と激励がなければ，本書は決して出版に至らなかっただろう．最初に私をこのプロジェクトに引き込んでくれたダイアン・フランケルに感謝を捧げたい．編集者のマーシャ・タカヤナギと S. アラン・レイは，最初の執筆期間を通じて私を励まし，ジョン F. ケネディ大学ミュージアム・スタディーズ部長のゲイル・アンダーソンは，未発表のカリキュラムを本書の基礎とすることを寛大にも許可してくれた．メリーランド・サイエンスセンターの総ディレクターのポール A. ハンル博士は熱心にプロジェクトを支持し，私がそこの展示ディレクターであった間，本書に取りかかるのに必要な時間を与えてくれた．

　草稿を読んでくれた人々――サンディー・シーザー，バーバラ・フラッグ，キャスリーン・フリューゲル，キャロル・ガーフィンクル，トマス・ハートマン，エードリエン・ホーン，ランディ・コーン，パム・マイヤーズ，ベッツィ・ピッツマン，ステファニー・ラットクリフ，ビヴァリー・セレル，サム・テイラー，ドナルド・ウッズ――にはとくに感謝したい．彼らは，私が混乱したときに地に足をつけるのを助け，核心をつき，そこに留まるのを助けてくれた．ASTC のクリス・

レイモンドとウェンディ・ポロックはすばらしい編集者で，私のあいまいな概念を明確にし，結晶させ，正しい言語を使用する助けとなった．ベス・レッドモンド - ジョーンズは，未処理事項をすべてまとめ，キャサリン・ホイットニーと共に貴重な研究的サポートをしてくれた．アニタ・ルウェリンは，環境に関する事項についての補遺をつくる際に，調査や執筆を助けてくれた．そして最後に，夫のチャールス・ターヴェイに感謝したい．多くの本の謝辞で作者が配偶者について言及する理由を，私はこれまで理解できずにいたが，今は理解できる．すべての週末や夕べをあきらめて私にこの仕事をやりとげさせてくれて，ありがとう．

はじめに

　1986年に最初にこの本を書き始めて以来，いろいろなことが変化した．全国の博物館関係者は各館で大きな変化をおこしている．これまでにない論争の対象となるような展覧会を行い，新しい展示技術や開発スタイルを実験し，本当に自分たちの観客を知ろうと試みている．博物館の展覧会は，インタラクティブな要素やコンピュータ，記憶に残りやすい会話調の解説文，ガラスケースから出された資料などで満たされるようになってきている．

　しかし，変わらなかったことも多い．我々の大部分は，利用者のことを念頭におきながら彼らとともに展覧会をつくっていると主張するものの，これらの主張を裏切る展覧会があまりにも多い．これはおそらく，ほとんどの展示プランナーが（経営管理責任者，館長，キュレーター，デザイナー，展示技術者がみな），利用者の側に立つコミュニケーションの専門家としての役割をエデュケーターや，そして最近ではエバリュエーターに押しつけてきたからだろう．エデュケーターやエバリュエーターは，展覧会が既に計画，設計された後で「それを分かりやすくする」ように期待されてきたのだ．しかし，もし我々が本当に展示を魅力的なものにしたいのならば，エデュケーターやエバリュエーターだけでなく，あらゆる展示関係者がコミュニケーションについて考え，利用者の側に立たなければならない．

　こうした議論は新しいものではないが，今でもとくに学術研究の場としての博物館の伝統を保持する人々のあいだでは抵抗感があるようだ．しかし，他の社会的，文化的機関と同様に，今日，博物館も大きな変化の中にある．もはや，高尚さを売りにするだけでは自らの存在を正当化することはできず，支持を求めて市場や利用者をますます意識するようになっている．そして，利用者への関心が高まるにつれ，博物館が提供する中で最も突出して公的な特性を持つ展示に，ますます焦点が当たるようになっている．

　展示開発は博物館の中でも成長をつづけている分野で，それは全米博物館協会の最大の委員会である全米博物館展示協議会（NAME）の会員が増加していることが証明している．しかし，この分野には明確な専門基準が欠けて

おり，総合的な教育プログラムもほとんど存在しない．毎年何百万人もの人々が博物館の展示を訪れ，何百万ドルもが展示づくりに費やされているが，その責任を担う人々はほとんど適切な訓練を受けていないのだ．その大部分は，学術分野の専門家か，あるいは展示開発の特定分野の専門家（グラフィックデザイン，学習理論，展示ケースの製作など）である．

展示をつくるのに必要な多くの分野を幅広く理解している博物館関係者はほとんどいない．デザインの専門技術はあるかもしれないが，展示の概念をどのようにデザインと統合するかに関してはほとんど知らない．学術的な専門知識を持っているかもしれないが，それについて人々を興奮させ，夢中にさせる方法を知らない．学習理論について訓練を受けているかもしれないが，それを3次元の環境でどう適用するかを理解していない．「展示プランナー」や「展示ディベロッパー」または「教育的デザイナー」のような，多分野をカバーする展示の専門家という考え方が出てきてはいるが，伝統的な博物館の世界では，それはまだ完全には受け入れられていない．

展示関係者は，展示について非常に近視眼的な見解しか持たない傾向がある．新しく見える事柄（人々のアクセス，展示への参加，展示室における利用者による検証，娯楽としての展示など）も，実は以前から言われてきたことである．今日の博物館の展示に関する多くの仮説や動機，概念も，そのルーツはずっと過去にさかのぼる．公的機関としての博物館という概念は1700年代にはすでに提唱されており，1800年代までには，ジオラマや物語の使用といった解釈技術とともに，展示を利用した公衆教育が，多くの博物館の使命に含まれるようになっていた．展示技術の多くは，モノ（とくに製造加工品）や美術品の展示を目的に万国博覧会で開発されたものである．また，娯楽としての展示という概念や，展示のバリエーションを重要視することも新しくはない．例えば，1900年に，ゴールデンゲート記念博物館のディレクターであるC. P. ウィルコムは次のように提案している．

> 博物館の目的が娯楽のかたちをとった教育であり，博物館が行う啓発の対象が教養のある階級よりも労働者階級であるとき，幅広く変化に富んだものこそが，彼らの好みに合い，理解を得ることができるだろう[1]．

早くも1889年には，ベルリンのウラニアには，利用者が動かす模型と科学劇場があったし，1906年には，ドイツ博物館が映像やインタラクティブな要素，図表やイラストを展示で使用し始めていた．1930年代には，エドワー

ド・ロビンソンとアーサー・メルトンが，心理的要因や展示の提示方法が観覧者の博物館での疲労に影響するかもしれないと述べていたし，同じく1930年代には，工業デザイナー（新しい専門職）が，製品のデザインとスタイリングに加え，市場調査や生産分析に取り組んでいた．彼らは展示デザインも手がけるようになり，一般的な平易な言葉で話すことができる，最初の「専門的ジェネラリスト」となった．

　つまり，どれも新しいアイデアではない．皆，以前に聞いたことがあるものだ．最も重要なのは，我々が先達の経験や洞察を展示の実践に十分に統合してこなかったということだ．これから我々は，今後展示に関わる者たちが頼りにできるような，適切な知識をつくりあげていかなければならない．最近，博物館利用者や展示の特定の分野についての良書が出版され，そうした知識がかたちづくられ始めている．本書は，展示開発のプロセスについて基本的な事項を概観し，展示に関わる者が博物館の展示を訪れる人々に対してどのような責任を負うのかについて思想的考察を提示して，展示の分野に貢献しようとするものである．

目　次

日本語版によせて ………………………………………………… 3

まえがき ……………………………………………………………… 4

謝辞 …………………………………………………………………… 5

はじめに ……………………………………………………………… 7

1章　博物館利用者 …………………………………………… 15

課題：展示を見にくる人々のことをよく知り，利用者の視点から博物館を経験する

> 利用者はどんな人々で，何を望んでいるのか　19／展示における学び　23／ミステリーと発見　27／利用者との接点　28

2章　博物館の展示 …………………………………………… 31

課題：メディアとしての博物館展示の力と限界を深く理解する

> 展示はモノ（物体）を見せる　32／展示のコミュニケーション　34／展示は経験　35／展示をつくる側が取り組むべきこと　37／展示を成功させる要素とは　37／展示にはいろいろある　39／資料を中心にした展示　40／現象を説明する展示装置　45／トピック展示　46／常設展示，短期展示，巡回展示　50／「実のある」展示　54

3章　チームと体制──チームのプレイヤーたち ………… 56

課題：利用者の展示経験を最重要視する展示プランニングの作業集団をつくる

専門家がつくる展示　56／専門家集団　57／専門的ジェネラリスト　59／チームワークの心理学　62／チームのありかた　64／ひとつの傘のもと（アンブレラの原理）　68／まとめ　70

4章　展示開発のプロセス ……………………………………… 72

課題：展示開発を促進するプロセスのために柔軟なガイドラインをつくる

創造のプロセス　73／制約は常にある　75／展示開発のステップ　77／プロセスを改善する　95

5章　正しく行う──利用者研究，評価，そして展示 ……… 97

課題：展示が利用者に与える影響力にもっと目を向け，利用者を展示開発のプロセスに巻き込む

評価とは何か？　99／評価と展示の現実　106／博物館経験の向上　111

6章　展示開発における問題解決 ……………………………… 113

課題：展示開発と展示デザインを，展示場での人々の経験に，より焦点を当てるための問題解決のプロセスととらえる

問題解決と創造性　114／問題を明確にする　115／創造を妨げるもの　118／問題解決テクニック　119

7章　参加型・インタラクティブ展示 ………………………… 128

課題：使いやすく，実験心や探求心を助長するような参加型，インタラクティブ展示をつくる

新しいコンセプトではない　130／インタラクティブ展示のプランニング　131／確実に作用させる　135／メンテナンスと修理　137／では，美術館や歴史博物館

は？ 138

8章　ラベル──展示の語り手 ……………………………………… 142
課題：人が読んで分かりやすい展示解説をつくる

解説をつけるべきか，つけぬべきか　144／伝達者としての解説ラベル　146／よい解説ラベルをつくる　147／解説ラベルのねらいと目的を確立する　148／盛り込みすぎない　150／さまざまなメディアを使う　150／効果的な執筆・編集プロセスをつくりだす　151／解説ラベルとデザイン　153／読みやすいデザイン　153／最終的に考えること　156

9章　空間を変容させる ……………………………………… 157
課題：展示空間が人に与える影響を理解する

空間を構成する　158／調和　158／雰囲気　164／歩調　164／空間を決める構造物　172／空間と文化　174

10章　外　観──色，質感，グラフィック，素材 …………… 176
課題：外観のデザインによって展示テーマを強化する

色　176／質感（テクスチャー）　180／外観加工の手法としてのグラフィック　182／素材　183

11章　光で導く ……………………………………………… 188
課題：人が光にどう反応するかを理解し，展示をよくするためにそれを利用する

観覧者のための照明　189／照明とデザイン　191／照明と色　192／資料保存係の懸念──照度測定　193／照明の種類　194／照明システムと装置　196／照明のメンテナンス　196

12章　博物館展示——その制約と可能性 ……………………… 199
　課題：多様な社会においてめまぐるしく変化する需要を認識し，
　それらを満たす

　　予算，人，素材の制約　200／可能性をひろげるには
　　205／利用者に応えて　208／人々のためにつくる　210

補遺A　展示を見る——ある批評の方法 …………………………… 213
補遺B　環境への配慮——簡単なガイドライン ………………… 218
注 ………………………………………………………………………… 224
参考文献 ………………………………………………………………… 233
引用文献 ………………………………………………………………… 250
写真のクレジット ……………………………………………………… 252
博物館等一覧 …………………………………………………………… 255
展示名一覧 ……………………………………………………………… 257
訳者あとがき …………………………………………………………… 259
事項索引 ………………………………………………………………… 263
人名索引 ………………………………………………………………… 266

1 章　博物館利用者

> たいていの博物館で最初に欲しくなるのは，一杯のコーヒーである．すぐに疲れてしまうからだ．　　　　　　　　　　　　－ルイス I. カーン

> 博物館研究者が書くものや，展示をつくる者たちのすることを見ていると，彼らはまるで娯楽で博物館を訪れることがないかのようだ．なんということだろう！　　　　　　　　　　　　　　　　　　－ロジャー・マイルズ

課題：展示を見にくる人々のことをよく知り，利用者の視点から博物館を経験する

　「それをつくれば，彼らはやってくる」．映画「フィールド・オブ・ドリームス」の中で，中西部の農夫がトウモロコシ畑を野球場にしたとき，精霊はそうささやいた．農夫は疑念を持ちつつも，常識や慣習を無視し，自分の漠然とした夢を追った．映画の最後のシーンでカメラが地平線へパンすると，そこにはなんと何千もの人々が押し寄せていた．この映画を見た観客は，人間愛と自分の夢を追い求めた男の勇気に感動して席を立つが，トウモロコシ畑に集まってくる何千もの人について疑問を持つことはない．彼らは誰なのだろう．何を期待しているのか．誰が彼らの食事の面倒をみるのだろう．トイレはどうするのか．

　展示をつくる者は，この映画の農夫に少し似ている．展示をつくるとき，女神ミューズの励ましはあっても，周囲からの理解や援助は少ない．そして，展示をつくることにあまりに夢中になり，その途中で多くの障害に直面する

中，地平線上の人々について考えることはあまりない．しかし，やってくる人々が同様に野球への強い情熱を持ち，野球という体験を理解している農夫の場合と異なり，展示プランナーの場合は，観覧者にとって馴染みがなく，関係のないことを扱わなければならないことも多い．さらに，ライトがつくと消えてしまう農夫と違って，我々はその場に居続けて，来館者数や展示経験の質によって展示の効果や成功度を測るなど，「彼ら」が到着した後に何が起こるのかを見届けなければならない．

博物館で働く者たちは，問われれば，展示はたいてい一般の人々を対象にしていると答えるはずだ．しかし本当にそうだろうか．確かに，学者や収集家，キュレーターが自分たちのためだけに展示をつくっていたのは，はるか昔のことである．今や，土日や祝祭日が休館で，"ドックからやってくる船乗りやその連れの女の子たち"のような"一般大衆"を締め出している」[2) 博物館を見ることはない．

しかし今日でもなお，我々博物館関係者の中には，利用者は避けがたい厄介な存在で，それさえなければ博物館の職はすばらしいと考える者がいる．来館者のことを，自分たちの聖域で暴れまわる侵入者であるかのように見ることが多いのだ．人々が博物館にくることは喜ばしく思うものの，彼らが敬虔な態度をとらないと腹を立てる．すばらしい（と自分が思う）展示をせっかく提供しているのに，あくびをしたり腰が痛いと言い出す観覧者がいる．混雑した日に，展示室が汗まみれの学校団体でいっぱいになると，その「ギャング騒ぎ」に目をむいてブツブツ文句を言ったことがないだろうか．我々は，観覧者が我々の努力を理解するものと思い込み，期待どおりにならないと，観覧者の方がおかしいと考えてしまうのだ．

こうした症状は，博物館職員と利用者の関係について，積年の問題が現れたものだ．著述家でミュージアム・エデュケーターであるアデル・シルヴァーは，1974年に実施し

た博物館職員を対象とした調査と，主要な利用者（大卒の人々）に対する博物館職員の態度に言及して次のように語っている．「驚くことに，博物館職員はきまって利用者のことを"しつけがなっていない"とか，"教育を受けていない"，時には"素人"と言う．まるで，博物館職員と教育のある中産階級の利用者との間を，非常に大きな神聖な溝がへだてているかのようだ」[3]．こうした態度はなかなかなくならないと見える．この約10年後にも，合衆国ホロコースト記念博物館 の副館長エレイン・ホイマン・グリアンは，「利用者を我々の同僚と考えるのか，それとも迷える子どもと考えるのか．我々は教師なのか牧師なのか，それとも彼らの友人なのか」[4]との問いを発している．こういう中で，ローレンス・ホールオブサイエンスの前館長で，科学館技術館協会（ASTC）会長のマック・レッシュは，今でも博物館職員に言い続けなければならない．「科学者は宣教師ではないし，博物館利用者は正しい教育という衣服を着せられる原住民ではないのだ」[5]．

　展示を一般の人々のために計画しないのだとしたら，我々の情熱はいったい誰に向かっているのだろうか．往々にして，そして多くの場合は無意識のうちに，職業上の同僚，つまり他のキュレーターやデザイナー，科学者，報道機関，批評家，そして自分の館の館長に向かっている．大英自然史博物館の公共サービス部長であるロジャー・マイルズは，「実際の利用者（博物館を訪れて展示などのプログラムに参加する人々）」と「対象とする人々（博物館の職員が意識している人々）」が一致しないと，その展示は問題を抱えることになると指摘している[6]．例えば，アフリカの人々に関する展示の解説文を例にとって考えてみよう．

家族
　アフリカの伝統社会の根本にあるのは家族の概念で，それは徐々に拡張して非常に広い社会的地平を包含する．家族の上位は親族である．親族がいくつか集合し氏族をつくる．氏族が集合して部族をつくる．氏族より上のレベルでは，

18

アフリカの家族について説明する3次元模型と解説ラベル

　実際の関係は通常不明であるが，氏族の先祖たちは兄弟，つまり，部族の先祖の息子たちだと考えられている．アフリカの部族のいくつかが結びつき，共通の先祖に関する類似した神話をつくり，国家や帝国をつくることもある．

　家族にはいくつかの形態がある．男系または女系，もしくは双方の系統をたどるからである．基本的な母系家族（1）は，男，そして彼の姉妹とその子どもたちから成るが，姉妹の夫は含まれない．父系家族（2）は我々の家族と似ている．

　上記の説明はかなり単純化したものだが，アフリカの家族の概念は，ここに示したある地域の父系家族のモデルがよりよく説明している．ここでは，すべての個人はいずれかの線を通じて，他のすべての個人との関係をたどることができる．森林にある村はしばしば孤立し，より大きな社会にあるような婚姻の厳正なルールが維持できない．このモデルでは，考えられるいくつかの婚姻システムを示した（3，4，5）．また，このモデルは女性の重要性も示している．女性は父系

統間に付加的で直接的な関連をつくっている．

　この無味乾燥なモノローグと抽象的なグラフィックは，アメリカの主要公共機関であるニューヨークのアメリカ自然史博物館が，一般の人に向けてつくったものである＊．しかし，この種の専門的情報は，おそらく一般の観覧者を当惑させることだろう．

＊　この解説ラベルは1976年に書かれた．現在，アメリカ自然史博物館のスタッフは，常設展示を見直し中である．この博物館の大きさと扱う範囲を考えると大変な仕事である．

　展示の「エンド・ユーザー」（工業デザインの言い方に倣えば）に敏感であることは，展示のプランニングにおいて重要な最初の一歩である．利用者研究や調査を行い，博物館を利用しているのはどんな人々で，彼らが博物館でどのような経験をしているのかを見極めることは，展示の質の向上に役立つ．しかし，調査や研究だけでは不十分である．より効果的で人々を夢中にさせる展示をつくりたかったら，展示プランナーは博物館利用者について真の関心を持たなければならない．利用者が何を考えているのか，彼らの発する疑問に興味を持たなければならない．利用者に楽しんでもらいたい，達成感と満足感をもって展示を後にしてほしい，と心から望むようでなければならない．

利用者はどんな人々で，何を望んでいるのか

　利用者は実にさまざまで，来館の形態や人数も，興味や能力も非常に多様である．学校の生徒も学者も，銀行の頭取も肉屋も，ベビーシッターも配管工も，みな博物館へやってくる．グループでくる場合もあれば，一人でくることもある．充実した時間をすごそうとやってくる人もいれば，暇つぶしにくる人もいる．自らすすんでくる人もいれば，友人や配偶者，両親や先生に連れてこられる人もいて，その興味の度合いは一様ではない．そして一旦博

物館へ着くと，彼らはそれぞれ異なったやり方で展示を利用する[7]．ロジャー・マイルズが言うには，人が博物館を訪れる理由は，他のメディアを利用する場合と同じである．つまり，情報を求める，自己のアイデンティティを求め自分の価値を確認する，社会的な交流を求める（家族や友人，そして社会と関わる），そして，娯楽とリラクゼーションである．「これら主要な4機能は，相互に排除しあうものではない．それに，"情報"は来館がもたらす恩恵のひとつにすぎず，必ずしも最重要というわけではない」[8]．

娯楽や社会的交流という要素は，博物館経験の大きな部分を占めている．しかしこれまで，我々はこの「あまり重要でない」側面を，オープニング・レセプションやパーティーの役割としてきた．レセプションが始まると，床は磨かれ花があしらわれ，椅子が並べられ，笑顔がふりまかれるのだ．展示プランナーたちは，こうした配慮とエネルギーを展示室へと持ち込むべきだ．と言っても，花やオードブルを並べる必要はなく（もっと椅子を置くのはいいかもしれないが），ユーモアや物語，比喩をまじえつつ展示と観覧者の間に対話をしかけ，社会的交流を促すとよい．たいていの人は，人と一緒にいるのを好むし，博物館展示は人々が集うのに安全で興味深い環境を提供するのだ．

我々は博物館資料を台座に鎮座させるだけでなく，今や利用者も同様に大切にすべきである．この点で，我々の親戚と言える娯楽産業から学ぶことは多い．例えば，ディズニーのスタッフは「ゲスト」を知り，喜ばせ，気遣うエキスパートである．1987年にサンフランシスコで開催された米国博物館協会（AAM）の年次大会で，ウォルト・ディズニー・イマジニアリングの現社長マーティン・スクラーは，ディズニー方式の哲学である「ミッキーの十戒」の短縮版を示し，それを博物館展示と関連づけた．

1．観客を知る

人を見下してしゃべったり，実際より知識豊富だと想定して分からない話

をして，退屈させないこと．

2．ゲストの立場に立つ

デザイナーやスタッフ，理事に，自分たちの施設を利用者の立場からできるだけ頻繁に経験するように促し，要求すること．実行するのはむずかしいが，とても重要なことだ．

3．人と思考の流れをつくる

利用者に提示する情報を整理する際に，ストーリーテリングの技術をうまく使うこと．人は，講義ではなく，次々と続くストーリーを好むものだ．展示エリアの配置には明確な論理を持つこと．自分がどこにいるのか分からず，混乱してしまうような博物館が多すぎる．グラフィックやサインを十分に使用することが重要である．

4．「ウイニー」をつくる

ディズニーではこう呼んでいるのだが……視覚的な磁石をつくって，利用者をひとつのエリアから……あるいは，ひとつの展示から次へと導くこと．A点からB点へと歩いてきた人には報いなければならない．

5．ビジュアルリテラシーでコミュニケーションを

色，かたちなど，言葉以外のコミュニケーション方法をうまく活用すること．これらはとても力のあるコミュニケーション，そしてストーリーテリングの道具である．

6．つめすぎを避ける．きっかけをつくる

多くを語りすぎたり，パネルや説明文をたくさん貼りつけたくなる誘惑に負けてはいけない．心地よく消化できない量の情報を飲み込ませようとしてはいけない．そのテーマについて，その場ですべてを学ぶ必要はないのだ．それよりも，人々を刺激し，そのテーマをもっと追求したいと望む人には手引きを示すこと．

7．一度にひとつのストーリーを語る

伝えたい情報がたくさんあるのならば，明確に論理的に整理したストーリ

ーに分割すること．そうすれば，ひとつのコンセプトを理解し吸収してから，次へとすすむことができる．この方法なら，自分が見たものについてより多くを記憶に留め，明確な印象を持って帰ることができる．

8. 矛盾はさける．アイデンティティを保つ

明確なアイデンティティを持つことは大きな強みとなる．あなたが誰で，今まで見たことのある他の機関とどこが違うのかを，人々は知る必要があるのだ．

9. 十分なもてなしを．楽しさをたっぷりと

人々の余暇を満たす誘惑が他にも多い中で，どうやって人々を惹きつけるのか．楽しむ機会をたっぷりと与え，そこでの経験に参加できることを強調し，そして，あらゆる感覚に訴える豊かな環境をつくりださなければならない．だからといって，必ずしも娯楽ショーである必要はないが．

10. 手入れを怠らない

清掃や日々のメンテナンスを軽視しないこと．我々には何千通もの手紙が送られてくるが，その中でショーについて書いたものはほとんどない．なぜならば，観客はショーが素晴らしいのは当然と思っているからだ．彼らが手紙に書くのは，清潔さや親しみやすさについての賞賛である．公共の場にそんなことを予想しないからだ[9]．

これと同じように，スミソニアン自然史博物館では，展示方針を示す文書の中で，観覧者に対する5つの姿勢を記している．

・観覧者を歓迎する．自分は歓迎されている，快適であると観覧者に感じてもらう

我々も優れたホストと同じである．オリエンテーション，アクセスのしやすさ，椅子，トイレ，そして時には静けさを求めるという観覧者のニーズに我々が気づいていることを，まずは示すべきである．従って，観覧者が利用するあらゆる公共空間（入口，ロビー，廊下，休憩所，ラウンジ，レストラン，展示内のミュージアムショップ，そして当然ながらあらゆる展示）の外見や機能に責任を負わなければならない．

・展示で観覧者を見下してはならない

展示のせいで，観覧者が，自分が軽んじられた，こびを売られた，無知でばかで無能だ，あるいは排除されたと感じるようなことがあってはならない．それどころか，自分が大切にされ，展示によって刺激を受けたと感じるようにすべきである．

・観覧者の持つ疑問を予想し，それに応えるようにする

観覧者の言うことに耳を傾け，彼らの要求や期待を知り，彼らの疑問を大切にし，それに応えるようにする．そして，フラストレーションや混乱を減らすようにする．

・「常に改善される」博物館として認知されることを目指す

我々の展示は，観覧者にとっても，我々の教育目標にとっても「有効」でなければならない．展示の効果を検証し，必要があれば，観覧者の多様な学習要求や学習スタイルに効果的に対応するように内容や手法を変更する覚悟がなければならない．

・特定の観覧者も想定する

従来とは異なる新しい観覧者層を開拓し，彼らのニーズや見方を博物館に反映することは，その利用者層に直接有益であるばかりか，彼らが社会にとって重要な存在であることを，従来の利用者に認識させることにもなる[10]．

展示における学び

利用者を惹きつけようと焦るあまりに娯楽性を重視しすぎて，学習やその他の「高尚な」博物館経験が犠牲になることを，博物館関係者の多くが憂慮している．彼らの頭にあるのは，使命の遂行と市場の評価との葛藤である[11]．しかし，娯楽と教育は必ずしも対立するものではない．マーシャル・マクルーハンが好んで言ったように，「娯楽と教育の関係を理解していない者は，そのどちらについてもよく知らないのだ」．「楽しませる」とは，「もてなしの気持ちを示すこと，心に留めること，迎え入れて心を配る」ことである．こ

れらはみな，どんなに真面目な展示の場合でも，我々がめざすことである．逆に言えば，「つまらない」「退屈」そして「うっとうしい」（どれも「楽しい」の反意語である）などを展示に望む人はいないのだ．

博物館での学びは個人的で，自分のペースで行い，探求的なものであるとは分かっていても，展示をデザインすると，堅苦しい集中学習のようになってしまうことが多い．展示プランナーは，教室で長々と説明を聞いても容易には理解できないような詳細かつ抽象的な情報（旧石器時代後期芸術の進化上の重要性や，産業社会アメリカを形成する複雑な社会的，経済的諸力，あるいは，天体望遠鏡で見る光が過去のものであるという概念など）を，観覧者が理解して展示を後にすることを期待しているのだ．

エデュケーターたちは学習者や学習スタイルの多様さを繰り返し強調している．しかし，展示は単調に情報を示すばかりで，まるで利用者がみな同じことに興味を持ち，同じように学ぶかのようにつくられている．文字情報を好む人もいれば，そうでない人もいる．他者と交流する人もいれば，ひとりでいることを好む人もいる．視覚志向の人もいれば，言語志向，身体運動志向の人もいる．限られた方法では，ほんの一部の利用者しか惹きつけることはできない．できるだけ幅広い層の利用者に何かを提供したいのならば，展示はあらゆるタイプの学習者を受け入れなければならない．

最近展示の分野で言われる2つの学習理論モデルは，学習理論家であるバーニス・マッカーシー（学習スタイルの4MATモデル）と心理学者のハワード・ガードナー（多重知能理論）からきている．両者とも，より効果的な展示の開発に直接応用できる．マッカーシーは，人々が情報を認識し処理する方法には，抽象的なものから具体的なものまで，ある一貫した特徴があることを見出した．彼女はそれを4つの主要な学習スタイル（創造的，分析的，常識的，そして動的）に分類している．

マッカーシーによれば，創造的学習者とは，意味を求め，「なぜ」という疑問を持つ人である．このタイプの人は，人の話を聞いたり，考えを共有し

たり，直接経験に基づいて判断する．創造的学習者は，人間や文化に焦点を当てた展示にとくに興味を持ち，インタビューをビデオで流す展示や，解説スタッフと交流することによって，展示情報を吸収していく．分析的学習者は，「何か」ということに興味を持つ．彼らは情報や事実を求め，専門家がどう考えているかを知りたがる．彼らが興味を持つのは，抽象的な概念や詳細なデータである．このタイプの人は，解説ラベル（長く，詳細な事実を詰め込んだもの）を読むのを好むだろう．常識的学習者は，「どのように作用するのか」という疑問を持つ．彼らは問題解決を好み，実践的な体験を通じて情報を吸収する．インタラクティブ展示は，彼らが情報を認識し処理するのを助けるものである．動的学習者は，「もし……だったら」という疑問を持つ．彼らは試行錯誤を通じて学び，自分で発見するのを好む．彼らは，順序に関係なく展示を見てまわり，説明を読む前にまずインタラクティブ展示を利用してみるだろう[12]．

　マッカーシーのモデルを用いると，あらゆるタイプの学習者に何かしらを提供することができる．つまり，展示内容を異なった角度（人間に対する興味，説明，例示）から扱う他に，情報満載のラベルや問題解決の機会，インタラクティブな要素や概念を整理する要素，解説スタッフなど，解説のための技術をいろいろと用いるのだ．また，さらに重要なのは，これら4つの学習スタイルに見合うようにデザインされた展示では，観覧者は意味から事実へ，相互作用へ，そして発見へと移り渡ることができることだろう[13]．

　心理学者のハワード・ガードナーの理論は，学習スタイルに対する別のアプローチを見せている．ガードナーの「多重知能」理論では，いわゆる知能（IQ）テストが，知能は一般的な能力で，各人が持つ潜在能力には高低の差があると考えるのとは異なり，知能には7つの別個の形式があるとする．つまり，言語的，音楽的，論理・数学的，空間的，身体的，対人的，そして内省的の7つである[14]．詩人，ミュージシャン，数学家，アーティスト，パントマイム芸人，教師，そして哲学家などは，それぞれ特定のタイプの知能を

反映したものだ．

ガードナーは，それぞれの知能は本質的に独立していると述べている．例えば，ある人物の数学的資質は，その人の言語や音楽，対人能力からは分からないのだ．ガードナーは次のように述べている．

> 身体的知能をはかるには，ゲームを覚えたり，ダンスなどの活動で身体を使用すべきである（そうした活動に関する質疑応答ではない）．空間的知能をはかるには，慣れない環境でのナビゲーションをしてもらう（幾何学の回転問題に選択肢から答えるのではない）．音楽的知能の測定には作曲の技術（作曲自体でも分析でも）が必要で，音階の聞き分けは関係ない[15]．

観覧者たちは自分の足（そして，身体的知能）を用いて距離をはかっている．フィールド自然史博物館の"太平洋を旅する"展示にて．

ガードナーは，1988年にピッツバーグで開催された米国博物館協会の年次大会で，子どもがあらゆる知能を用いるように，そして，それを評価できるようにデザインした環境について述べた．そこには，楽器や自然界の珍しい

標本，肉挽き器などの機械，ゲームやストーリーボード，美術用道具，部屋の模型や人型などがある[16]．ガードナーのアプローチを用いると，展示が観覧者の多様な知能を惹きつけるには，音楽や音，物，インタラクティブな要素，説明ラベル，静かに考えることのできる場所，インタープリター（展示場で解説・交流活動を行うスタッフ）や他の観覧者と交流する活動の場所などを設けるとよいことになる．

ミステリーと発見

1970年代半ば，地理学者シェルドン・アニスは論文の中で，利用者の相互作用には同時発生的な3つの面があると述べ，多くの博物館関係者に衝撃を与えた．つまり，事実に関する知識を獲得する「認知的空間」，物よりも人に焦点があり博物館訪問が社会的な意味を持つ「実用的空間」（社会的相互作用の場），そして想像や記憶が連想を呼び，物や出来事は個人的で象徴的な重要性を帯びる「夢空間」，象徴の空間である[17]．ネルソン・グラバーンは，アニスの考えを発展させ，人は博物館に3つの経験を求めると述べた（これら3つは互いに部分的に重なる）．教育（世界について何かを学ぶ），関連（社会的経験を共有する），そして敬虔（神聖で非日常的なもの）が，その3つである[18]．

プランナーたちは，展示の教育的，娯楽的，社会的側面を認めると同時に，利用者が博物館に対して抱く神聖さや驚きなども大切にすべきである．子どもの頃に行った博物館の記憶をたどると，ビンに入った奇妙な物や，並外れて大きい彫像や恐竜，そして，数分ごとに孵化する鶏の卵などを思い出す人が多い．このような本物であるが普通ではない，びっくりするような物たちには，人を驚かせ不思議に思わせ，惹きつけ，そして，刺激する力がある．しかし博物館関係者は，展示の教育的，市場的価値を証明しようとやっきになる中で（これらは資金調達に直結する価値でもある），このことを見過ご

しがちである．展示が，観覧者に対してさまざまな活動や経験を用意すべきであることは疑いないが，結局のところ，経験をつくりだすのは観覧者自身であり，それはとても個人的な意味を持つことが多い．「博物館は，観覧者が自分自身の関心や期待を平和で夢のような空間に持ち込めるという，他では得難い機会を提供する．そこで人は自分だけの考えにひたったり，物や展示から自分の望むものをつくりだすことができるのだ」[19]．

利用者との接点

　より多くの人を惹きつけようと試みるにつれて，博物館は，これまでにないほどの多様な利用者に接するようになっている．ライフスタイルや学習スタイル，文化的背景，そして社会に対する考え方などの異なるさまざまな人々を博物館へと誘っているのだ．これらの人々が実際に博物館を訪れるかどうかは，そこに自分との接点をつくりだし，自分自身について何かを見出せるかどうかに，大いにかかっている．博物館利用者の多様性を認めようとする中，展示やプログラムを異なる層の利用者それぞれにとって魅力的でコミュニケーション力の高いものにするために，博物館関係者の多くが，対象とする利用者を明確にすることを奨励している．その一方，エクスプロラトリアムの創設者のフランク・オッペンハイマーは，利用者層を限定する必要はないと述べている．

「利用者が誰かを明確にしなければならない」という言葉は，2つの点で誤解を招きやすい．第1に，大部分とはいわずとも多くの展示は，さまざまなレベルで理解し，楽しむことができるようにつくることができる．第2に，利用者が皆，博物館のすべての展示を理解し楽しまなければならないと考えるのはばかげている[20]．

しかし実際のところ,フランク・オッペンハイマーは,利用者を明確にしていた.エクスプロラトリアムに関する初期の小論の題名が示唆するように,「みんながあなた……もしくは私」というのが,彼の基本的な考えであった.つまり,展示がそのつくり手の興味を引いたとすれば,それはおそらく他の人の興味も引くというのだ[21].確かに,たいていの展示は,異なる利用者にさまざまな経験を提供するようにデザインし得るが,利用者のすべてが我々と同じ興味を持っていると考えるのは危険である.というのも,そう考えることによって,我々は利用者が必要とする情報を省略し,専門的すぎる情報を提供してしまうかもしれないからだ.利用者の多くは,科学者でもデザイナーでも,キュレーターでも研究者でもない.彼らは,我々のご近所さんや地下鉄で乗り合わせた人,または大叔母のソフィーのような人々である.わくわくすることを好み,楽しむことが好きな人々である.彼らは,博物館が自分たちの生活にとって何か意味のあることを提供するように望むと同時に,楽しい経験をしたいと思っている.博物館の利用者研究のパイオニアであるチャンドラー・スクリーヴンが警告するように,利用者は博物館で楽しみたいと思っているのだから,もし展示が楽しい経験を提供しなければ,博物館のエスカレーターや消火器で楽しもうとするだろう[22].

　展示がある特定の層を対象につくられる場合もある.例えば,ティーンエイジャーを対象にした展示は,ひろく一般の人を対象にしたものとはデザインやコミュニケーションの方法が異なるだろう.特定のコミュニケーション方法や,特定の層の人々（対象とする観覧者）のニーズに焦点を絞ることによって,展示の伝達能力を高めることが可能になるのだ.

　専門家の衣を脱ぎ捨てるのは時に難しいことであるが,利用者を理解する最良の方法のひとつは,自分が博物館利用者であろうと意識して試みることである.これは,細部や素材,レイアウトやフォント,資料の配置や解説に気をとられずに,かわりに,体感や感情,感覚や感動に集中するということだ.我々の中には,職業的見方を抑える方法や,自分が展示についてどう思

うのかを考えることを忘れている者もいる．展示コンサルタントのビヴァリー・セレルは次のことに気がついたという．博物館関係者に，自分にとって博物館経験がポジティブになる要素を挙げるように尋ねると，スタッフとしてしか博物館を経験できない，つまり，利用者としてのふるまいを知らない，と言う者が多かったのだ[23]．

　利用者の立場から展示を経験する方法を学ぶ第一歩は，展示室でもっと多くの時間を過ごすことである．展示開発のプロセスや裏方の仕事にどっぷりつかってしまい，博物館の実状が見える場にめったに出て行かないのは簡単だ．しかし，利用者についてもっと敏感であろうとするならば，我々は，実際の活動の場で，もっと多くの時間を過ごす必要があるだろう．

2章 博物館の展示

　　　　　それは，博物館のだろう！　　　　　インディー・ジョーンズ

　　　　　そりゃ，一体何なんだ？
　　　　　　　　　　スティーブ・マーティン「サタデーナイト・ライブ」より

課題：メディアとしての博物館展示の力と限界を深く理解する

　例えば，ある博物館で「アンデスの秘宝」という展示会が開かれたとする．同じテーマのテレビ番組を自宅でくつろいで見るかわりに，なぜ人々は博物館へ出向くのだろうか．答えは明らかだ．「そこに本物があるから」である．博物館の展示がユニークなのは，そこで人，物，現象のあいだに相互作用が働くからである．展示は博物館経験のエッセンスである．もし展示がなければ，ほとんどの博物館が，インディー・ジョーンズの映画「失われたアーク」で最後に聖櫃が収められた倉庫のように見えるだろう．

　博物館の関係者は，展示の機能と目的を明らかにするために，よく展示を書籍や学校の教室と比較する．また一方で，いくぶん慎重にだが，娯楽の世界と家庭を結びつける媒体として，展示をテレビや映画，テーマパークなどと比べもする．博物館でも，楽しい経験を創りださなければならないが，ディズニーランドの"カリブの海賊"アトラクションよりは意味を持つべきだろう．よい映画や本，テーマパークのアトラクションと同じように，博物館の展示も人々をいろいろな世界につれていく．人に情報を与え，その目を新

しい世界に向けさせる．本やテレビ，映画との違いは，展示が社会的で運動感覚を刺激する経験をもたらすことで，その点ではテーマパークに似ているだろう．博物館の展示場は，人々が集い，相互にかかわり合い，楽しい時間を共有するのはもちろん，価値観や洞察力を分かち合う場所なのである．

　一言で博物館と言っても，一部の専門的な利用者を対象とした学究的な研究機関もあれば，幅広い人々にサービスを提供する，「全員に少しずつ」スタイルの百貨店のような大きな組織もある．1つひとつの博物館にはそれぞれの個性があり，展示の内容やスタイル，雰囲気にその個性が反映される．しかし，どのような博物館においても，展示内容の種類にかかわらず，すべてに共通する展示の原則が3つある．

1. 展示の主な務めはモノを見せることである．
2. 展示はコミュニケーションのためのメディア（媒体）である．
3. 展示は製作物ではなく，経験である．

展示はモノ（物体）を見せる

　すべての展示のアイデアは，モノに包括されている．モノとは，博物館が収蔵する「資料」であったり，考え方を説明したり，情報を伝達したり（マルチメディア展示など），ある現象を再現するためにデザインされた展示装置であったりする．これらのモノのタイプは，展示によって大きく異なるが，展示空間が3次元なので，展示にも3次元の物体が必要になる．すなわち，もし展示のコンセプトが抽象的すぎたり，多くの背景情報が必要だったり，複雑すぎて説明のためにやたらと言葉を必要とする場合，

そのコンセプトは展示向きではない．「抽象的すぎ」あるいは「多くの情報が必要」とは，どういうことだろうか．分かりやすく言うと，あるコンセプトを示すのに，言葉でしか説明できず，物質的に示すことが不可能であれば，そのコンセプトは展示に不向きだということである．これは，展示に解説文がいらないという意味ではない．それどころか，解説は上手に用いれば，展示されるモノを支持したり，その質を高めることができるのである．

プランナーは，言葉を選ぶときと同じように，展示物や展示装置を選んで示すことについて識別能力を持つべきである．300点もの斧を一列に並べたり，部屋一杯に鳥の剥製を並べたら，観覧者は眠気を覚えるか，出口やレストランへと急ぐだろう．また，ボタンやレバーがずらっと並んでいると，観覧者の指や腕は鍛えられても，思考力が使われるとは限らない．

展示されるモノは，それだけが独立して経験されることはない．展示プランナーは，モノを陳列する前後関係を意識する必要がある．すべての展示場は3次元の環境にあり，「環境」とはすなわち「前後の脈絡」を意味する．中には，展示物の前後関係についてほとんど考えられていない展示場もある．例えば，それぞれの展示物（装置）が，広い空間にランダムに配置されていたら，そこにはどのような前後関係が意図されているのか．おそらく，展示物（装置）には相互の関係がないのだろう．また，もしある展示物（装置）が，関連する他の展示とは遠く離れたカフェテリアに設置されていたら，前後の脈絡はどう伝わるだろうか．もしかすると，その展示は他の展示よりも重要度が低いか，あるいは食べ物に関した展示なのかもしれない．展示物を配置する際のこのような環境や前後関係について，展示をつくる側が何も考えていなかったとしても，観覧する側はそこから勝手に何らかのメッセージを受け取るのだ．

展示のコミュニケーション

　展示は，展示をつくる側と観覧者の間で，考え方や情報，雰囲気や価値などを伝えあうコミュニケーション・メディアである．さらに付け加えると，このコミュニケーションは，デザインされた環境のすべての側面において発生する．展示の匂い，音や感触などは，見かけや解説の内容と同じくらい重要である．展示プランナーは，展示のすべての要素を用いてすべての感覚に働きかけるように，視覚的そして触覚的なリテラシーを理解してコミュニケーションをはかるべきだろう．

　コミュニケーションが実際に起こるためには，展示が簡潔にメッセージを伝えていなくてはならない．興味をそそる物語を分かりやすい言葉で伝える必要がある．コミュニケーションの本質の重要な点は，伝達された内容は必ず受けとめられ，理解されなくてはいけないということである．つまり，展示をつくる側は観覧者（実際にその展示を経験する人々）が誰かを知らなくてはいけないし，逆に観覧者は誰がその内容を伝えようとしているかを知る必要がある．展示をつくる側が観覧者と話をしたり，意見を聞いたりして，相手をよく知ろうとしなければ，展示と観覧者とのコミュニケーションはうまくいかず，「ガラス瓶の中のメッセージ」，つまりメッセージはあるがよく読みとれないということになる．フォーカスグループ（ある条件に基づいて人を集めて意見をきくグループ調査の手法）や来館者からのフィードバック，企画段階，制作途中そして完成後に行う評価などは，博物館が利用者を知る重要な手段である．

　博物館関係の会合で，ある関係者が次のような質問をした．「展示をつくる側の解釈や意図などなしで，ただモノを置いて観覧者がその美しさを楽しむ，という風にはできないのか」（この質問をしたのは美術館のキュレーターではなく，科学系の展示開発者であった）．もちろん，それは可能である．

その展示の目的が，キュレーターや開発者が美しいと判断したモノを見せることだと，観覧者にただ伝えればいいのである．こういった情報を伝えることで，観覧者はコンセプトの意味が分かり，展示プランナーたちの動機や視点を理解できる．そして，展示に人間味が与えられ，そこからコミュニケーションが始まるのである．観覧者は，展示が誰かの手によって，何らかの理由があって設置されていることを知っている．それならば，それが一体誰なのか，その理由は何かということを知らせて，もっと分かりやすくしたらどうだろう．ジョン・フォークとリン・ディアキングは，「観覧者は博物館側の価値基準を知りたいと思うが，糸口を見つけないまま館を去ることが多い」と述べている[24]．

　本当に長い間，展示をつくる側は自分の顔を見せず，匿名で展示に関わってきた．なぜだろうか．博物館では歴史的に，研究活動や学問によって明らかになった特定の事実が存在するという仮定に基づいて展示をつくってきたからだ．しかし，展示が完全に客観的ではないことに，我々は次第に気づき始めた．展示の構成要素の取捨選択によって，展示プランナーたちの価値観と興味が示されるのである．社会に存在する考え方や文化，価値観，現実に対する認識の多様性に，博物館がより注意を払い認めるようになる中で，展示やその他のメディアを通して，博物館側の動機や著作性を明確に提示することが重要になってきている．

展示は経験

　博物館関係者は，展示を製作物だと考えがちだが，それを利用（観覧）する側にとっては展示は経験である．展示場で人々がどのような行動をとり，どう感じるかは，何を学んでいるかと同じように重要であり，それらは展示のデザイン，メディア，時間配分（ペース）と深く関わっている．展示場は，人を迎え入れる心地よい場所であるべきだ．原則として，展示場では人が動

きまわりやすく，さまざまな位置や方向からモノを見たりモノと関わったりできるよう配慮するべきである＊．

＊　どんなルールにも例外はある．スミソニアンの実験ギャラリーで開催された展覧会"最下層階級の礼儀作法"では，ガイドが霊安室の平台に人々が寝そべる補助をし，展示場に観覧者を一人ずつ押し出す役割を果たした．一旦中に入った人々は，とても細い廊下や部屋をめぐる圧迫感のある動線を進み，展示会のテーマ「選択肢なし」を体験した．

　展示場は，人々が時間をかけて互いにかかわり合う公共空間である．時間は，どのような展示経験においても重要な要素であるが，現代の人々はあまり余裕がないと見える．ほとんどの観覧者の展示場で過ごす時間は平均15〜20分以下で，ひとつの展示物（装置）には5分以上注意を払わない．家族連れが博物館に滞在する時間の典型例は，1時間半から2時間半である[25]．博物館関係者の中には，平均滞在時間には興味を感じた展示で長時間過ごした時間とその他の短い利用時間が混在しているので，それを目安にすると誤解をまねくと主張する人もいる．それは事実だろう．しかし，平均的な利用状態を考えることで，デザイナーが明快さや表現の簡潔さを追求するようになるのだ．よい例が，解説ラベルである．展示をつくる側が，観覧者の時間の制約を重視するならば，解説を読む時間が短いことを想定し，より慎重に言葉を選ぶようになるだろう．

　展示プランナーが簡潔さを求めてデザインをしたからといって，観覧者が展示場で過ごす時間が短くなるとは限らない．事実，何人かの展示プランナーは，簡潔さを求めて展示をつくった結果，逆に人が長く展示を利用するようになったとしている．シカゴのフィールド自然史博物館の"野生からのメッセージ"という展示を開発した者たちは，観覧者の展示場での滞在時間が10分以下だと予測し，その時間内に展示場の大体のコンセプトを理解できるようにデザインをした．その結果，展示室が再オープンしてから追跡調査と利用時間調査を行ったところ，実際には観覧者は予想を上回って10分以上滞在し，他の関連した3つの展示室と比べても単位面積当たりの滞在時間が長かったのである[26]．

展示をつくる側が取り組むべきこと

　展示場における人々の経験は，展示プランナーたちの専門技術や専門知識，能力によって大きく違ってくる．もしプランナーたちが，観覧者の展示装置に対する反応を理解したり，展示の目標を明確にして，その目標の達成に最適なデザイン方法を選ばなければ，利用者の経験はおそらく不快なものとなるだろう．

　博物館の利用者は，展示をつくる側が有能で経験豊富であることを当然求めている．さらに，伝えたい内容や，それを伝える方法を熟知していることも期待している．人々は，依然として博物館で得る情報を信頼しており，展示をつくる側はその信頼に応えなくてはいけない．利用者は，つくり手側が展示づくりに関する専門技術を持っていて，人とのコミュニケーションの取り方を心得ていると信じている．その方法は明快そして簡潔でなくてはいけないが，極度に単純になることは避けなければならない．すなわち，展示で何がうまく作用するかを知りつつ，豊富な経験を利用者に提供する必要がある．展示がうまく作用するように工夫するのは展示をつくる側の仕事であって，利用者にその役割を期待してはいけない．

展示を成功させる要素とは

　この問いに対する答えは，たずねる相手によって違ってくる．例えば，展示評価を行うエバリュエーターならば，成功した展示とは設定された目標と目的を達成するものである，と答えるだろう．しかし，ある特定の例から離れて，「よい」展示を開発するための一般的な基準はあるのだろうか．ロジャー・マイルズは，大英自然史博物館でのミック・アルトとスティーヴン・グリッグスによる研究を参照しながら，博物館の展示の成功要素を次のよう

に挙げている.

1. 主題が生き生きと提示されている
2. 要点がすぐに理解できる
3. すべての年齢層の利用者に受け入れられる要素を持つ
4. 記憶に残る
5. どこから始めるか,どう続けるかという指示を,利用者に明確に与える
6. 利用者の学びを助ける新しい提示技術を用いている
7. 身近なモノや経験を用いて要点を伝える
8. 資料や標本を総合的に展示する[27]

イギリスのデザイナーであるジェイムス・ガードナーとその同僚キャロライン・ヘラーは,少し異なるアプローチをしている.

目新しさ(珍しさ),魅力,巧妙さ(精巧さ),動き,人が何かをすること,仕掛け(トリック)とナゾ(ミステリー),大きくて鮮やかな何か.これらが,成功する展示の構成要素である.一度注意を引きつければ,人は刺激され次へ導かれるだろうが,いきなり「高いレベル」のコミュニケーションから始められると考えたり,専門的な人々が集まっていると決め込むのは間違いである.最も真剣に専門的な自覚を持って展示場を訪れると期待される人々でさえ,…退屈さを告白するのである*.

* James Gardner と Caroline Heller の *Exhibition and Display* (New York: Dodge Corporation, 1961) の 12 ページを参照. ここに,ガードナーとヘラーが,何を「高いレベル」としたか記されている. 展示関係者の多くが,自分たちの展示が「最低の一般水準に身を落と」したり「それほどにも低いレベルで語る」ことを望んでいない.簡単で明確な伝達が難しいことを考えると,このヒエラルキー的なアプローチ(伝達レベルを高低で考えること)は煙幕のようなものである.「簡単」イコール「単純」ではないし,「複雑」なことが必ずしも高い経験や知識を示すわけでもない.展示に関して,ルールをひとつつくるとすれば,それは「展示を見る人が馬鹿にされたような気分にならない」ようにすることである.

1988 年に行われた調査で，科学館技術館協会（ASTC）は加盟館に科学館の展示を成功させる要素を挙げさせた．その回答を次のようなカテゴリーに分け，最も回答が多かったものから順に挙げた．

1. 参加性がある
2. 視覚的にうったえる
3. 情報を提供する
4. 今日的である
5. 本物がある
6. 固有のメッセージ
7. 活発さ
8. 豊富さ（変化）
9. 楽しさ
10. 音と動き
11. 資料の質が高い
12. 驚き
13. 意欲をかきたてる
14. 珍しさ
15. 実際的である
16. 広い年齢層が対象
17. スタッフの存在[28]

最後の，しかし大事な要素として「人」が挙がっている．利用者であれスタッフであれ，人の存在によって，構造物としての展示が動的な公共空間に変わる．解説スタッフ，ガイド，インタープリター，ストーリーテラー，案内ガイド，俳優らが展示に活気を与え，展示の前後関係を創りだし，人が他の人や展示と相互にかかわり合うことを促す．人は他の人の存在に引きつけられるもので，ひとつの展示物（装置）のまわりにできた人だかりは，たいていさらに多くの人を引き寄せる．たとえばスタッフを置かなくても，人が参加し互いに語り合うような展示装置をデザインすることは可能である．

展示にはいろいろある

展示はすべて 3 次元の環境経験であるが，それぞれの展示は主題によってさまざまである．美術，歴史，自然史，技術など，分野が違えば展示のプランニングやデザインに必要な考え方が違う．博物館が収蔵する資料を中心とした展示の場合と，トピック展示や現象のデモンストレーションを目的にした展示とでは，プランニングの過程も展示プランナーに必要なスキル（技術

や知識）もまったく異なってくる．複数の場所で開催する巡回展示は，1カ所だけで開催される展示とは形態が違っており，常設の展示は期間限定の展示とはデザインのタイプが異なる．これらの違いを理解することで，プランナーは最善のプランニングとデザイン戦略を選択し，個々の展示会について現実的な予測を立てることができる．しかし，展示の中ではモノとアイデアは複雑にからみあっているので，それぞれが必要とするプロセスやスキル，戦略はある部分重なっていることを忘れてはいけない．例えば，大規模で多分野にわたる展示では，モノを基本にした展示要素と現象を基本にした展示要素が組み合わさっており，常設的な部分と巡回用の部分が入り交じり，全体がトピック展示風につくられているかもしれない．

資料を中心にした展示

展示場に足を踏み入れることで，人々は幅広い反応を引き出すような，さまざまな考えや資料に出会う．人と資料との相互作用の本質は，資料の質（見かけや，時には匂いや感触なども），利用者が資料に与える個人的な意味，展示の環境（人だかりがしている，暑い，風通しがわるい，暗い，静か，生き生きとしているなど），展示の中の資料の前後関係（どのように置かれているか，何に関連づけられているか），展示そのものや展示を行う機関によって資料に与えられた価値（および，それがどのように解釈されているか）などに影響を受ける．博物館が，展示の中で新しい見方を提示しようとするにつれ，資料についての解釈の本質は変わりつつある．米国博物館協会（AAM）は，次のように説明している．

資料が持つ「意味」に関する考え方，そして，博物館が資料について展開するコミュニケーションは，変化しつつある．資料は，これからは単なる資料と

してではなく，複合的な前後のつながりと価値をあわせた意義を持つものとみなされる．そして，それぞれの利用者が自分の経験や価値観を，博物館という資料との出会いの場に持ち寄り，さらに別の脈絡をつくり意味付けを行う．資料の解釈に対するアプローチの変化は，博物館のコレクションとそれに対する人々の理解に対して，強力なインパクトを与えるだろう[29]．

これらの変化に伴い，展示プランナーたちの価値観や解釈が今まで以上に注目されるようになってきた．プランナーは，資料の物理的な外観だけではなく，その配置の前後関係や，配置が示す意味や意義についても考慮しなくてはいけない．資料の陳列に関する手法や解釈の枠組みを継続的に検証することで，展示をつくる側が広め示唆しようとする意味，そして博物館を見る人々が受けとめる意味の多層さを，展示プランナーたちはより意識できるようになるだろう．

資料の物理的な特徴

美術系の展示では，資料の見た目（形や色，装飾や質感）は重要で，デザイナーはどうしたら資料の見かけをなるべく損なわずに提示できるかを考えなくてはいけない．単独で展示するか，それとも他の資料と一緒に展示するか．他の資料や周りの空間とどのように関連づけられるか．もし資料それ自体とその見かけが最優先事項であれば，他の資料や空間，照明との関係は大変重要である．資料は，目的に添った適切な光条件（細かい部分を見せるか，輪郭を強調するかなど）で展示され，快適に見ることができるよう周囲に適当な空間がなくてはいけない．

前後のつながりの中での資料

もし展示の意図が，資料の構造や機能を見せることであれば，展示では，その資料がどのようにつくられ使われていたか，材質は何か，どのような部

分でできているかなどを説明しなければならないだろう．構造を説明するには，構成部品を組み立てたり分解したり，見ただけでは分からない要素を見せるために模型や補助的なグラフィック，アニメーションなどを使うことになるだろう．機能は動きを伴うことが多いので，写真やイラスト，インタラクティブな仕掛け，電子メディア，参加型の教育活動によって，広く機能的な面がより分かりやすくなる．もし展示が，その資料の技術あるいはデザイン開発の変遷を見せたいのなら，その歴史的な側面を示すのに年次配置が必要であろう．このように直線的に配置された場合，資料自体がその開発過程のつながりを示す働きをし，観覧者はその発展段階を自分で推理して比べることができる．ほとんどの場合，資料がどのような相互関係で配置されるかが，展示のメッセージを決定する．

　もし展示の目的が，ある特定の時代の社会，文化，自然，歴史との関連の中で資料を見せることであれば，その周囲のセッティングが重要になるだろう．さらに複雑な資料の提示方法，つまり「空間体験型」手法は，数多くの歴史博物館や自然史博物館で使われている手法である．特定の時代を再現した部屋や，時代のセッティング，さまざまなスケールやサイズの風景ジオラマ，原寸大のハビタット（生息場所）再現ジオラマなどは，すべてこのジャンルの展示手法である．この方法は制作に時間がかかり，コストも高く，広い面積を必要とするが，このように再現された空間は観覧者の感覚的な経験を強め，まるで空間や時間を超えたような気持ちにさせるので，その価値は十分にある．こういった空間展示では，個々の資料は突出せず，展示の中に置かれると見えなくなることもある．見る人の気をそらすような解説グラフィックは最小限におさえられ，展示の内容は主に資料の配置によって提示される．照明の変化や効果音，音声テープや映像フィルム，インタープリターや配布物によって，どちらかというと静的になりやすい展示経験に活気を与えることができる．

　特定の時代をまるごと再現した部屋の展示は，ハビタット再現ジオラマの

カナダのビクトリアにあるロイヤル・ブリティッシュ・コロンビア博物館では，観覧者がドラマや前後の脈絡，興奮を感じられるような環境を再現している．デザイナーは，まるで人が今席を立ったような演出や，動物が少し前に木の後ろに消えたような演出で，実物資料を配置した．音や匂いが，展示を見る人々をその場に包み込む．

人間版である．つまり，自然環境のかわりに部屋の中の環境，すなわち人間のハビタットに焦点をしぼっている．「正確に」歴史を再現する方法については，最近でも論争がある．例えば，いつの時代でも，人が過去を参考にせずに生活することはない．アメリカ建国当時の部屋には，その当時のものよりも，それ以前の時代や旧世界（ヨーロッパ）の文化のものが置かれている．博物館関係者の中には，時代再現の部屋には，ある特定の時期の資料や特定の考え方を強調するデザインのみが配置されるべきだと考えている人々もいる．一方で，再現された空間は，できるだけ事実に忠実であるべきだと考える関係者もいる．その博物館の理念や展示のねらいに沿うように，資料の選定と配置がなされるべきであろう[30]．

意味と象徴性

展示では，人や文化が資料に与えた象徴的な意義を取り上げることができ

る．しかし，とくにある文化圏に属する人々が他の文化を解釈するときには，その解釈が見る人に大きな誤解を与える可能性があるため，このアプローチが危うくなることもある．ニューヨークのアフリカン・アートセンターでスーザン・ヴォーゲルが担当した展示会"芸術品？ それとも実物資料？"では，過去1世紀の間に博物館がアフリカの資料についてどのように解釈，展示をしてきたかを提示し，この点の危うさをうまく強調していた．展示は，(1)珍しい資料を集めた1905年の「驚異の部屋」，(2)ジオラマを備えた自然史博物館の展示，(3)うやうやしい印象の美術館の展示，(4)近代美術風のインスタレーション，という4つの部屋で構成されていた．展示をつくる側の文化に対する決め込みが，観覧者が展示資料について受け取る意味あいを明らかに変えてしまうという考えが，この展示会のメッセージであった．

　メリーランド歴史協会が開催した展示会"博物館を掘る"では，フレッ

"博物館を掘る"展では，「金属細工　1793-1880」というタイトルで，銀製の水差しと並んで，奴隷の足枷が展示された．

ド・ウィルソンというアーティストが，歴史協会の所蔵品をすべて独自に分類して資料を選び出し，驚くような組み合わせでそれらを陳列した．資料のいくつかは，一緒に展示されたほかの資料との比較によって，その意義が高められたのだった．

現象を説明する展示装置

電気や光，温度，音，重力や波などの自然現象の影響を説明するような科学博物館の展示装置は，資料を基本にした展示やトピック展示とは目的がまったく違っており，その開発やデザインのプロセスも違ってくる．こういった展示のほとんどがインタラクティブで，そのデザインや開発には実験が必要となる．理想的には，開発担当者が工業デザイナーのように，モックアップ（安価な素材を用いたテスト用の展示装置）やプロトタイプを使って調査や開発をして，デザインと製作のプロセスをひとつの反復工程に統合することが望まれる．

現象に基づいたインタラクティブ展示をデザインするときは，どのような種類の効果をめざすか，どのようにして提示するか，利用者に対してどれくらいの種類の作業（活動）を提供できるかなどを，デザイナーが決めなくてはならない．ミュージアム・コンサルタントのシーラ・グリネルは次のように説明している．

> 理想は，それぞれの展示が伝えたいことが，言葉や物理的なデザインとして明確に提示されることである．興味をそそる現象のナゾが明らかになる，利用者が操作できる装置があってインタラクティブな関わりが起こるように計画されている，そして，いくつかの次元で自由に実験ができる仕掛けがあるなど[31]．

すべてを事前に予測することはできないときは，デザイナーや製作者がモノをいじくりまわしているうちに展示がかたちになってくることもある．ト

ピック展示やストーリー展示では，最初にコンセプトを決めて，次にそれを伝達するための手法を選ぶが，自然現象を説明する展示では，まず現象ありきで，次にそれを伝える技術や方法を選択する．そしてその時点では，利用者が何を学ぶのかは必ずしも明確にされない．

　現象を扱う展示装置の中には，利用者にひとつの活動しか提供しないものもあれば，一見多数の活動を提供するものもある．活動がひとつだけの展示装置は，その結果が十分に利用者の注意を引きつけられれば成功したと言える．しかし，その活動が単純すぎたり，結果が普通であれば，利用者はその展示装置にあまり注意をむけず時間をかけない．それどころか，展示が新しい知識や面白い内容を与えてくれなかったことで，逆にガッカリして展示を離れるかもしれない．複数の活動が想定される展示装置では，利用者をさまざまなレベルで引き込むことができる．しかし，ひとつの展示装置であまりにも多くの活動を与えると，とくに装置自体がよく考えられてデザインされていない場合，利用者の混乱を招くことになる．現象展示をつくる者の中には，現象を探ったり見つける過程での利用者の間違いや動作の失敗をも許容するような，オープンエンド（終わり方が決まっていない）展示の力を強く信じる者もいる．組織的にこういった思想的な見解を明確にしておくと，館の特定の性格や外向けのイメージをうまく形作ることができる．

トピック展示

　展示には，資料を並べたり現象を説明するもの以外に，概念的なテーマによるものや，あるトピックについてのもの，ストーリーを伝えるものがある．このような種類の展示では，考え方の流れをまとめて，それを表現する資料や要素を見極めるために，映画や演劇と同じような物語の筋

や脚本が必要となってくる．個々の展示要素がそれぞれ独立している美術展示や現象展示とは異なり，ストーリーを提示する展示ではその物語が分かりやすくなるように，それぞれの展示要素の間の結びつきが強調されなくてはならない（美術や現象の展示でも，この方法で成功している例がある）．要素の結びつきを強調することは，展示物がどのように提示されるかに密接に関わってくる．例えば，エクスプロラトリアムが開発した航行技術についての展示会"道を探す"は，館の常設展示の中から関連する現象を説明する展示装置を選んで，それらを組み合わせたものであった．従来の展示装置は，航行技術という新しいコンセプトに沿わせるために，強調点が変更された．もとの「何がおこっているの」というグラフィック（再現されている現象の説明）に，航行技術というコンセプトにどう関係しているのかを説明するグラフィックが追加されたのである．

エクスプロラトリアムの巡回展"道を探す"のインタラクティブな展示装置では，人間が道を探す行為の多様性や技術，工夫について探ることができる．

特定のテーマやトピックを扱った展示を開発する際に大変むずかしいのは，実際のデザインや展示技術を考える前に，コンセプトの明確化に十分に時間をかけて集中し続けることである．プランナーによっては，個々のアイデアをつなげる作業を十分にせずに，一気に展示技術に進んでしまうことがある．例えば，「それは惑星の表面の外形モデルに使える」，「そこにはレーザーディスクを使おう」，「それを小売店のようにして，利用者が……」といった具合に．早すぎる段階で展示技術を云々すると，それが具体的であるがために，客観的に見れば不適切な内容にもかかわらず，デザイナーがその技術にとらわれてしまう．最も望ましいのは，具体的な形を考える前に，展示コンセプトを十分つくり上げて明確に表現することに意識的に時間をかけることだ．その後で，コンセプトを形にするために最適な技術を選べばよいのである．

立体模型

展示の中で，立体模型はさまざまな役割を演じる．例えば，「確率」や「人格」といった無形の概念や過程に形を与えたり，分子やウイルスのような小さくて見えないものを表したり，あちこちの博物館で見られる動く恐竜のように，すでに存在しないものを表現することもある．

立体模型を動かし変化させて，抽象的な概念を示すこともできる．例えば，時間をかけて変化するものを模型で示すのは定番である．例としては，素材から製品ができるまでのプロセスや，進化，技術の変遷などが挙げられるが，これらはほんの一部にすぎない．変化を示すひとつの効果的な技術として，「ハーフミラー」がある．これは，模型，鏡，照明をうまく使って，ある像（や物）が他の像（や物）に変形して見える仕掛けである．

グラフィック

収蔵資料の陳列や現象再現がない展示の場合，グラフィックの果たす役割はとくに大きくなる．写真，表やグラフ，模式図，イラストを使うと，模型

だけでは伝達しにくい過程や考えを提示できる．展示での写真の使用方法は無数にあると言ってよく，ある特定のポイントを表現したり，資料の背景を伝えたり，議論できる場所や時間を与える雰囲気づくりをすることもできる．しかし，あまりにもグラフィックに依存して概念を伝えようとすると，展示は3次元の環境ではなく，まるで壁に本が並んだようになってしまう．適当な変化を持たせるために，グラフィックは他のデザイン手法と組み合わせて用いられるべきだろう．

双方向性のマルチメディア

マルチメディアは，とくに複雑な概念や触れることのできないプロセスを表すとき，展示プランナーに新たな選択肢を与えてくれる．ビデオ，コンピュータアニメ，双方向性マルチメディアを使うと，短時間では見られないものや，博物館の中では安全に見せることができないような動きや情報を展示室に持ち込むことができる．これらの手法は，どちらかというと静的な展示に音や動くイメージをもたらして活性化する．いろいろな見方を提示したり，多層な活動に利用者を引き込んだり，展示場にいる人々の間の相互作用を促し支えるのである[32]．展示の目的（メッセージや経験）に基づいて，デザインの手法を決める．マルチメディアが最も適切な方法あるいは技術であると合意ができたら，次の課題は，展示の目的に見合うようにソフトウェアをデザインすることである．

劇場型展示

風景ジオラマやハビタット再現ジオラマ，あるいは歴史再現展示のような，比較的正確な事実再現を重視する環境的な設定とは違い，劇場型展示は特定のムードを描写するためや，感情的な反応を引き出すために，事実をゆがめることが多い．この展示方法の効果は，それによって利用者がある特定の状況に巻き込まれるかどうかにかかっている．そのため，劇場型展示は通常独

ブルックリン子どもの博物館の"動物の食事：いろいろな動物のいろいろな食べ物"展では，観覧者が「動物レストラン」で動物に食事を出してみる．動物の摂食の違いを強調するのに，奇抜な展示セッティングがつくられた．

立しており，他の展示や活動から離れてデザインされる．

常設展示，短期展示，巡回展示

　常設展示と短期展示の違いは，相対的なものである．ある博物館では5年間の予定の展示を短期展示と呼んでも，他の博物館では常設展示と呼ぶことがあるからだ．博物館によっては，メンテナンスや改善プランが欠如しており，常設展示が時の法則に反して永久に続くと考えているように見える．常

設展示が思ったより早く変更されたり，短期展示が予定よりも長く続いた例はいくつもある．

常設展示—基本的な展示経験

　常設展示は，博物館経験の核となる部分を提供する．常設展示は，民族学資料の収蔵庫公開のような形からインタラクティブな科学展示まで，あらゆる形態をとる．場合によっては，10年以上変わらずに公開が予定される展示もある．常設展示の開発にあたっては，2つの重要な懸案事項がある．第1に，常設展示は長期にわたって一般公開されるので，そこにはリピーターを十分に引きつけ，来館の度に新しい発見の機会を与えるような，豊かな素材と経験が含まれていなければならない．第2に，常設展示の主題は，公開されている間中ずっと意味を持つものでなければならない．流行やファッションの変化にも耐えられなければならないのである．

　一般に博物館では，資金の大きな部分を常設展示につぎこむので，デザイナーはたいていの場合，新技術や，革新的なデザイン手法，高品質の素材や仕上げを組み合わせることができる．すべてが長期間もつようにデザイン，製作され，展示の部品は手足や身体による絶え間ない「攻撃」に耐えるものでなければならない．しかし，常設展示と言えども永遠にもつわけではない．展示が存続する限り，日常的な配慮や維持作業が必要となり，長期間公開されるならば改善や更新が必要になるだろう．

　ある施設がその常設展示を改造するのは，なにも時代遅れのデザインや破損だけが理由ではない．長い時間の中で，収蔵コレクションや館のミッション（使命），スタッフが変化して施設自体の考え方が変わり，常設展示の焦点や視点を変える勢いが生まれるのである．そして，博物館という場での学びや，利用者と展示との相互作用についての理解が進むにつれ，もっと効果的に伝達したいという欲求が生じて，変化への原動力となる．科学館の中には，従来であれば自然史や文化史の博物館で用いられていたような，テーマ

やストーリーを使う手法の可能性を探るなど，新しい情報提示の方法を模索している館もある．そして，伝統的な古い自然史博物館では，科学館や子どもの博物館で用いられてきたような参加型の手法を取り入れつつある．

変化のあるアトラクションとしての短期展示

短期展示では，よく新しい手法やアイデアが試される．短期展示は，博物館利用者やイベント重視のマスメディアに対して，常に変化する興味の源を与え，来場者を増やし，新たな利用者を誘い込む．短期展示は，常設展示をサポートしたり高めるような主題や，常設の展示やプログラムに含まれていなくても館のミッション（使命）と関係のある主題に関連づけて組み立てられる．膨大な収蔵資料を持つ博物館では，短期展示は普段展示されていない資料を公開する絶好の機会である．また，比較的短い期間しか公開されないため，最新の論点を扱うには適している．例えば，自由の女神の改修と再公開などは，アメリカ中の博物館や文化施設がこぞって特別展示を企画した時事ネタであった．

理想的には，博物館のすべての展示に関して，そのコンセプトの開発，デザイン，設置に十分な時間を費やすべきである．しかし短期展示では，開発やプランニングに当てられる時間や予算，そしてデザインや設置に当てられる時間が少ないのが普通である*．短期展示では，例えば壁，展示用什器，パネルや照明システムなど既存の設備を使用しなければならないという，デザイン上のきびしい制約があることがある．このため，常に広いデザイン解釈が可能になるように，ニュートラルで柔軟な空間や什器を整備しておきたい．新しい短期展示では，変化する展示技術や演出方法，雰囲気をそのつど反映できるようにするべきであろう．

* 「ブロックバスター」と言われるような，売上的に大ヒットする展示会は別である．こういったメジャーな展示会は，ぜいたくに多額の予算を使い，入場者数や収益で判断される．キーワードは「多」で，「ブロックバスター」に博物館の資源をあまりに「多」くつぎ込むと，常設展示や博物館の日常のプログラムが顧みられなくなる，と博物館関係

者は主張している．

　短期展示は1カ所での公開のために開発されることもあるが，ある博物館でつくられた展示が，例えば科学館技術館協会（ASTC）やスミソニアン巡回展サービス（SITES）などの後援で，いくつもの施設を巡回するケースもある．この場合，短期展示で通常行うような展示開発やデザインでの新たな試み以外に，荷造りや荷解き作業，輸送，さまざまな場所や環境での設置を考慮してデザインされなければならない．巡回展示は常に移動するので，展示装置などの状態の報告は正確でなければならないし，荷解きや荷造り，展示物の取り扱いに関して熟練する必要がある．巡回展示の設置には，通常あまり時間がかけられない．荷物の到着が遅れて，展示公開の日程がすでに決まっている場合，展示の仕上げに要する時間は設置スケジュールの中から捻出されなければならない．

　巡回展示は，巡回先の博物館のコレクションから資料を付け加えたり，その館がある地域やその後援者に関連したものを追加することで，それぞれの館にあわせていくことができる．最悪なのは，その展示が開催館の独自の声として観覧者に語りかけず，単なる「既製服」のようになってしまうことである．

　博物館の財政状態を気にする人々は，よく巡回展示を開発して他の館に売れば儲かるという，あやまった考えを持つことがある．巡回展示で儲かることはきわめて稀だし，貸出料よりも制作や維持，巡回にかかる費用の方が大きくなるのである．今では，展示を巡回させるコストが高くなっているので，実際に巡回展示を企画する前に熟考し，ASTCやSITESの専門家に相談する方がいいだろう．

「実のある」展示

　展示づくりには，ひとつの決まったやり方があるわけではなく，さまざまな要素の組み合わせで，それこそ無数の方法がある．*ID Magazine* 誌のインタビューで，デザイナーのロレンツォ・ポルセリが，デザイナーが仕事をするのにどのような理想を持つべきかという質問に答えている．彼は，「よいデザイン」のかわりに「実のあるデザイン」という言葉を使って次のように答えている．

　　　デザインも，人と同じように「実」を持たなくてはいけません．「実」のある人というのは，人の考え方を変える人のことで，少なくとも人に思考を引き起こすような人のことです．デザインも同じです．以前グラフィックデザイナーのミルトン・グレイサーが，「デザインには無邪気さの程度というのがある」と言っていましたが，この質問に対する私の答えも同じです．どんなプロジェクトであろうと，過去のしがらみや前に見たすべてを忘れてしまえるような無邪気さがあれば，その仕事に新しい視点を持ち込むことができます．そのとき，実のあるものをつくり出すことができるのです[33]．

　実のある展示は，人を引きつけ，人の心に届く．物理的な面，知的な面，両方に関して人のアクセス度を増すのである．そういった展示は，さまざまなレベルで人と交流し，展示が伝える考え方への多面的なエントリーポイントを提供する．不必要に価値を下げたり壊したりすることなく，目的を満たすのである．そのような展示は，すべての感覚にうったえてくる．そしてうまくいけば，展示環境自体が，力強い変化を伴う経験となるのである．ブリティッシュ・コロンビア州立博物館の前の主任デザイナーであるジャン・ジャック・アンドレは，展示を食事にたとえた．いずれも，強い感情を引き出し，個人的な反応を誘発し，大きな満足を残す．最初にメニューを見て，た

くさんのものの中から選び，メインのコースやデザートに進む．こうして，面白く，楽しく，記憶に残る何かを経験したという満足感を，展示は人々に残すのである[34]．

3章 チームと体制——チームのプレイヤーたち

> チーム：名詞　1a. 同一の乗り物または道具に牽引具で付けられた2匹以上の動物．4. 仕事や活動でひとつにまとまった人々：a.一組の仲間（フットボールや討論で）b.クルー，一団　　―ウェブスターの辞書より

課題：利用者の展示経験を最重要視する展示プランニングの作業集団をつくる

　優れた博物館展示をつくるには，情熱と直観，知識，そして，技術が必要である．さまざまな具で創造的なシチューを煮込むようなものなのだ．シチューの具には経営管理者，研究者，キュレーター，資料保存担当者，資料管理担当者，ディベロッパー，プランナー，エデュケーター，心理学者，アーティスト，技術者，デザイナー，エバリュエーター，そして理想的には，利用者が入る．こうした人々をいかに組織し，各局面で誰が責任を担うのかが，現在多くの議論の的となっている．

専門家がつくる展示

　ごく最近まで，多くの博物館展示は，「キュレーターの頭の中にある認識秩序に従ってデザイン」[35]されていた．展示する資料や考え方を整理し，解説文を書くのはキュレーターで，デザイナーがそれを3次元のかたちにまとめるが，たいていの場合は，すべてキュレーターが望む通りに配置される．

そしてその後で，エデュケーターが説明のための方法を考えて展示を補うのだ．こうしたやり方は専門技術の序列を強固なものにしてきた．つまり，役割の重要性が高い順に，各分野の専門家が展示開発プロセスに参加してくるのだ．キュレーターが選ぶ特定の資料や芸術作品によって展示の本質が決まる場合には，現在でもこのやり方があてはまるかもしれない．しかし，学際的，または，解釈的アプローチの展示を開発する場合には，専門家間に上下の序列が存在すると多くの問題が生じてしまう．

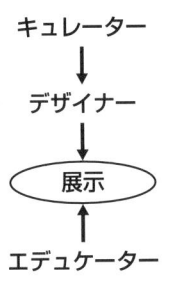

```
キュレーター
   ↓
デザイナー
   ↓
 ( 展示 )
   ↑
エデュケーター
```

例えば，キュレーターがつくった展示のコンセプトがデザイナーに伝えられるころには，そのコンセプトが3次元空間において丸い穴に四角いくさびを打つようなものであっても，もはや手遅れなことが多い．逆に，デザイナーがすばらしい図面や模型でデザインをつくりだしても，それが不適切なこともある．施工の段階で問題が発生すれば，施工者はデザイナーにデザイン変更を求めなければならなくなるし，その結果，デザイナーはキュレーターとの調整を余儀なくされる．そして展示が出来上がると，それを観覧者に分かりやすいものにするために，今度はエデュケーターが教材やプログラムを急いで作成しなければならないかもしれない．

専門家集団

1982年，シカゴのフィールド自然史博物館では，W. K. ケロッグ財団の助

成を受けて,「公教育機関としての博物館」というプロジェクトを始めた.ケロッグ・プロジェクトとして知られるこのプロジェクトは,一連のワークショップが中心であったが,その中に展示開発チームの編成を促し支援する「展示開発——チームによるアプローチ」も含まれていた.これらのワークショップには77の博物館から職員が参加し,展示開発チームという考え方が全米の各分野の博物館へと広まることとなった[36].

キュレーター
エデュケーター
デザイナー
↓
展示

「チームアプローチ」導入の主な目標は,展示開発プロセスの,ひいては,展示経験の質の向上にあった.それまでのような階層的でトップ・ダウン的なやり方から,水平で包括的な方法への転換である.このチームアプローチでは,展示開発にむけて専門家集団が「一緒に」作業を行う.チームに参加する専門家とは,通常,展示内容の専門家(キュレーター),展示の形状の専門家(デザイナー),利用者に関する専門家(エデュケーター)であるが,場合によっては開発プロセスの専門家(プロジェクト・マネジャー)も含まれる.このタイプのチームワークの前提となるのは,「専門家同士の平等な関係」がよりよい展示をつくるという考えである.それぞれのメンバーが必要不可欠な専門技術を提供した結果,展示がよりまとまりのあるバランスのとれたものになることが理想である.

ケロッグ・プロジェクトの結果,多くの博物館が「チームアプローチ」を採用することとなった.この方法を採用した館は皆,チームのメンバー同士がお互いを認め合えるようになったことを,重要な成果として挙げている.しかし,チームアプローチは展示開発の特効薬ではない.それがよい展示を

保証してくれるわけではないのだ．ケロッグ・プロジェクトのリーダーがこのプロジェクトを総括して言うには，チームアプローチによってチームのメンバー同士の関係がよくなった例は多いが，だからといってチームによって開発された展示の質がそれまでに比べて向上したという明確な証拠はないのである*．

*これは，ケロッグ・プロジェクトに参加した博物館を訪れたプロジェクト・リーダーたちによる非公式な評価である．チームによって開発された展示と，それ以外のグループや個人によって開発された展示を比較したデータは集められていない．

専門的ジェネラリスト

展示の質は，感覚的，認知的，美的，社会的，表象的，そして身体的要素が総体的に組み合わさることで決まる．したがって，展示開発にはさまざまな分野にわたる技術が必要である．展示の専門家は「多言語を話す」，つまり，コミュニケーション論や環境心理学，学習理論，コンセプトおよび空間デザイン，インタープリテーションや利用者研究などの「言語」に通じていなければならない．そして，情報を分類し，さまざまな問題解決能力を発揮し，多様な展示要素をつくりだしては検証して，開発をすすめていく能力がなければならない[37]．

このように多様な言語をあやつることができる人とはどのような人なのか．キュレーターやデザイナー，エデュケーター，さらに言えば，博物館に関する他のどんな分野の人でもありうる．重要なのは「ジェネラリスト」であること，つまり，展示開発のプロセスに役立つさまざまな分野を総合的に扱う能力である．展示内容の正確さや適切さを重視し，3次元空間で働く力学を理解し，それを巧みに扱い，そして，多様な観覧者の期待や関心に敏感でなければならない．

つまり，展示を成り立たせる要素を幅広く理解し，次のような資質を持っ

ていなければならない．

- 博物館利用者に対して心から愛情を持つこと
- 新しいアイディアに対して寛容であること，学ぶ意欲を持ち，自分をとりまく世界について強い興味を持つこと
- 展示内容について真に興味を持つこと
- 知らないということを知ることができ，的を射た質問ができること
- あたりまえでない創造的な解決法を生み出せること，そして，一見関係ないように見える事柄や思考の間に接点を見出せること[38]

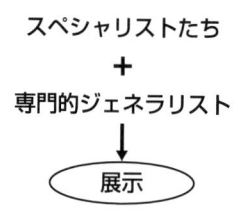

```
スペシャリストたち
    ＋
専門的ジェネラリスト
    ↓
   展示
```

ジェネラリストという考え方は新しいものではない．デザイナーの間では，もう何十年もの間唱えられてきた．著書『実社会のためのデザイン』の中で，ヴィクター・パパネックは工業デザイナーや環境デザイナーについて次のように述べている．

　デザイナーは，心理学では心理学者に遠く及ばないし，経済学者ほど経済にも通じていない．また，電気工学についてもほとんど知らない．しかし，デザインのプロセスでは，電気エンジニアより心理学に対する理解を示すし，きっと経済学者より電気工学に通じているはずだ．デザイナーは各分野のかけ橋となるのだ[39]．

新たな専門職として「展示ディベロッパー」の導入を唱える者もいる．マイケル・スポックは，ボストン子どもの博物館在職中に「ディベロッパー」

という言葉をつくりだし，それを次のように説明している．「一人の実践者に意思決定権をもたせる（炎の守り手とする）．その人物は，展示内容と観覧者の双方に対する情熱と，効果的な展示開発者としての知恵を持った者である．……チームはやはり必要である．メンバーがそれぞれの才能や洞察力を持ちよるのだ．しかし，そのチームを率い運営するのはディベロッパーで，ディベロッパーが生まれてくる展示に展望や声をもたらすのだ」[40]．スポックは，このディベロッパー型の展示開発方法をフィールド自然史博物館へと持ち込み，そこでスタッフと共に大規模な展示をつくっている．フィールド自然史博物館では，彼はディベロッパーの役割を拡張し，プロジェクトのマネジメントや教育プログラムの開発も含めるようになった．

カナダ文明博物館のジョージ・マクドナルドは，少々違ったアプローチをとっている．そこでは，展示開発チームはキュレーター・コミュニケーターとデザイナー・コミュニケーターで編成され，そこにチームのコンサルタントとしてインタープリテーションの専門家が加わっている．

> 観覧者とコミュニケーションすることが，展示のすべてである．コミュニケーション能力は，チームの全員が持つか，あるいは獲得しなければならない技術である．チームの中で一人だけが有していればよいものではない．これは，キュレーター兼エデュケーターという概念への移行を示しており，ロイヤル・ブリティッシュ・コロンビア博物館やインディアナポリス子どもの博物館など，いくつかの博物館で始められている．これは，旧来はほとんど正反対であった2つの役割を調和，統合するもので，博物館の役割に対するより成熟した姿勢を反映したものだ[41]．

ジェネラリスト型の展示開発が抱える問題の中で，おそらく最もむずかしいのが展示内容の専門家に関する問題である．博物館職員の中には，展示内容の専門家が展示に責任を負うべきだと考えるものがいる．そうでなければ，展示は浅薄で表面的なものになってしまうというのだ．しかし，展示開発のプロセスを通じて，内容の専門家がその専門知識を提供し，展示内容を監修

しさえすれば，展示が不正確になったり，バランスを欠く危険はほとんどない．経験豊富なすぐれた展示プランナーたちは，学術性や展示内容に対する情熱を展示から排除したりはしない．

　新しいタイプのチームを，ひいてはよりよい展示をつくろうとする中，多くの博物館が新鮮なアイデアや才能を求めて，従来とは違った展示のつくり手を捜している．新しいエネルギーを持った新たな人材が展示に活力を吹き込むのだ．しかし，おもしろいアイデアも新しい技術も，実行や組織化の方法が貧弱であればよい展示にはならない．あまりにも多くのチームが，経験不足から同じことを繰り返している．展示の質は結局のところ，情熱を持って将来が見通せ，展示の経験が豊富なリーダーにかかっているのだ．ジェネラリストは観覧者の気持ちになることができなければならないが，同時に，博物館展示の複雑さと可能性についても精通していなければならない．

チームワークの心理学

　その複雑さゆえに，展示は複数の人間でつくるしかない．各人がどんな役割を担うにしても，展示を開発するということは共同作業である．チームに参加する者は，その専門性だけでなく共同作業の能力に基づいて選ばれるべきである．チームを支持し励まさなければならない経営管理者から，開発プロセスに直接関わるチームメンバーまで，チームワークはあらゆる関係者に高度の素養を求める．全員がチームワークに伴う責任や義務を理解し，共通の目標，つまり，観覧者にとっての最高の展示経験にむけて働くことが必要なのだ．

　集団における個人には，多かれ少なかれ2つの力が作用する．ひとつは集団に属し，受け入れられる必要性，もうひとつは個人として突出する必要性である．研究によれば，集団からの圧力にあうと，人は自分の意見を引っ込めてしまうことが多いという．例えば，それぞれ長さの違う3本の線のうち

どれが4本目の線と同じ長さかを尋ねる実験をしたところ，正解が見るからに明らかな場合でも，間違った答えを言うように指示された他のメンバーの回答を聞くと，3分の1の人が正解から間違ったものへと自分の答えを変更したのである[42]．同僚からの圧力や拒絶に対する恐怖は常識をも抑えてしまう．受け入れられたいとの思いは，時に創造的な仕事の邪魔をしてしまうのだ．

同時に，個人として突出したいとの思いも，チームワークをむずかしくする．権力や名誉をめぐる争いも，創造のプロセスを止めてしまうからだ．科学者でもあるルイス・トマスは，我々（とくに西洋文化圏の人間）が集団の中で目立とうとする性質を持つことを示している．「もし，個人が無理な行動をとらなかったならば，委員会という方法は，共同で思考を行うことができるすばらしい発明であったろうに．しかし，我々は個人として行動してしまう．我々は個人であることを最優先するようにつくられ，インプットされているかのようだ．だから我々は，どんな犠牲を払おうとも，たとえそれが集団への不適合を示そうが，個人としての行動を第1に行ってしまうのだ」[43]．

多くの博物館が展示開発のチームアプローチを公式のように採用しているが（例えば，チームはデザイナーとキュレーター，そしてエデュケーターで編成せねばならず，それぞれの役割は固定的である），展示開発チームの編成方法に正解はない．方法は，その機関やチームメンバーの性質によって大きく異なるはずだ．集団が共同作業を行うと，委員会仕事の典型のような実態のないものになってしまうこともある．とくに，将来への展望がなかったり，役割が明確でなかったり，責任者がいない場合にそうなってしまう．その上，チームワークでは個性がからみあって調和することも求められるが，これはとてもむずかしい．

いかなる編成であれ，集団が創造的で効果的に機能するには次のことが必要である．(1) 相互に尊重する雰囲気があること．単に反応するのではなく，

お互いの話を聞きそれに答えること．(2)リスクを冒し，失敗をする可能性を経営陣も支持し，それを認める雰囲気があること．(3)責任感がすべてのメンバーに共有されていること．(4)意思決定と意見衝突の解決構造が明確であること．(5)目指すべき展望や目標があること．

チームのありかた

博物館は効果的な展示開発チームをつくるのに苦労しているが，他の分野でのチームのあり方が，メンバー編成に関する考え方を示してくれるかもしれない．

映画

展示開発は映画制作にも似ている．監督がプロセス全体に責任を持つが，仕事の仕方は監督によって異なる．専門家（調査担当や脚本家，美術セットデザイナー，編集者）が各々の専門分野を指揮するのを尊重する監督がいる一方で，自分で脚本を直したり，セットの配置に参加したり，編集室で自分でフィルムをカットするなど，もっと自分の手を動かすタイプの監督もいる．制作メンバーは，役割は違ってもみな監督の元で働く．そして監督は，プロデューサーに対して責任を負う．これは，展示開発のリーダーが，博物館の組織や財務を監督する経営管理者に責任を負うのと同じである．

ジョージ・ルーカスは，自らの映画づくりのスタイルについて次のように語っている．「私は映画を撮るときには，すでに心の中では撮り終わっている．おおまかな脚本を書くが，それほどの詳細はいらない．心の中ではすべてがはっきりと見えているから」[44]．このような監督的，つまり「作家的」アプローチは，自分たちが博物館の中に築こうとしているカルチャーとは正反対だと感じる展示関係者もいる．このアプローチは，博物館にとっては（とくに地域社会との連携や民主的方法を重視する館にとっては）あまりに

も監督中心であるが，博物館の展示に欠けがちな創造的な考えや作家の声を際立たせることはできる．

演劇

いろいろな意味で，展示開発は演劇制作にも似ている．監督，プロデューサー，脚本家，そして，役者たちがみな集まり，影響しあい，行動し，やがて融合してより大きな全体の一部となっていく．劇場では，時に観客が演劇に参加することすらある．このような「調和的（アンサンブル）」アプローチの共同作業が開発されたのは，演劇の世界であった．ジョン・ウィルクは，その著書『調和の創造』の中で，調和の8つの要素を挙げている．

1. 専属の劇団員がいる
2. 演じ方に一貫性がある
3. 役者が理想に燃えている
4. 劇団のメンバーが平等で協力している
5. ある特定の作家か，あるいは劇団の監督によって，統一性のある作品がつくられる
6. 芸術性を高めるために，成長や実験が行えるだけの財政的安定がある
7. 常にとは言わないが，基本的にはスターに頼るシステムをつくらない．小さい役であれ大きな役であれ，劇団のすべてのメンバーが共通に演じる
8. 劇団をとりまく環境の社会的要因や劇団経営に基づいた意見が優先される[45]

多少アレンジすれば，これらの要素は展示開発にもあてはめることができるだろう．

工業デザイン

デザインチームというコンセプトは新しいものではない．工業デザイナーたちはもう何年もの間，分野を越えたメンバーからなるチームワークを続けている．1930年代にはすでに，先進的な工業デザイナーたちが，デザインとは単に表面的なスタイルではなく製品にとって欠くことのできない性質なのだから，デザイナーは製品開発プロセスの最初から関わるべきだと主張した．つまり，技術者や製造業者，そしてデザイナーからなるチームが何らかの方法で共働しなければならないということだ．

今日では製品開発が複雑化し，デザインや製造プロセスについても，これまでとは違った新しい考え方が求められている．部門横断型のプロジェクトチームでは，経営，マーケティング，デザイン，そして製造者（そして時には消費者も）など，さまざまな役割を持つメンバーが集うことも多い．カリフォルニアにある日産デザインインターナショナルの現副社長ジェラルド・ハーシュバーグは，デザイン部門にはデザイナーと同数のエンジニアが必要だと主張した．「エンジニアは我々とともに，つまり，我々の側にたってほしかった．製造エンジニアが必要なのではない．毎日ともに仕事をするコンセプトエンジニアが必要だったのだ．我々のスタジオが必要としたのは，うまくいかない理由を800万通り考えるよりも，新しいコンセプトを開発し決定することにエネルギーを費やす技術者だった……我々は，販売店の人や試作模型製作者，秘書などに批評に参加し貢献してもらおうとしている．もし（その車が）ずんぐりしていて醜いと思ったならば，そう言ってほしいのだ」[46]．

ビジネス

仕事をより効果的，効率的にすすめたいと考える中，我々は博物館に応用できるようなモデルをビジネスの世界に求め

るようになっている．エドワーズ・デミングは，マネジメントの「質」概念のパイオニアで，第二次世界大戦後の復興時に日本ビジネスのコンサルタントであった人物だが，その著作の中で，組織のマネジメントシステムの改善に焦点をあてるべきだと強調している．デミング法の中核は「14の原則」で，柔軟で迅速なマネジメントシステムをつくる方向性を示している．

1. 会社や組織の目標や目的を声明にして，すべての従業員へ配布する．実際の経営では，その声明を遂行していることを常に示さなければならない
2. 最高責任者も含めすべての者が新しい経営哲学を理解する
3. プロセスの改善とコスト削減のための監査の目的を理解する
4. 価格だけに基づいてビジネスを判断することをやめる
5. 生産やサービスのシステムを継続的，永続的に改善する
6. 研修を実施する
7. リーダーシップについて指導，実践する
8. 恐怖心を捨てる．信頼を築く．革新の風土をつくる
9. 会社の目的や目標，チームやスタッフの努力に対して前向きになる
10. 従業員への訓戒をやめる
11a. 生産高の数値化をやめる．かわりに，改善の方法を学び実践する
    b. MBO（目標管理）をやめる．かわりに，プロセスが持つ可能性とそれを改善する方法を学ぶ
12. 人から仕事のプライドを奪うような障害をとりのぞく
13. だれもが学習し，自己改善するよう推進する
14. 変化を達成するために行動をおこす[47]

アメリカのビジネスでも，日本の方法にならって，従業員の参加や生産性を高める自己経営チームを組織するところもある．例えば，データ・ジェネラル・コーポレーションの自己経営方法は，責任に対して「参加表明」する

というかたちをとっている．これは，展示関係者には馴染み深い方法でもある．

　自分が賛同したプロジェクトに参加表明することによって，成功のために必要なあらゆることを実行することになる．必要であれば，家族や趣味，そして友人（まだいくらかでも残っていたとしたら－それまでに何度も参加表明していたら，もう失っているかもしれない）を捨てることに同意したのだ．経営者から見れば，この儀式による実質的効果はさまざまだった．労働はもはや強制ではなく志願であった．参加表明したら，つまり，「私はこの仕事がしたいので，私は身も心も捧げる」と宣言したことになるのだ[48]．

トム・ピーターズは著書『混沌を生きぬく』の中で，チームを組織する際の6つの重要要素を挙げている．① 多くの分野や役割の人を集める，② デザイナーや製造者，マーケティング担当者など，中核となる人をフルタイムで最初から関わらせる，③ チームメンバーをひとつの仕事環境に集める，④ チームメンバーが絶えずコミュニケーションできるようにする，⑤ チームにできるだけ多くのリソースをつぎこむ，⑥ 製造過程外の人（供給者やディーラー，ディストリビューターや消費者など）を開発プロセスの最初から巻き込む，の6つである[49]．

ひとつの傘のもと（アンブレラの原理）

　チームが，それぞれ同等な部署の代表者で編成されると，問題が生じる可能性もある．というのも，各部署の代表者が目標を共有していないと，異なる考えを持つ他部署との競争にならざるを得ないからだ．チームメンバーをひとつの仕事環境に統合するとコミュニケーション力が大いに増し，「隠れた思惑」を減らし，ひいては，チームのメンバーがみな同じ目標と同じ経営者に対して責任を負うようになる．

1963年にはすでに，当時アメリカ自然史博物館の統括研究者であったアルバート・パーが，展示開発の責任を担うのに適切な部署は展示部門であると提案していた．彼はまた，「教育的デザイナー」という言葉を用い，ジェネラリストの概念もほのめかしていた．

　2つのまったく異なる種類の技術や創造力が同等の権限を持って作用することが求められると，必ず管理上の問題が生じる．かと言って，デザイン部門をキュレーターの支配下に置いていては，展示が高水準を保つことは不可能だろう．反対に，展示部門のスタッフにエデュケーターや教育的デザイナーを数人含めれば，展示の全実行権を，博物館組織の中で独立した機能とすることができるのではないだろうか[50]．

　こうした提案は，当時にしては過激なものだったようだ．というのも，パーは，後に発言の訂正を申し出たのだ．彼はその中で，この考えは一般的な提案ではなく，キュレーターが教育的目的に一時的に重点を移した場合に考えられる解決方法にすぎないと述べている．

　このアンブレラの原理を採用して，「公共プログラム」部門をつくっている博物館もある．そこには展示や教育プログラムなどの利用者サービスがひとつにまとめられていて，調査や研究部門は切り離されているところが多い．館全体が公共プログラムに焦点を当てて組織づくりをした最初のものに，子どもの博物館がある．より伝統的な博物館（そして，少ないスタッフがすべての役割を果たさなければならないような小規模な博物館）でも似たような組織を発展させてきているようだが，公共プログラムをひとつの部門にまとめる考え方は，1960年代に利用者や教育に対する注目が高まる中で生まれてきたと言えよう．例えば，ニューヨーク州博物館は1968年にミュージアムサービス部門をつくり，学校現場出身の展示プランナーを配置している[51]．今日でも，多くの博物館がその運営組織の再編成を始めており，利用者の経験や利用者へのサービスに対して，もっと焦点を当てようとしている．

まとめ

「共同作業」は展示開発では非常に重要であるが，そのための組織にはさまざまな方法があり，どれにも特有の強みと弱みがある．スペクトラムの一端には，自分の考えを持ち，必要に応じて専門家と協働する創造的ディレクター，という方法がある．またその対極には，コンセンサス・チームがあり，リーダーはおらず，すべてのメンバーに均等に意思決定権がある．これら両端の間に，役割分担，意思決定権などの違いによってさまざまなチームのかたちが考えられる．場合によっては，チームの活動すべてに最終的な権限を持つのはチーム外の人物であることもあるし，メンバー内のだれかが意思決定権を持つこともある．

博物館の展示は複雑なため，その開発には当然ながらさまざまな専門家が必要である．プロジェクトに関して組織としての目的を決定する経営管理者．展示内容に深みと正確さを保証する学術的専門家．それらをかたちにするデザイナー．利用者に応じてプログラムをつくるエデュケーター．展示資料をきちんと扱うのに必要な専門知識を提供する保存の専門家．素材をかたちにする技術的専門家．そして，展示に必要な資金を獲得したり，展示の宣伝をする人々などである．

しかし，展示開発には展示とコミュニケーションに関する専門知識を持った人も必要である．どんなチーム編成であろうとも，展示開発の管理を行うのは，展示というメディアの強みと限界を理解し，「何よりも」利用者の経験を考える人でなければならない．それがエデュケーターであれ，デザイナーであれ，キュレーターであれ，経営管理者であれ，

大きな視点で物事を見，問題解決を促し，細部にこだわりすぎるのを避ける能力がなければならない．予期せぬことで人々をはっとさせる手品師であり，王様が服を着ていないことを知っている正直者であり，「一体これはどういうことなのか」という問いを発する人である．そして，まず何よりもコミュニケーション力に長け，展示と利用者との関係づくり（利用者の幸福感や能力を育み，好奇心や発見，我を忘れる気持ち，驚きや楽しみをよび起こすような関係）につくす人でなければならない．

4章 展示開発のプロセス

「まず証言だ！」王は言った．「そして判決だ！」
「ちがう！」女王が言った．「まず判決，そして証言だ！」
「ナンセンス，おかしいわ！」アリスが大声で叫んだので，みんな飛び上がった．
　　　　　　　　　－ルイス・キャロル『不思議の国のアリス』より

「創造的な」プロセス
1. よーし，やるぞ！　頑張るぞ！（熱意）
2. でも，思ったようにうまくいかない……（幻滅）
3. このままではできないよ！　時間もない！（パニック）
4. 誰のせいで，こんなことになったんだよ？（悪者探し）
5. あいつが悪い！　あいつが失敗したせいだ！（罪のなすりあい）
6. 結局上の奴らに成功を横取りされた！（実働しない者が受ける賞賛）
　　　　　　　　　－展示プランナーがよく考えること

課題：展示開発を促進するプロセスのために柔軟なガイドラインをつくる

　展示をまとめあげる作業は大変むずかしいので，博物館関係者は着実なプロセスを探すのに多くの時間を費やしている．映画や出版には業界全体に共通な開発プロセスがあるのに，なぜ博物館の展示づくりにはないのだろうか．展示づくりは，確かに複雑な努力を要する作業だが，映画や本をつくるよりも複雑なのだろ

うか．展示はさまざまな経歴や技術，価値観を持つ人を対象につくるものであるが，本や映画もその点は同じである．展示づくりが本や映画の制作と違う要因のひとつは，役割の定義である．本や映画の制作では，関わる人々の役割が分かりやすく，誰がいつ何をするのかというプロセスがはっきりしている．また，メディアの形態も違いを特徴づけている．本や映画は単一のメディア（紙の束やスクリーン上の動画）であるが，展示はその形態がさまざまで（展示物，什器，言葉，光，陰影，すること，聞くこと，スタッフ，時には本や映像なども），さらに複雑になる．使われ方も大きく違う．例えば映画の制作者は，その作品が決まった使われ方をすると知っている．彼らの客は，部屋の中に座って皆同じ方向を見て，適度に静かに，2次元のスクリーン上の画像を見て，スピーカーから流れる音を聞く．反対に，博物館の利用者は予測不可能で，おどろくほどさまざまな方法で展示を使用し経験する．

　プロセスのガイドラインをつくることで，確実に展示開発は促進されるだろうが，そのためにはガイドラインが柔軟で，それぞれのプロジェクトの本質や領域，関わる人々の創造スタイルに敏感に対応できなければならない（結局のところ，展示をつくる人々も利用者と同じように，まったく異なる学習スタイルや知性のタイプを持っている）．それぞれの展示は他と違う独自の個性を持つので，展示開発プロセスはルール（規則）ではなく，ツール（道具）とみなされるべきである．理想的には，すべてのプロセスとプランニングは，利用者の経験の質を最大限に高めるために行われるべきだろう．

創造のプロセス

　創造的なプロセスについて熟考するのは，なにも展示開発者だけのことではない．デザイナー，教育者，心理学者，建築家，エンジニアといった人々は皆，自分たちのプロジェクトが何をするのか，その遂行のために何をしなければいけないかということを説明するのに努力してきた．中には，例えば

「アイデアをいじくりまわすと，よい考えがうかぶ」といったように，インフォーマルで直観的な手法にこだわる人もいる．これは，個人が自分の考えを具現化することを求められたときによく起こるケースである．この手法で開発された展示装置は，制作進行中であると考えられることが多い．すなわち，それらの展示装置は決して完成することがないが，かわりに長期間にわたって利用されることで開発され洗練されていく．エクスプロラトリアムの展示装置の多くは，この方法，つまり展示をつくる者がアイデアと部品を「いじくりまわす」ことによってつくり出されている[52]．

一方で，プロセスの中でも計画の側面を強調し，仕事を一定の形式に沿った段階に分けてすすめることを重視する方法もある．解釈的なアプローチの大型展示会の制作では，文字どおり何十人ものスタッフとその動きを組織だてる必要があり，プロセスの段階分けは必須である．1960年代前半に，工業エンジニアのモリス・アシモウはデザインにおける問題解決のプロセスを示しており，現在でも多くのプランナーやデザイナーが何らかの形で使っている[53]．

実行手順
↓
実現性の検討
↓
初期デザイン
↓
詳細デザイン
↓
製作プラン
↓
製作

展示づくりの場合，実行手順は需要分析と実現性分析のようなプロジェクトのアセスメントから始まる（その方法はうまくいくか，資源はあるか，ア

イデアはいいか）．初期デザイン段階では，デザインコンセプトの選択肢を確立し，展示の内容やかたちを精密に計画する．詳細デザイン段階では，テストの結果から，製作可能なデザインを決定する．最後の製作プランと製作の段階では，どのように展示を完成させるかを決める．

制約は常にある

　博物館の展示会レベルのデザインプロジェクトでは，そのプロセスは数多くの外的制約に応えなければならない．展示は，最終的にその目標や目的を決定，および承認し，その結果のレベルを決める施主やクライアントの意向を反映してつくられる．さらに，行政の規制や法律によっても制限され，地域や博物館利用者が市場を通じて何らかの圧力をかけることもある．これらの制約がありうるので，施主やクライアントの視点による再検討と承認を，前出の実行手順の中にくり返して取り入れる必要がある．

　最も細かく複雑な状態を想定すると，多くの制約を伴う開発プロセスは，次ページに示すフローチャートのような繰り返しになるだろう．

　現実には予算やスタッフ，政治的な状況の変化によって，新たな情報が常に基本ルールに働きかけるため，この複雑なプランをすべて実現するのはむずかしい．それぞれの手順は，必ずしもフォーマルな形式をとらず，時にはインフォーマルな会話によることもある．しかし，どれほど小規模な展示でも，この中のいくつかの手順は踏むことになる．次の3つの注意点を心に留めておけば，このプロセスを各プロジェクトに適合させることができるだろう．

1. 不必要な手順は削除する

　プロセスそのものに存在理由があるわけではない．プロセスを重視しすぎると創造性をつぶしてしまう．プロセスを簡素化する努力をすること．例え

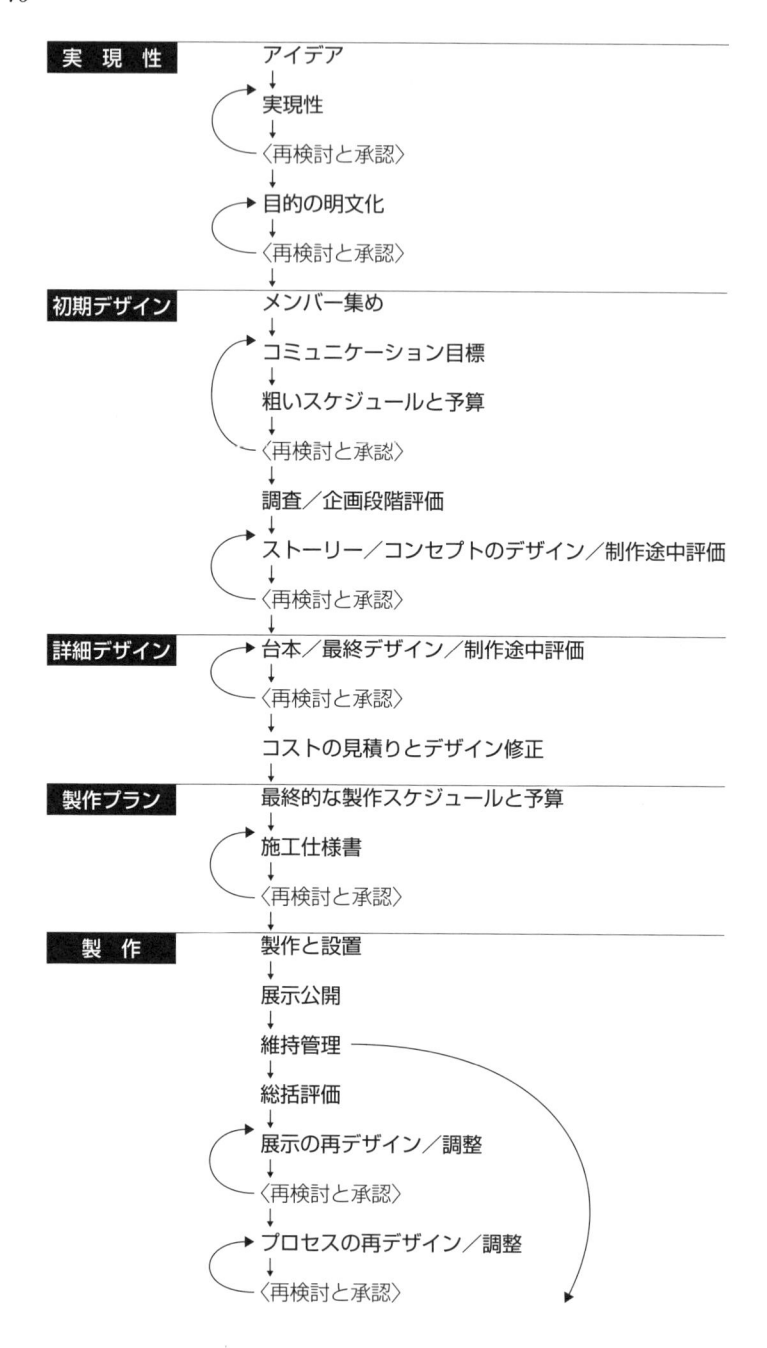

実 現 性	アイデア ↓ → 実現性 　↓ └─〈再検討と承認〉 ↓ → 目的の明文化 　↓ └─〈再検討と承認〉
初期デザイン	メンバー集め ↓ → コミュニケーション目標 　↓ 　粗いスケジュールと予算 　↓ └─〈再検討と承認〉 ↓ 調査／企画段階評価 ↓ → ストーリー／コンセプトのデザイン／制作途中評価 　↓ └─〈再検討と承認〉
詳細デザイン	→ 台本／最終デザイン／制作途中評価 　↓ └─〈再検討と承認〉 ↓ コストの見積りとデザイン修正
製作プラン	最終的な製作スケジュールと予算 ↓ → 施工仕様書 　↓ └─〈再検討と承認〉
製　作	製作と設置 ↓ 展示公開 ↓ 維持管理 ─────┐ ↓　　　　　　　│ 総括評価　　　　│ ↓　　　　　　　│ → 展示の再デザイン／調整　│ 　↓　　　　　　　│ └─〈再検討と承認〉　│ ↓　　　　　　　│ → プロセスの再デザイン／調整 　↓ └─〈再検討と承認〉

ば，新着資料を主体とする展示では，展示コンセプトの開発にはそれほど集中しなくてよい．既存の壁や展示ケースを使う展示では，念入りなデザインや組立作業はいらない．スタッフが少ない小さな博物館の展示では，形式ばった再検討はおそらく不要だろう．

2. 情報を行き渡らせる

展示以外の博物館機能も，この手順プロセスに従って進む．資金調達，広報と宣伝活動，オープニングイベント，教育プログラムは，すべて展示開発プロセスに沿って展開され，プロジェクトの進行とともに情報や資料を受け取る．再検討が継続的にプロセスの中に組み込まれることによって，経営や考え方（哲学），コンセプトの目標が確実に実現されるだろう．

3. 実際にはフローチャート通りにはいかない

展示づくりが動き始めたら，自然にリズムが生まれて，展示は命を持ち始める．明確化されテストされながら，各段階をとてもスムーズにすすむ部分もあれば，なかなかすすまない部分もある．本当のコツは，幕が上がって展示がオープンしたときにすべてが一体となること，そして利用者による「実地テスト」を受けた後に，展示を評価して洗練するだけのエネルギーと熱意を，プロジェクトに対して持ち続けることである．

展示開発のステップ

アイデア

すべての展示プロジェクトはアイデアからはじまる．そのアイデアは，博物館のプランニング・チーム，キュレーター，館長，外部のコンサルタント，地域社会のメンバーから出されることもある．何かアイデアが浮かんだら，すぐに書き留めておいて後で組織的な方法で再考するとよい．この方法はインデックスカードを使った意見

ボックスでもいいし，テーマやリソース，可能性などを明確にした展示提案でもいい．よい展示アイデアをつくりだすのはたいていむずかしい作業であり，博物館によってはブレインストーミングやアイデア開発にかなりの時間をかけるところもある．

展示アイデアを評価する

多くの博物館では，インフォーマルな形でも，展示の実現性を検討する評価基準を持っている．このような基準は，博物館のミッション（使命）から発している場合や，経営管理者の直観による場合がある．常に多くの展示を開発する博物館では，展示アイデアの評価に矛盾が生じないよう，明確な基準を設けておくといい．コレクションを持つ一般的な館の場合，次のような項目が基準に含まれる．

ミッション（使命）との整合性—そのアイデアは，博物館のミッション（使命）の枠組に合うか．

関連性—そのアイデアは利用者に何かを伝え，彼らの生活と関わりがあるか．

適切性—そのアイデアは，3次元経験を伴う展示というメディアに適したものか．本やフィルムの方がいいのではないか．

リサーチの可能性—展示づくりのために入手できる適当な情報はあるか．館内あるいは館外にその内容についての専門家がいるか．

多面性—その素材は，広い年齢や学習スタイルに合わせて，さまざまなレベルやデザイン（実物資料，模型，音声や映像，ゲーム，グラフィック）で提示可能か．

エンターテインメント性—そのアイデアは，わくわくさせ興味をそそる方法で提示が可能か．

内部のサポート—そのアイデアに対して興味と熱意を持つスタッフがいる

か．

コレクション——そのアイデアを裏付ける資料が収蔵されているか．

独立性——その展示は，スタッフの操作や監督，解説なしで，単独で利用者に使ってもらえるか．逆に，その展示にスタッフやデモンストレーション，パフォーマンスを組み込むことは可能か．

連接性——その内容は，館内や他の施設のプログラム，学校のカリキュラムに関連づけられるか．

予算——展示をつくりだすだけの（最低でも，展示をはじめるだけの）資金が調達できるか．

目的の明文化

目的声明文（文章が数行程度の簡単なもの）は，展示の機能，経営および教育目標，対象となる利用者，全体の強調点や見通しを明らかにする．また，解決すべき展示の問題を定義し，展示が誰のために何をすべきかを説明する．マイケル・ベルチャーはその著書『博物館の展示』の中で次のように述べている．「展示の必要性は一般的な言葉で語られ，その主旨は具体的なねらいや目的を示すことで明確にすべきである．そこでは，教育的な役割，広報的な役割，商業的な意味，政治的な状況，社会的な信用など，あらゆる関連事項に言及するべきである．特定の状況で考えられうる文章は，例えば次のようなものである．"この展示は，○○によって利用者のためになることが目的である"，"この展示は，○○によって博物館のためになる"，"この展示は，○○によって博物館のスタッフのためになる"など」[54]．

スタッフを集める

博物館によっては，すべての参加者（例えば，広報関係者，警備関係者，グラフィックデザイナー，資料整理担当者など）を集めたプランニング会議をもって，プロセスを開始するところがある．あるいは，他のスタッフを集

める前に，一人が展示のコンセプトの可能性を探る場合もある．また，展示開発チームの構成が，時間とともに変化することもある．最初は，展示の主担当者，開発，経営管理部門のスタッフが関わるが（プランニングチーム），次の段階では実際に展示をつくるスタッフを集めたグループ（実行チーム）に移行するのである．どのような集め方をするにせよ，展示プロセスに関わるすべての人々の相互伝達を促すように組み立てられなければならない．

コミュニケーション目標

　トピック展示やテーマ展示では，コミュニケーション目標とは個々のパーツをテーマに沿って統一するもの，つまり，展示が利用者に伝えようとする「大アイデア」である．エデュケーターのエレノア・ダックワースによれば，これらのアイデアは，よく「名詞で表される」ような情報ベースのコンセプト（例えば「エネルギー」「かたち」など）である必要はなく，「信念」のようなもの，あるいは文章で表現するようなものでもかまわない．ダックワースは，4種類の信念を挙げている．すなわち，① 世界についての知識に関するもの，すなわち「これはこうなっているんだよ」というもの．② 与えられた条件内で興味を引くこと，すなわち「これ，楽しい！」ということ．③ 何かをすることができる，すなわち「私はこれができる！」ということ．④ 知識をわかちあうこと，つまり「互いに役に立つ」ということ[55]．

　ダックワースが言う「信念」に似通ったかたちで，利用者に家に持って帰ってほしいメッセージ（持ち帰りメッセージ）を創り出すと，展示をつくる側は展示の焦点を明確にすることができる．持ち帰りメッセージは，利用者が日常使う言葉でひとつの信念や文章として平易に表すと，最も効果的である（書くのはとてもむずかしい）．例えば，あなたが，展示場を後にする人々にインタビューするレポーターだとしよう．その展示が何の展示だったか，ひとつの文章（事実の説明ではなく，全体を表すようなもの）をつくってもらうとする．そのとき何を言ってもらいたいかを書き出してみよう．それが，

持ち帰りメッセージである．

　展示開発プロセスの初期の段階で持ち帰りメッセージをかたちにすると，確実に利用者の視点に立つことができる．プランナーは，何を本当に伝えたいのか時間をかけて真剣に考え，一言一句に納得し，一言一句が意味をなすようにする必要がある．展示開発は探索のプロセスなので，持ち帰りメッセージをあまり最初の段階でつくってしまうと，創造的なアイデアを形づくるうえで制約になると言う者もいる．この意見は，美術系の展示や現象を再現するような直観的な展示には，あてはまるかもしれない．しかし，アイデアや信念をより明確に伝達することを目的とするテーマ展示の場合，問題解決のプロセスやアイデアの探索は最終目標とメッセージに関わっていなくてはいけない．たとえ，起こりがちなこととして，その目標やメッセージが流動的であっても，そう心がけるべきである．

　例として，アラスカのホーマーにあるプラット博物館で開発した"黒くなった水―オイル漏れの実態"という巡回展について紹介しよう．この展示会の開発メンバーは，展示の持ち帰りメッセージとして重要なものを各自5項目ずつ書き出した．最初は，メッセージの多くが複雑で，複数のメッセージがひとつの文章に埋め込まれたような状態であった（展示開発者のジュディ・ランドは，これを「動くパーツがたくさんあるメッセージ」と呼んでいる）．チームはまる1日かけて，これらを再検証し，練り直し，簡素化して，最終的に次のような8つの持ち帰りメッセージに集約した．

- アラスカは守らなくてはいけない国家の宝である．
- そこで大悲劇が起こった．
- それは人々の生活を変えた．
- 我々はすべてを除去することができなかった．
- なぜこんなことが起こったのか？
- それはまだ終わっていない．

- 忘れられない教訓になった（今も我々は学び続けている）．
- 私も何かしなければ．何ができるだろうか？

とてもシンプルな文章であることに気付くだろう．持ち帰りメッセージは，組織の目標や目的，その展示をする理由を展示開発者の言葉で述べた説明文とは違い，あくまでも展示を見た人々が受け取って帰るメッセージのことである．展示の目的を示す文章も，持ち帰りメッセージも，ともに重要なものだが，本質的に異なっている．例えば，上記の"黒くなった水"の展示目的は「さまざまな異なる視点で物事を検証することを奨励し，我々の石油への依存度と環境を守る必然性との間のバランスを見出す」であった．

モントレー湾水族館では，持ち帰りメッセージを展示を構成する基礎単位と考え，重要度のランクをつけた．まず「メイン・メッセージ」は，たいてい一文で表されるが，最重要なメッセージであり，展示全体でこれをサポートする．次に「1次（基本）メッセージ」だが，これらは展示が必ず伝えなくてはいけないメッセージで，可能な限り3次元的なサポートをする（展示のすべてのセクションは，この1次メッセージのためにある）．「2次メッセージ」とは，展示が伝達すべきメッセージのことで，展示の個々の部分や解説グラフィックなどに埋め込まれる．そして，「3次メッセージ」とは，「余裕があれば盛り込みたい」メッセージのことで，展示場のそこここの解説文中に見られる．

次に紹介するのはサメについての展示会の開発の際，基礎になったメッセージである．

メインメッセージ—サメは，君たちが考えているような動物ではない．
1次（基本）メッセージ—陸上のオオカミやトラのように，サメは最強の捕食者だ．サメは，海の生態系できわめて重要な役割をはたしている．

2次メッセージ——サメは，決して「冷酷な殺し屋」ではない．えさとなる動物を探して狩りをするために，とても繊細な感覚をたくさん持っている．

3次メッセージ——ホオジロザメは，海の水温よりも体温を高く保つことができる．体温を高くすることで，えさとなる海生ほ乳類が住んでいるような低温の水中でも，筋肉を効率的に動かすことができる[56]．

展示における経験の性質を考えると，展示にプランナーが考える情報をすべて盛り込むことはたいてい不可能である．メッセージのランクづけの利点は，プランナーたちが最も重要度の低いメッセージ（3次メッセージ）から編集を始め，最も重要なメッセージについてはうまく折り合いをつけたり守ったりすることができることである．

初期調査

初期調査では，展示の題材と語られるべきストーリーの要素を決定し，利用可能なモノ資料や他の媒体を明らかにし，展示開発に必要な情報を収集する．調査は，館の職員，コンサルタント，アドバイザーに共通の言葉を与え，展示に含まれる情報の取捨選択をする道案内となる．複雑な内容は，焦点を文章にして明確にすることで，開発チームの全員が同じ情報の枠組みで作業をすることができるようになる．

調査によって，博物館のコレクションを早い段階で見直すことにもなる．標本あるいは資料のリストを使うと何が使用可能かが分かるし，保存担当者とともに再検討することで，展示プ

ランナーたちはその資料の展示の可能性について決定できるだろう．

　この時点で，人々が展示の題材について一般的に持っている知識，疑問，気になっていることなどを知るために，「企画段階評価」と呼ばれるプロセスを実施し，その中で利用者調査を取り入れることもできる．企画段階調査は，潜在的な利用者と会話を始め，展示のプランニングの過程にそれらの人々を巻き込むものである．この調査により，プランナーたちは展示利用者がその題材について何をすでに理解しているかを知り，その理解度を参考にできる．例えば，オークランド博物館が開発中の展示会"カリフォルニアの

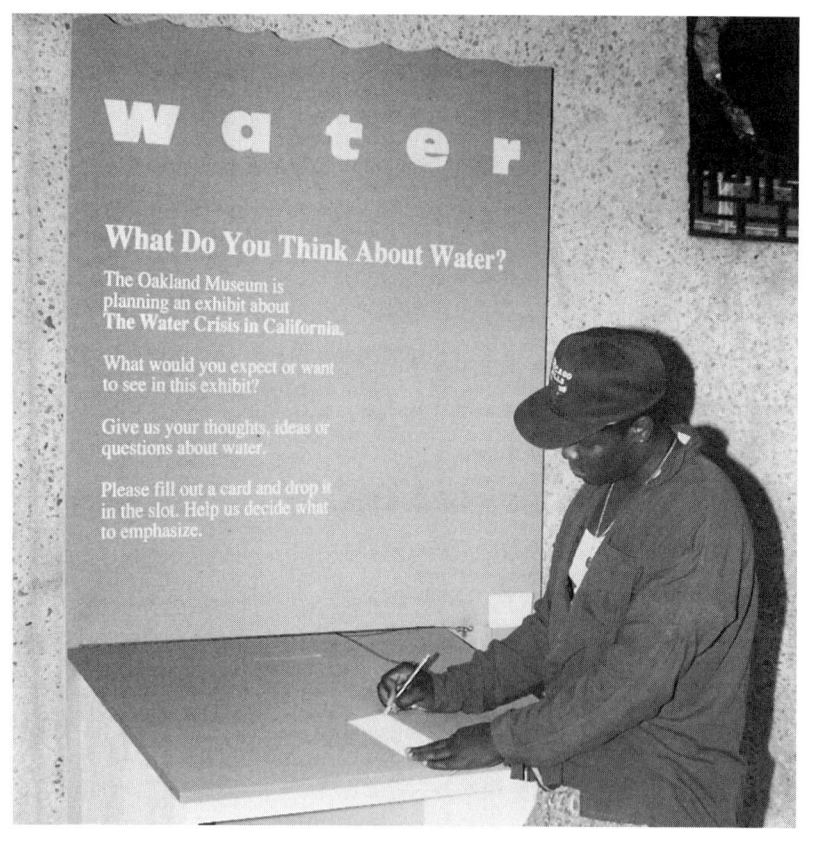

"カリフォルニアの水"展では，企画段階で，展示に含まれるべき主な内容について，来館者にカードに記入してもらった．

水"のために行ったインタビューでは，多くの人が貯水池を水源と考えていることが分かった．そこで展示プランナーたちは，人々の貯水池に対する親近感を利用して，雪の水分含有力という複雑な概念を説明するのに，雪が「貯水池」のように水をたくわえるという導入を用いた．展示の内容が企画段階評価の結果によって変更になることはなかったが，説明や事例そのは結果を受けて変更された．

ストーリーライン

解釈的アプローチの展示にストーリーがある場合，基本コンセプトや持ち帰りメッセージを基に物語の枠組みを組み立て，各展示エリア別のテーマをつくり出すのがストーリーライン（脚本，シナリオ，展示大要，ウォークスルー，ナラティブなどとも呼ばれる）である．通常，ストーリーラインは展示の予備的な描写から始まり，次第に特定のテーマやサブテーマに関連した資料やイメージ，展示構成物を取り込んでいく．ストーリーラインの形はさまざまで，例えば注釈付きの概略のような形もあれば，各展示要素に調査情報や資料の詳細を添付した説明付きの物語のような形をとることもある．

展示をつくる者たちは，展示が実際に包含できる以上の情報や物語を取り入れようとするのが常なので，ストーリーラインづくりは編集作業のように内容を減らすプロセスとも考えられる．ストーリーラインができて内容が明らかになってくると，不必要な要素ははじきだされる．持ち帰りメッセージがあらかじめよく案出されていれば，展示開発者が内容の取捨選択をする助けにもなる．持ち帰りメッセージを展示開発のプロセスを通じて再考し洗練させていけば，調査やコンセプト開発を進めるにつれて掘り出される重要な情報や考え方も折り込むことができる．

展示プランナーの中には，大きく重要な考えを示すストーリーラインは内容が濃すぎるため，それらを横において，小さめのアイデアで展示経験をすばらしい印象的なものにすべきだと考える者もいる．これは，例えば現象を

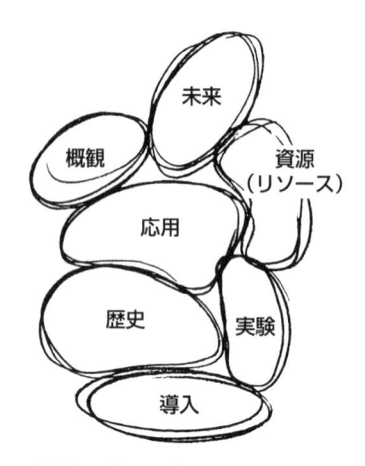

「空間概念図（バブルダイアグラム）」は，展示の主題やアイデアが空間にどうおさまるかを視覚的に知る「アイデア図」でもある．それぞれの「泡」の大きさは，そのテーマの強調度を示す．泡の位置は空間配置の粗いレイアウトを示し，実際のフロアプランをつくる基礎となる．

説明する展示や芸術展示の場合はそのとおりで，コンセプトの背景や枠組みと関係なく成立する．しかし，トピック展示やテーマ展示には，物語によるコンセプトの連続性が必要である．ストーリーラインは，無数のアイデアに順序や関連性を与え，それらを展示の形にする．もし個々では素敵にみえる展示要素を優先してストーリーラインを無視してしまうと，つながりが悪く混乱した展示をつくることになるかもしれない．とくに展示メディアでは本質的なことだが，明確な伝達は，何らかの順序があることによって成立する．ストーリーラインを練り直し，繰り返し検討することで，プランナーたちは中心となるアイデアを保ちつつ展示経験に適した構成要素を開発できるのである．

　展示のコンセプトに順序をつける必要がある一方で，ストーリーラインをかためることは展示をつくる者に順序にこだわる視点（2の前は1がこなくては，という類の）を持たせる危険もある．展示プランナーは，展示利用者が普通は順序通り展示を見ないということを忘れてはならない[*]．空間概念

図（バブルダイアグラム）あるいはストーリーラインを図示したものをつくると，展示内容をラフな空間プランに表すことができるので，順序にとらわれずに空間的に考えるのに役立つ．

* もし順序が展示を経験する上で重要であれば，観覧者にあらかじめその趣旨を伝えるべきである．

デザインのコンセプト

ストーリーラインの開発と同時に，デザインプラン，つまり，デザインのコンセプトづくり（デザイン開発，デザイン概略，初期デザインとも呼ばれる）が進行し，展示の物理的なあり方や，各展示要素のあいだの物理的なつながり方を提示できるようになる．さらに，デザインコンセプトが決まると，展示の「見え方」つまり展示の雰囲気が明らかになってくる（例えば，歴史的，近代的，伝統的，ファンキー，ユーモラス，オープン，雄大，落ちついた，親しみやすいなど）．選択肢は無数にあるが，展示の考え方の焦点を見失ってはいけない．デザインコンセプトは，展示に生じる課題に対してデザイン的な解決法をいろいろと生み出すことによって始まることが多い．見直したり分析する作業を通じて，仕上げにふさわしいデザインに絞り込んでいくことができるが，このプロセスは展示会の目的に最もあったデザインコン

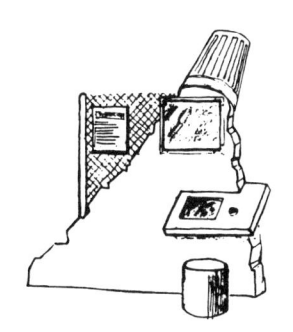

"腐った真実－ゴミについて"という展示のマルチメディア部分のスケッチでは，コンセプトデザイン段階での「見て，触って」という案が示されている．

セプトができあがるまで何度も繰り返される．

　これは，展示開発のプロセス中でもわくわくする段階である．ここまでは，展示のコンセプトは言葉や説明で表されていたが，ここでやっと3次元のアイデアに姿をかえ，空間のダイナミックさと一体となる．しかし一方で，この時点で展示のコンセプトが特定の形を持つと，その後でもし不適切だと分かっても変更が容易ではないので，展示開発の運命を左右する重大な通過点と言えるだろう．

制作途中評価

　複雑で多様な形をとる展示というメディアの性質は，展示をつくる者をも驚かせることが多い．デザインが進行するにつれ，人々がどう展示に反応するかについて，つくり手は自分の経験や直観，多くの仮説に基づいて仕事をするが，制作途中評価，つまり展示がつくられる過程でのテストによって，デザインが適切かどうか，展示のコンセプト伝達の効果，利用者が予想どおりの使い方をするかなどが明らかにされる．制作途中評価により，展示をつくる側と使う側の間に活気に満ちた対話が成立する．解釈的なアプローチの展示が，制作途中評価を効果的に行うことで改善されるのはまちがいない．

最終デザイン

　デザインの過程は，抽象的かつ一般的な段階（デザインコンセプト）から，具体的で詳細な段階へと進む．各構成要素は形をなし，イメージはうまくまとまり，グラフィックは全体のコンセプトや個々のアイデアを伝達するようになる．この時点では，まだストーリーラインをつくる作業は終わらないが，デザイン作業と一体化していく．コンセプトとデザインは，互いに関連し合いながら，同時に進行する．デザインコンセプトの段階でつくり始めていた展示テキストは，デザインの中に反映される．ここでも利用者の反応をテストすると，こうした作業は土台のしっかりとした質の高いものとなる．

最終スクリプト

　展示の最終スクリプトは，これまでの要素をひとつにまとめあげ，資料や標本，2次元画像，インタラクティブな要素，サポート素材（ラベルや音声映像プログラムなど）のすべてを記したものである．これは展示会のマスタープランおよび展示物目録となり，展示開発や製作の予算やスケジュールを作成する基本となる．博物館によっては，詳細なストーリーラインと最終テキストをあわせて，展示スクリプトとすることもある．

　ストーリーボードは，視覚的なスクリプトである．展示の物理的な内容を言葉で説明するかわりに，ストーリーボードは展示会の部分スケッチと，関連する展示テキストによって構成される．ストーリーボードをつくるには時間が余計に必要だが，文章で書かれたストーリーよりも正確で立体的に展示を示すことができる．近頃は，展示制作の中で実際にストーリーボードを使う博物館は少ないが，展示開発の方法をいろいろと試す場合には取り入れてみるのもよいだろう．

　展示を視覚化するもうひとつの方法は，「ウォークスルー」である．これは，展示をつくる側ではなく利用者の視点から展示を物語風に記述したもので，より体験的な方法で展示を考えることができる．「ウォークスルー」がよく書けていると，絵では伝えられない展示経験の詳細もよく分かる．ここに，モントレー湾水族館の"太平洋は命の宝石"展のウォークスルーを引用する．

階段をあがると，沈没した船体が見え，ひび割れた梁から泡がたちのぼっている．船体に口をあけている大きな割れ目を見ようと近づくと，サメがこちらに向かって泳いでくる……そして，目前で向きを変えて泳ぎ去っていく．
泡がたちのぼる音と，不気味にひびく海の男たちの歌が，あなたをひきよせる．よく見ようと右の方に進むと，そこには堅いヘルメットをかぶった潜水夫がプラカードを持っている……中をのぞくと，宝の地図がたくさん入った宝箱が……角を右の方に曲がると，巨大な二枚貝またはその模型がある．幅が3フィート，高さも数

フィートほどある．実際このくらいまで大きくなるそうだが，それには何年もかかるという．自分と比べてみると，その大きさに驚く[57]．

最終スクリプトとデザインを完成させるには，多面的な検討を徹底して行うべきである．展示プランナーと経営管理者は，「最初の展示目的で提示されたねらいや持ち帰りメッセージが，展示に反映されているか」「もしされていないなら，それで構わないのか」「反映させるには，どのような調整が必要か」「展示は使いやすいか」「民族あるいはジェンダーのバイアスがかかってないか」と問うだろう．内容の専門家は，「この展示で情報は正確につたわるか」「知識を与えるか，誤解をまねかないか」などを検証する．展示利用者も，この最終的な検討作業に参加できる．博物館によっては，展示の内容についてほとんど知識がない人々から，最終スクリプトについてコメントをもらうこともある．

コスト計算とデザインの修正

展示開発の経験を積んだ者は，そのプロセスを通じて製作費を概算できるが，それでも最終スクリプトと詳細なデザイン画が完成するまで，材料や人件費の具体的なコストは確定できないだろう．正式なコストの見積りは，建築や製造業ではプロジェクト・マネージメントの手段として使われるが，展示制作では，最終デザインを実現するためのコストを正確に算出するために，デザイン開発が完成した段階で行われる．展示では，見積りが予算をオーバーする場合が多く，それを予算の範囲内に納めるために，より安価な素材や設置技術を採用したり，個々の要素を削除したり，展示の主要部分のデザインをやり直すことにもなる．費用がかかる展示を開発する博物館が増えるにつれ，コストの見積りと製作前の予算修正は，展示開発プロセスの中でより重要な意味を持つようになるだろう．

施工仕様書

　展示会の最終デザインは，承認された後，設計書として現場施工者の言葉に置き換えられる．時に「見積用パッケージ」とも呼ばれるこの書類は，詳細な設計図面で，これによって，外部の会社が施工の入札をする．仕様書には，素材（例えば，「環境にやさしい」再生紙や再生紙を使ったボードなど）の説明や，その質の指定，プロジェクトの契約条件などが記載される．作業のすべてが博物館内部のスタッフによって行われる場合でも，外部の展示会社と契約する場合でも，展示デザインに関する何がしかの文書は必要であるが，それは必ずしも精密な施工図や仕様書の形をとるわけではない．博物館によっては，人手やコストのかかるこの段階を丸ごと省略し，とくに展示の組み立ても館内のデザイナーが行う場合は，スケッチやディスカッション，共同作業などでデザイン意図の疎通をはかることがある．

製作と設置

　この段階は，通常最もコストがかかる部分であるが，効率的な工程表をつくることでコストを最低限に押さえられる．ある意味，設置などの作業がスムーズに効率的に進むように，それまでのすべてのプランニングやデザイン開発があったとも言える．展示のプランをつくった者は，展示物がデザインどおりに製作されているかを確認する管理者の役割を，積極的に果たすべきである．多くの展示デザインは精密で，ほんの1インチずれるだけで設置上の大きな問題となる．理想的には，デザイン工程の早い段階で制作途中評価によって問題点を明らかにし，最終段階での変更をなくすべきである．展示の各要素（グラフィックパネルや展示ケース）の製造サンプルがあれば，残りの部分を製作する前に検討することができる．この作業によって，展示施工者に確実にすべての仕様を理解させ，要求され

る質の仕事を保証させることができる．

この工程が，長期にわたる展示のプランニングと開発作業のクライマックスである．壁，パネル，什器が配置され，グラフィックや表面の仕上げが行われ，資料や標本が設置され，照明が当てられる．しかし，どんなに注意深くプランニングしても，展示を設置する際に問題は生じるので，展示開発者は最後の瞬間まで内容とデザインに関する判断に苦しむことになる．

オープニング・レセプション

ついに展示を公開する準備ができたら，通常少なくとも1回はレセプションが催される．レセプションには，多くの目的があり，展示開発プロセスの中で重要な役割を果たす．まず，レセプションの開催により展示会に注目を集め，博物館は展示の広報をすることができる．また，レセプションは，資金調達やプロモーションの意味でも，重要なイベントである．さらに，公式ではないが重要な機能としては，展示プロジェクトチームのメンバーや展示に関係した人々をねぎらう意味もある．

維持（メンテナンス）

展示の設置後，状態を良好に保つためには継続的な維持作業が必要である．シンプルな維持計画には，クリーニング，更新，AV機器の維持作業のスケジュールなどが含まれ，トラブルが起こりやすい部分や特別に注意が必要な箇所が示される．デザインの段階から，維持に手間のかかるような構造（手が届きにくく埃がたまりやすいくぼみや，触ると壊れそうなデリケートな造形の付いた手すりなど）を避けるように配慮する必要がある．

2,3カ月以上の期間にわたる展示会の場合，展示物がよい状態でスムーズに機能するためには，人や予算を十分に配分しなくてはならない．博物館の運営予算が削減されるとき，最初に削られるのがこのような維持作業であるが，展示場での来館者の経験は，きちんと機能し，適切に照明が当てられた，

清潔な展示物にかかっているのだ.

　「環境にやさしい」素材を展示に取り込もうとする博物館が多い中で,維持作業にも新しい意味あいが付加されるだろう.例えば,ガラスはほぼ無限に再生がきくので,プラスチックやアクリルよりも環境にやさしい素材である.しかし,ガラスはプラスチックより重く割れやすいため,交換頻度も高くなる.水性のインクや塗料は,毒性の強いシンナーを使用しないが,一方で油性やエポキシのインクや塗料に比べて耐性が低く,短期間で色落ちしてしまう*.

＊　「環境にやさしい素材」についての詳しい情報は,補遺Bを参照.

総括評価

　最終的に展示が公開されるまでの開発プロセスを通じて,人が展示をどう使い経験するかについて,プロジェクトチームでは多くの理論や仮説,予想をたてる.制作途中の評価は,仮説を確認するのに役立つが,これらの仮説が正しいかどうかを調べるもうひとつの方法は,展示が完成した時点で人々の展示経験を調査することである.このプロセスは「総括評価」と呼ばれ,プロジェクトチームはこの評価によって,展示会の目的が果たされたかどうかを知るのである.また,有効で今後再び使用できるデザインや伝達方法はどれか,反対に失敗して放棄されるべきなのはどれか,ということも分かる*.

＊　デザイナーが,特定のデザイン技術について効果の予測をしても,それは誤っている可能性があり,実際に展示評価をしなければ,その誤った予測が何年も訂正されることがない.例えば,リンD.ディアキングらは "Recessing in Exhibit Design as a Device for Directing Attention," *Curator* 27, no.3 (1984) の238〜248ページで,一般的に信じられている「モノを壁面の凹状の場所に置けば,観覧者の目には強調されて重要に見える」という説が,展示評価によって覆されたと述べている.評価について,詳しくは5章を参照.

展示のデザイン修正と調整

　展示評価の結果をうけて，展示に必要なデザイン修正と調整の内容が明らかになる．とくに，展示内容が誤解をまねいたり，機能的に失敗した場合などである．さまざまな理由で，実際には展示を修正しない博物館は多い．期間限定の展示会の場合，館側が調整や補修の費用を惜しいと考えるのだろう．また，必要な修正をしない大きな理由は，おそらくスタッフの時間の制約であろう．一旦展示が公開され，適度に機能していれば，博物館のスタッフは次のプロジェクトに進んでしまい，時間がたつにつれて調整やデザイン修正はそれほど重要でないかのように思えてくる．この問題に対処するよい方法は，事前に計画をつくってしまうことである．あらかじめ展示開発のスケジュールに修正のための時間を割り当て，予算の一部をそのために確保しておく（博物館によっては，予算総額の 10 パーセント程度をあてる）．実際には，利用者によって実地テストされるまで，展示は完成しないと考えるべきである．どんな開発プロセスにおいても，展示場でのすべての利用者の反応や相互作用を予見できるはずはなく，人々が展示場を歩いて展示装置を使用してから最終的な修正をすると，展示経験をより効果的なものにできる．

開発プロセスの修正と調整

　展示を開発した者たちは，展示開発プロセスに的を絞って，さらに主観的な評価を実施できる．うまくいったもの，いかなかったものは何か．展示プランニング中に発生した問題は，展示デザインや展示施工の段階ではどうだったか．どうしたらプロセスが改善されるか．この「ならし作業」あるいは「事後評価」は，関係者の記憶が新しく，しかし展示施工のどたばた状態から回復したときに行うのが最も効果的である．

プロセスを改善する

　展示を開発する者は，展示開発のプロセスについて分析し思いをめぐらすことに飽きることはないようだ．うまくいっているか．時間がかかりすぎていないか．何か忘れてないか．博物館スタッフは，自分たちの展示開発ガイドラインを書き，改訂し，再度書き直す作業に何時間も費やす．そして，作業効率を上げてコスト効果をよくするためのプレッシャーを感じつつ，創造性や予見性を保とうと悩むのである．こうしたことは，「環境デザインとプランニングの新しい手法」に関する協議会における，ジョン・エバーハードによる結びのスピーチでも述べられている．

　　理論デザイナーとちがい，実践デザイナーは解決法を考え出さねばなりません．それはおそらく，不確実性に直面する中で生み出されるでしょう．不確実性とは例えば，利用者の本当のニーズは何か，……代案となる解決法は十分に検討されたか，……これらの解決法を検証するツールは十分で機能的か，……作業者の技能のレベルや，計画通りの製品を生み出すプロセス，……これまでの経験のフィードバックは十分か，などについてです．デザインの技術を磨き続けて 3,000 年たった今，もし我々がまだ水漏れが起こる建物をつくるようなら，デザインプロセスでのフィードバックが不十分だったということです[58]．

　同様の言い方をすれば，展示技術の数百年の歴史の中で，未だに機能しない展示装置や意味の伝わらない展示をつくっているのであれば，開発プロセスのフィードバックが不十分だと言うことができる．しかし，展示の実践は比較的新しい分野で，今でも脅威的なペースで成長，成熟している．エバーハードは，次のように続ける．「今こそ，……私たちがモノをつくるのに，よりよく，より簡潔で，より精巧な方法を見いだすときです．そして，それは，プロダクトデザインではなく，プロセスデザインへと進む方向を示している

のです」[59].展示開発プロセスについて実験を試みる博物館が増える中で,我々は何がうまくいき,何がうまくいかないのかについて,より正確な手がかりを得,失敗例からも成功例からも多くを学ぶことになるだろう.そして,もし我々が,創造性を高め,人々の仕事をスムーズにし,利用者を巻き込むような,組織的な枠組みをつくり出せたら,よりアクセスが容易で,より面白く魅力のある博物館展示を創り出すことができるようになるだろう.

5章 正しく行う——利用者研究，評価，そして展示

> エンド・ユーザーの助けなしには，社会に受け入れられるデザインはできない．　—ヴィクター・パパネック　『実社会のためのデザイン』

> 物事をちゃんと行うことは可能なのだ．経費とか耐久性とか美しさにばかり気をとられてしまい，博物館は使い利用するためのものであるという主要な点を失わないようにしなければならない．
> 　—ドナルド A. ノーマン『日用品の心理学』

課題：展示が利用者に与える影響力にもっと目を向け，利用者を展示開発のプロセスに巻き込む

　展示は，博物館や個人のイデオロギーを広める場ではなく，利用者との共同作業の場であると考えるプランナーたちにとっては，この本のタイトルは「博物館の展示を人々と共につくる」(Planning with People in Museum Exhibitions) とすべきだろう．本来，これこそが展示の評価である．評価を行うと，展示の情報をより効果的に広めるだけでなく，展示を見る人々と情報を「交換」し，コミュニケーションが潤滑になる．利用者が展示から学ぶことができるのと同じくらい，展示プランナーは利用者から学ぶことができるのだ．最初は展示の評価を行うのを渋

る展示プランナーも，評価について改めて熱意を持つようになることも多いが，それは何といっても，利用者との相互作用や彼らのコメントによって展示に命が吹き込まれるからである．評価の最大の力は，展示をよりよくするのに利用者が本当に助けになるという点にある．

それぞれの博物館が異なる使命を持つという理由から，評価の重要性に異議を唱える博物館職員もいる．しかし，「教育」あるいは「コミュニケーション」を使命とする博物館にとっては，展示の教育力やコミュニケーション力を判断する道具として，そして，展示開発のプロセスにエンド・ユーザーを巻き込む手段として，評価は必要である．

博物館職員の中には，評価の利点を理論的には受け入れても，「時間とお金があればやってもいい」というカテゴリーに追いやっている人もいる．また，デザイナー，マーガレット・ホールのように，方法によっては評価の効用について懐疑心を示す人もいる．

　展示は「評価」しうる，と考えている人々がいる（とくに北アメリカに多い）．こうした信念は，科学的，教育的な展示の場合により強い．この信念は，それを信じるものが幸せになり，自信を持ち，自分の仕事をよりよく実行できるようにする場合は，何の害もない．しかし，ここで言う「評価」とは，主に結果を数字で表すことに関心があるように見える．こうした方法を展示デザインにどの程度適用できるのか，我々は疑ってからなければならない[60]．

こうした警告や懐疑心は，評価をすべてひとまとめにしてしまうことから生じている．また，不十分な準備のまま，あるいは不適切に評価を実施すると，実際に展示の改善に役立つ情報はほとんど得られない．しかし，エバリュエーターのジェフ・ヘイワードが述べるように，評価のプロセスがデータとひらめきを結びつけたとき，そこからよりよい展示が導き出されるのである．

評価によって展示の具体的な改善ができる場合もあれば，その成果はも

っと漠然としていることもある（例えば，チームにひらめきを与えたり，決断の助けとなったり，他と比べてうまく機能していない部分を見つけたり……）．評価で最も重要なのは，展示開発チームに，短期的であれ長期的であれ，ひらめきを与えるということだ．したがって，エバリュエーターの役割とは，ただ単にデータを出すだけではない．利用者の経験を解釈する際の情報源であり，ファシリテーターであり，アドバイザーでなければならないのだ[61]．

評価とは何か？

評価とは，ある事柄について，その実現性や効果を判断するために，注意深く見極め調べることである．博物館展示においては，展示やプログラムが来館者に及ぼす効果について系統的に情報を集め，それを解釈し，意思決定のために用いる．評価結果は，あるプロジェクトの必要性を示したり，そのための費用を正当化しうる．例えば，未就学児童の利用が増えているという調査結果が，「ちびっこギャラリー」のオープンを正当化する．また，評価結果はプログラム開発の助けになったり，ひとたび完成したプログラムの有効性を見極める役に立つ．

評価が利用者に意識を向けたものであれば（誰が博物館を訪れているか，その人々とうまくコミュニケーションをとるにはどうしたらよいか），展示プランナーにとって非常に有益である．展示との関連で「利用者研究」という言葉がよく用いられるのは，我々の関心が博物館利用者の経験の質を理解することだからだ．チャンドラー・スクリーヴンは「利用者研究」が対象とする領域を次のように定義している．

(a) 以下のような人々の社会経済的状況，個人的特性，および行動特性：引率つき，あるいは引率なしで訪れる来館者，社会的グループ，博物館を訪れない人々，学校や大人の利用者，そして，アウトリーチ活動の対

象となる人々．

(b) 展示物や，その他の展示内容，レイアウト，デザイン，導入方法，あるいは人による／人以外による説明（テキスト／グラフィック，ツアーガイド，印刷物以外のメディア，コンピュータほか）など，利用者の行動や態度，知識や思考に影響を与え得るものについて[62]．

博物館で行われる利用者研究や展示評価にはいくつかのタイプがあり，それぞれが異なる理由で計画，実施されている．「利用者調査」は利用者の数や人口統計学的データ，そして，利用者の意見や態度に関する一般的な情報を提供してくれる．「企画段階分析」は，展示トピックに対する利用者の関心や疑問，期待についての情報を提供するもので，展示のプランニングが始まる前，もしくは初期に行われる．「制作途中評価」は展示がかたちになっていくときに行われるもので，プログラムや展示の開発と改善に重きがある．「総括評価」は，完成したプログラムや展示について，その効果や成果を調べるものである．展示開発の前や途中で行われる企画段階および制作途中評価は，展示のプランニングにとって最も役に立つものである．

利用者調査

博物館にくるのはどんな人々で，どんな理由でやってくるのか？ 博物館へこないのはどんな人々で，なぜこないのか？ こうした疑問にこたえうるのが，利用者調査や人口統計学的，マーケティング調査である．自館の来館者を理解し，予算を正当化し，プログラムの有効性を確認するために，多くの博物館が何らかのかたちで利用者調査を行っている．例えば，メキシコ系アメリカ人の民族芸術に関する展示に助成金を得るためには，博物館に地元のヒスパニック系あるいはラテン系の人々を引きつける力があることを証明しなければならないかもしれない．まずはヒスパニック系の利用者がいることを調査で示し，さらに，彼らが博物館を継続的に利用していることを記録

すれば，博物館が特定のニーズを満たすための要求をしていると実証できるだろう．また，利用者調査の結果を利用すれば，展示プランナーは特定の利用者を対象にした展示をつくることもできる．例えば，かなりの数の住民にとって英語が第2言語であることが調査から分かれば，解説ラベルはそうした人々に対応したかたちで書かれるだろう．

通常，利用者調査の際に用いられるのは，利用者サーベイ，つまり，標準化した質問票に回答してもらう方法である．利用者サーベイは，博物館利用者を特定する（誰が，どこから来館しているのか）のに便利で，さらに，利用者の経験や期待について調べるのにも役立つ．こうした情報は，長期的なプランニングに有益である．調査で明らかになった課題にスタッフや資金を投じることができるからだ．例えば，ロイヤル・オンタリオ博物館では，1977年から職員とコンサルタントが22カ月にわたる調査を行い，博物館に対する利用者の認識，そして，それが博物館の目指すところと一致しているかどうかを調べた．この調査はまた，ロイヤル・オンタリオ博物館の利用者像を明確にするようにも計画されていた．調査の結果，博物館は利用者についてより完全なデータを得ることができ，より正確に対象を定めたプランニングができたのである[63]．

コートを預けるクロークや，乳幼児用の着替室，レストラン，あるいは，展示場に椅子を増やすなどの簡単なことまで，利用者サーベイによって，必要とされる公共サービスを特定することができる．また，プログラムに関するより深い問題点（例えば，人々が展示の情報を古くさいと感じているなど）を明らかにすることもできる．利用者調査のその他の方法としては，フォーマル，あるいはインフォーマルな対面調査やフォーカスグループなどがあるが，フォーカスグループでは，通常，専門の進行役がディスカッションを組み立て，リードする．

企画段階での分析

　利用者調査からは，ある特定の展示トピックに関して利用者が抱く関心や疑問についても知ることができる．そこで，展示テーマが完全に決定する前にコンセプトの大枠を作成する際に役立つ．エバリュエーターのスティーヴン・グリッグスは，このプロセスを「一番最初の（企画段階の）」評価と呼んだ[64]．主に対面調査とフォーカスグループによって行うこの評価は，利用者の興味や，あるトピックについて彼らが知っていることを示すので，利用者の知識の範囲に応じる役に立つ．つまり，利用者にとって身近なところから展示情報を始め，それに関連させながら，それほど身近でないところへと発展させていける．この評価では，あるトピックに関して利用者が何を知らないかも分かるので，展示が利用者の分からないことを語るのを防げる．また，利用者がそのトピックに対して抱いている誤認識も明らかになるので，それを展示経験の中で提示し，吟味する機会を与え，修正することができる．さらに，この評価では，利用者が展示に何を期待しているかを知ることもできる[65]．

　サミュエル・テイラーは，ニューヨーク・ホールオブサイエンスで，微生物に関する展示について興味深い企画段階評価を行っている．この調査の目的は「人々が微生物に関して持っている一般知識や興味について情報を集め，展示デザインの助けとする」ことであった[66]．テイラーによると，5歳から11歳の子どもの多くは，微生物が何かを知らず，微生物を「何かとても速く動くもの」「電気か何かのようなもの」「何か音がするもの」と考えていた．全般的に人々の回答はかなりの理解を示していたが（「小さな生物」「顕微鏡で見ることができる生物体」），やはり誤認識も認められた（「小さいもの……魚の赤ちゃんみたいな……」）．こうした調査から，テイラーは人々の理解や誤認識のパターンを見出し，展示トピックづくりに役立てた．彼は，展示のコンセプト開発はキュレーターの思考だけでなく，人々の疑問から始めるべきだと提案している．「キュレーターは何が重要で意味があるかを知って

いるかもしれない．しかし我々は，人々が理解し興味を持つことから始め，解釈への入口を見つける必要があるのだ」[67]．

企画段階評価は，展示プランナーの誤認識を克服する役にも立つ．例えば，メリーランド・サイエンスセンターでは，科学と科学者の役割についての移動展示"科学って何？"を企画していた．当初プランナーは，人々の科学に対する考え方はハリウッドの影響をうけているだろうと考えていた．つまり，狂気の科学者が白衣を着て，閉ざされたドアの向こうで怪しげな実験を行っているというイメージである．そこで，プランナーたちはこうしたステレオタイプや誤認識を提示することで展示を始めようとしていた．しかし，ボルチモアの港近くで企画段階調査を行うと，人々が科学者についてもっと良い印象をもっていることが分かり，その結果，展示の焦点が大きく変更された．最終的に，この展示は"実験！"という名前でオープンし，科学者たちが問題を解決するさまざまな方法を示す展示となった．

3種類の展示評価（企画段階，制作途中，総括）のうち，有益な情報が得られるような調査計画を立てるのは，企画段階評価が最もむずかしい．展示開発の最初の段階では，展示プランナーたちもアイデアがまだ形成できておらずあいまいで，トピックに対する人々の理解について，何を知りたいのか，焦点をしぼるのがむずかしいことが多いのだ．この段階で正しい質問ができるかどうかで，プランナーたちがそのデータを展示開発に利用できるかどうかが決まる．同様に，プランナーたちは自分で課題を解決することも重要である．つまり，これまでの利用者調査で明らかになっていることを調べるのである．世論調査やマーケティング調査が行われている分野については，展示の度に同じことを繰り返す必要はない．例えば，オークランド博物館の"カリフォルニアの水"展では，調査者はまず水道局や水道事業施設が実施した水に関する数々の調査を見直し総括し，その後で，こうした調査では調べられていないような，より展示コンセプトにターゲットを絞った質問をするように企画段階調査を設計した．

制作途中評価

　制作途中評価は，おそらく展示プランナーにとって最も有益な方法だろう．というのも，利用者を開発プロセスに巻き込み，開発の途中で展示を改善，洗練させることに焦点を絞るものだからだ．これは，展示のモックアップやシミュレーションを利用者に試してもらうなど，プランニングからデザインの段階に至るまで，いろいろな局面で何度も繰り返し行われる．質問票や，形式ばらない自由回答のインタビューなどの方法によって，制作途中評価は，意図通りに情報を伝え機能するように展示を調整，改善する方法をプランナーに教えてくれる．展示のコンセプトの明確さ（人々は理解しているか），来館者の熱意や行動（人々は展示を利用したいと思っているか，何をしたらよいか分かっているか），そして，インタラクティブ展示の場合は，その機械的，構造的実現性（展示は意図したように作用するか）に関する判断を助けるのである．

ラベルとインタラクティブ展示のテスト中（メリーランド・サイエンスセンターの展示"実験！"にて）．

制作途中評価は，これは何についての展示だと思うかと来館者に尋ねるような簡単なものもあり得るし，あるいは，インタラクティブ展示の実物大模型をつくって来館者に試してもらうような複雑なものもある．評価を行う実験場（公共空間で行う）は，通常スタッフルームの近くにあって，プランナーはそこで来館者に質問をし，いろいろな面で展示開発の助けとする．例えば，プランナー同士で，利用者が理解するかどうかについて意見が合わないときも，来館者に質問をしてみることでその議論を終わらすことができる．また，来館者は展示ラベルを書く手助けもしてくれる．"黒くなった水―オイル漏れの実態"展の際，展示開発者はバイオレメディエーションについてのラベル（とにかくむずかしいトピックである）を何度書いてもうまくいかずにいた．ところが，エバリュエーターと話をしていたある来館者が，ついにラベルの文章を思いついたのである．それは，たとえ「バイオレメディエーション」という言葉を理解していなくても文章のコンセプトを理解できるようなものだった．もとのラベルはこうであった．

油を分解する自然発生のバクテリアの成長を速めるために，70マイル以上にわたる海岸が，人工肥料で処理された．「バイオレメディエーション」と呼ばれるこの実験的技術は，費用がかからず環境への付加が少ないという理由でエクソンや環境保護団体に支持された．研究の結果，この技術は1990年までのところは何の害も示していないが，科学者の中には，今後害を及ぼす可能性があると懸念を示すものもいる．

　来館者の助けを得て，新しいラベルは次のようになった．

「バイオレメディエーション」は，油を分解する自然発生のバクテリアの成長を速めるために人工肥料を適用する実験的技術である．70マイル以上にわたる海岸が処理された．
この技術は費用がかからず環境への付加が少ないという理由でエクソンや環境保護団体に支持された．研究の結果，この技術は1990年までのところ何の害も示し

ていないが，科学者の中には今後害を及ぼす可能性があると懸念を示すものもいる．

総括評価

これまでに挙げた評価と異なり，総括評価は完成した展示について行う．調査方法は綿密で，より大きなサンプルサイズとコントロールされた調査環境で行われることが多い．これは，一般的なデータを得るための基本的調査とも，あるいは，完成した展示の改善の意思決定を助ける目的の「修正的」評価とも定義できる．通常は，来館者が展示をどのように利用し経験したかを記録する調査である．展示の目的（学習目標，プロセス目標，行動目標）が達成できたか，そして，展示で来館者が何を学び，経験したかを知る手助けとするのだ．総括評価を意義あるものにするには，展示プランナーは展示の短期的，長期的目標を明確にしていなければならない．総括評価の方法には，展示室を観覧中，あるいは展示（装置）を利用中の来館者の観察（「追跡」とも言われる），展示の観覧前と後に実施する質問票，そして，博物館スタッフと来館者の対面調査などがある．

総括評価は，展示の修正や改善のために用いられた場合に最も有益である．展示が終了するころに多額の資金を投じた評価レポートが上がってきても，プランナーは何が成功で何が不成功だったかを知ることができるかもしれないが，それでは大きな疑問が残る．不成功だった点について何をすべきなのか．展示修正の予算がない場合，不適切な展示のままで続けなければならないのか．総括評価の結果に基づいて展示の変更をしてこそ，費用をかけた評価が意味を持つのだ．

評価と展示の現実

評価によって，博物館と利用者はお互いをよりよく知ることができる．しかし，スケジュールや予算という現実的な話になると，評価を実施する利点

に比べてコストが大きすぎるように思えるかもしれない．たいていの博物館は，もともと限られたリソースしかないため，評価を行わずとも，すでに時間不足，スタッフ不足，そして予算不足という問題に日々取り組んでいる．こうした状況下で，評価を実施することは不可能に思えるかもしれない．しかし，簡単に始める方法もあるのだ．

例えば，ブルックリン子どもの博物館の展示開発スタッフは，新しく始めた展示開発プロセスに評価を組み込みたいと考えていた．しかし，経営管理部門は限られたリソースを懸念するうえ，評価がもたらす利点についても懐疑的であったので，評価がスタッフの時間や予算に負担をかけるものではなく，展示やプログラムの質を向上させるものであることを証明する必要があった．そこで，外部からの助成金を受けて"正しく行う—コミュニケーションのための計画"という特別プロジェクトを立ち上げた．このプロジェクトにより，コンサルタントを雇い，評価の技術についてスタッフの研修を行い，いくつかの展示やプロジェクトに関して評価を実施した．その結果，今やこの博物館では，ほとんどの展示やプログラムに何かしらの評価を取り入れるようになっている[68]．以下に挙げる基本的ガイドラインは，この「正しく行う」プロジェクトから得た教訓を発展させたもので，似たような状況にある他の博物館にとっては，悩みの軽減に役立つかもしれない．

1. 小さいところから始めよう

複雑な手順の利用者研究や展示評価はすぐに実施できるものではない．簡単な企画段階，または制作途中評価から始めるとよい．展示トピックについて来館者が何を知っているのか，また，小規模な展示でよいから，そのラベルを理解できるかどうかを調べるとよい．

2. あくまでも簡潔に

展示評価は，手の込んだお金のかかるものである必要はない．実際，企画段階や制作途中評価を展示開発プロセスに組み込むのはとても簡単で，実施

しない理由を探す方がむずかしい．評価は，必ずしも形式的で厳密に構成されたものである必要はない．10人に展示ラベルを声に出して読んでもらうくらい簡潔なものでよい．もし，10人がみな同じ言葉でつまずいたり，そのラベルの意味を自分の言葉で説明することができなかったら，そのラベルは修正するか書き直す方がよいのだ．

3. 自分が何を知りたいのかを知ること

展示に関する何もかもをテストすることはできない．どんなに小規模な展示でも複雑なものだ．したがって，テストや評価がとくに必要な部分を見極めることが重要である．評価とは，問題解決の技術のひとつにすぎない．評価によって，展示のコンセプトや機械的しかけがうまく機能しているかどうか，概念が抽象的すぎないか，または，言葉がむずかしすぎないかどうかを見極めることができる．こうしたことが，評価すべき具体的事柄である．

4. 専門家の助けを借りること

プロセス全体を通じて専門家を雇う費用があれば，そうするとよい．専門家は，どこからどのように始めたらよいかを知っているので，あなたが探している情報を提供してくれるだろう．プロのエバリュエーターは，質問を正しく設定するときにとくに役立つ．正しい質問設定は，展示評価をする際に必要不可欠なうえ，難しいことでもある．プロジェクト全体について専門家を雇う余裕がなければ，とりあえず評価プログラムを始める手助けをしてもらい，それを実行できるように研修してもらうとよい．数時間の相談でも，優先順位を決め，どこから始めるべきかを決める役に立つ．コンサルタントを雇う余裕がまったくなければ，文献を読むとよい．分かりやすく書かれた本や記事がたくさんある．中には順序立ててやり方を説明してくれているものもある[69]．

評価のためにコンサルタントを利用する際にひとつ気をつけるべきことがある．多くの博物館が評価に急いで乗り出す中で，時間とお金をかけた割には役立つ情報がほとんど得られないような評価プロジェクトも増えている．

可能であれば，博物館評価専門のコンサルタント（博物館での利用者研究や評価に精通した者）を雇うとよい．彼らは問題の核心を突くことができ，何を調べたらよいかが分かっているうえ，関連のない情報を並べた報告書をつくるようなことはしない．エバリュエーターのバーバラ・フラッグが言うには，エバリュエーターは「審判ではなくコーチ」であり，展示についてどこをどのように決断したらよいかを決める手助けをしてくれるのである．

5. 忍耐が肝心，しかし，待っていても始まらない

評価のプロセスから得ることには，時がたってはじめて見えてくるものもある．特定の情報は特定の展示の助けになるが，より大きな視点からも学ぶことができる．つまり，人々が何を好み，好まないか，そして，何が人の注意をひきつけるのかについての感触も得るだろう．展示の総括評価を行う場合，調査をし，情報を分析し，その情報に基づいてどんな行動をおこすかを決定するには時間がかかる．今，展示変更の予算がなくてもあきらめてはいけない．翌年の予算に入れればよい．評価による裏づけがあれば，展示変更の必然性を資金提供者に売り込みやすいだろう．しかし，調査を行うまで3年も待っていてはいけない．今日から来館者に話しかけることを始めよう．彼らが何を思っているのかを知ろう．展示室にいる人々を観察しよう．彼らの会話に耳をすまそう．彼らは展示の現状についてたくさんのことを教えてくれるだろう．

6. 支持が得られるように館内で働きかけよう

評価の十字軍の役は，ひとりでは成し遂げられない．同僚たちが利用者からのインプットに価値を見出さないのなら，同僚と話すことだ．ちょっとしたインタビューの結果を見せてみよう．展示室に彼らを連れだそう．そこでは日々，博物館の現実がくりひろげられている．人々の反応を見れば，評価がどんなに興味深く価値のあるものであるかを同僚も確信するだろう．

7. リラックスしよう

評価を正確に行い，正しい質問をすることは重要であるが，そのことで萎縮してはいけない．評価の最終目標は，自分たちがどれくらい成功しているのか，そして，自分たちの利用者についてよりよく知ることである．評価とは，人間が行うプロセスで，人間を扱うものであり，主に余暇を過ごす環境で行われるということを忘れてはいけない．

8. そして，とにかくやってみよう

評価の基本は，常識と徹底さ，そして，よい仕事をしたいという気持ちである．前もって目標を定めておけば限られたリソースを最大限に利用できる．経営管理部門やスタッフが評価のプロセスを支援し，変化をおこせば，博物館のプログラムの質は向上し，利用者とよりよい，実のある関係をつくることができるだろう．

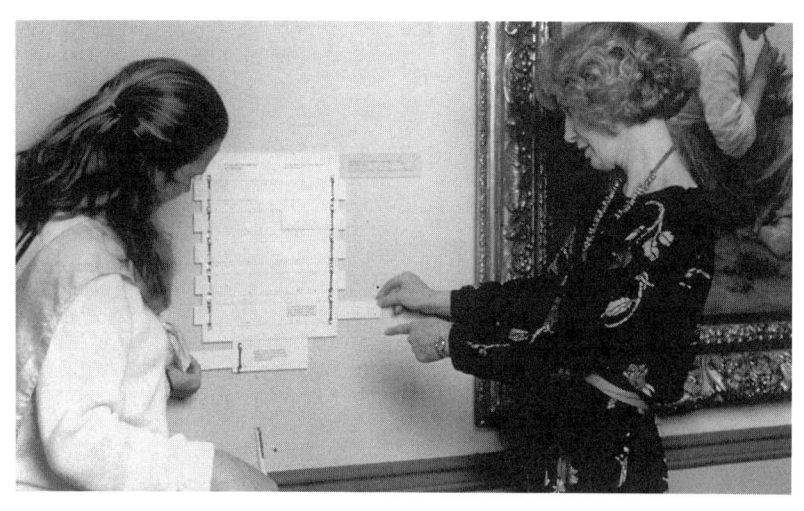

最終的に設置されるまで，ラベルは来館者によってテストされ修正される（デンバー美術館のInterpretive projectにて）．

博物館経験の向上

　博物館における初期の利用者研究には，1920年代後半と1930年代前半にエドワード・ロビンソンとアーサー・メルトンが行ったものがある．それ以来，博物館関係者が人々の展示利用に関する情報を集め続けてきた結果，観覧者の行動の基本的なパターンが見えてきている．例えば，ある特定の色や動き，明るさ，そして大きいものが人々の注意を引くということが分かっている．また，人は価値のある資料や，珍しい変わった資料，そして文化的，象徴的な意味を持つ資料にも引きつけられる．例えば，モナリザや恐竜の骨，アーチー・バンカーの椅子などがそうだ．感覚を用いたり，参加を促す展示は，静的で主に視覚に頼る展示よりも観覧者の注意を引きつけ，持続させる傾向にある．疲労や，見にくさ，刺激の競合（混雑していたり，室温が不快だったり，空腹だったり）は，人々の展示への注意をそらすことも分かっている．大人は子どもとは違った方法で展示を利用することも，研究が示している[70]．

　こうした一般化には，ひとつの大きな問題がある．何年にも渡って多くの利用者研究が行われてきたが，その結果はひとつに集約されていないし，分析に利用しやすいように分類されているわけでもない．プランナーやデザイナーは，必要な情報を見出すために，膨大な量の調査結果にあたらなければならないのだ．利用者研究のための国際研究所（ILVS）は，展示関係者が情報にアクセスしやすく，情報に基づいて展示に関する決断ができるように，データを集め整理する目的で設立されたものである．

　評価と利用者研究を博物館運営に取り入れることを重視する博物館関係者が増えてきている．米国博物館協会は，最近，利用者調査・評価委員会（CARE）を結成し，利用者研究に関する会議やワークショップを全米で開催している．全米科学財団のような国の財団の中には，助成金を求める提案書

を出す際に，評価計画について詳しく触れるように求めるところも増えてきている．

　利用者研究のあり方，そして，人々の博物館経験を理解する方法としての有効性については，今日多くの議論がある．どのようなタイプの評価を行うべきなのか．何百もの評価結果から何が分かるのか．そして，そうした情報を自分の博物館や利用者に適用できるのか．我々は正しい質問をしているのか．まだはっきりとは分かっていない．どんなタイプの評価でも，博物館関係者の実践，そして，最終的には人々の博物館経験を向上する助けになり得る．しかし，展示プランナーは評価の理論にばかり囚われるべきではないし，利用者を巻き込みながら展示開発を行うという，自らの責任を見失ってはいけない．つまり，主に企画段階評価と制作途中評価に重きを置くということだ．おそらく，企画段階評価と制作途中評価の最も重要な部分は，それが展示の専門家としての我々を勇気付け，利用者を巻き込み，展示開発というダイナミックなプロセスにおいて，利用者を我々の知恵と才能の「受け手」としてではなく，我々の「パートナー」とみなすことにあるのだ．

6章 展示開発における問題解決

> 問題に取り組んでいるときは，美しさについて一切考えません．ただ，どうしたら問題が解けるかだけを考えます．しかし，たとえ問題が解けても，その解決法が美しくなければ，やはりそれは正解ではないのです．
>
> —バックミンスター・フラー

課題：展示開発と展示デザインを，展示場での人々の経験に，より焦点を当てるための問題解決のプロセスととらえる

　よい展示プランナーには何が必要だろうか．創造的な才能は確かに必要だろう．ユーモアのセンスも，たぶんいるだろう．しかし，さらに重要なのは，展示の開発とデザインが基本的に創造性の高い問題解決のプロセスであると理解することだ．問題解決のプロセスとは，プランナーがアイデアを形にする際に使う基本的な方法である．発達心理学者であるスーザン・カリーは，「人間は理論を組み立てる動物である．最初から，我々は説明的な構造を組み立てて，表面のカオスの下深くにある現実を見いだそうとする」と述べている[71]．これが展示を形づくる構築プロセスであり，複雑で，大変な労力を要するものである．

　展示プランナーや展示デザイナーは，柔軟にものを考え，さまざまな角度から問題に取り組み，いろいろな種

類の問題解決方法を知っていなくてはいけない．問題を探し出して特定し，可能性のある複数の解決方法を検証し，その中で最も練られた方法で結果を出さなくてはいけない．

問題解決と創造性

人が「ひらめく」のはどんな場合だろう．どうしたら，必要な関連づけをして，いろいろな新しい方法で物事を見られるのだろうか．創造的思考について研究する人々は，これらの疑問に対してまだ明確な答えを得ていないが，それでも創造を伴う経験には一般にいくつかの段階があるということを発見した．アーサー・ケストラーは著書『創造する行動』の中で，創造のプロセスとは，要素同士が衝突して，それまで関連がなかった構造が互いにつながることであり，だからこそ注ぎ込んだ以上のものが得られると説明している[72]．この考え方は，ゲシュタルト心理学にも反映されており，認知とは，感覚的なイメージをまとめて，統一全体化されたパターン（ゲシュタルト）へと換える能動的な力であると説明している．認知的なイメージは，それを構成する部分の総体よりも多くの情報を持ち，そこには部分同士をつなぎ止

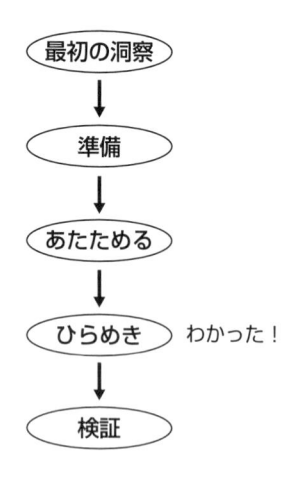

```
最初の洞察
   ↓
  準備
   ↓
 あたためる
   ↓
 ひらめき  わかった！
   ↓
  検証
```

めるゲシュタルトあるいはパターン形成力がある．これが，よく言う「展示が独自の命を持ちはじめる」ということなのである．展示は，チームのそれぞれのメンバーの貢献を単純に足したものでもなければ，物やイメージの集まりでも，個々の部分をただ集めたものでもないのだ．

　創造的な問題解決プロセスは展示の概念化と似ていると，デザイナーたちは説明する．それは，まず「最初の洞察」つまり機会や問題の存在に気づくことから始まる．これが展示アイデアの第1の発達段階で，「なぜだろう」「もしも，こうだったら，どうなっただろう」「どうして，こうなるのだろう」と考えることである．第2段階は「準備」すなわち分析で，情報が集められて問題を解決しようという明らかな意図が生まれる．これが，初期調査やストーリーラインづくりの段階である．第3段階の「潜伏期」になると，不安や懸念が生じ，「インスピレーション」あるいは「ひらめき」とともにアイデアが生まれる（ケストラーの言う「真実の瞬間」[73]）までほとんど進歩しない．「これだ！」というひらめきがいつ起こるかというのは予測不可能である．絵を描いているときかもしれないし，まったく関係のないことをしている最中かもしれない（シャワーの最中にアイデアが浮かぶというデザイナーもいる）．最終段階は「検証」で，アイデアをテストし，発達させ，練り上げる[74]．

問題を明確にする

　問題とは，何らかの解決法が必要な状態を指す．簡単に言うと，現状と理想の間のギャップである．どのようなデザインのプロセスでも，最初の一歩はまず問題を特定することだが，これは言葉で言うほど簡単ではない．問題によっては，単純で内容も明快で，解決法も明らかな場合がある．思考や問題解決について幅広い著作があるエドワード・デ・ボノは，このような問題を「閉じた問題」と呼ぶ．「閉じた問題には，明確な答えがある．その方法

によって，解決できるかできないか，どちらかしかない」[75].

　例えば，ある博物館の入り口のドアについて問題があると仮定しよう．ドアを引いて入館する仕組みになっているが，来館者の多くがドアを押して開けようとするため，ドアに不必要な力がかかり，ドア修理の費用が高くつく．つまり，人々がドアを「引く」かわりに「押す」のが問題なのである．博物館側は，「引く」というサインをドアにつけることによって問題解決を試みた．結果として「押す」行為は減ったものの，人によってはサインを読まずにやはりドアを押すのであった．議論と分析を十分に行ったあと，気のきいた展示技術者が，ドアハンドルの形をかえて「引く」機能が分かりやすいようにしたのである（元の棒状のハンドルから，特殊なドアノブに付け替えた）．その結果，ほとんどの利用者がドアを引くようになり，問題は解決した．

　しかし，多くの問題はこのように単純ではなく，解決法も明快ではない．デ・ボノは，このような単純ではない問題を「オープン・エンドな問題」と呼び，正解がなく，解決法がたくさんある（解決の程度はさまざまであるが）ものであると述べた．実際に，まず問題自体が明確でないかもしれない．多くの博物館で生じる展示デザインの問題は，オープン・エンドで分かりにくく，問題の内容の説明もむずかしく，目的にあわせた解釈が必要となる．ひとつの問題が明らかになると，他の問題が持ち上がる．展示には，通常数多くの目的や問題が含まれており（例えば，特定の内容について観覧者に伝える，観覧者が物と関わるように促しつつ物に触らないようにする，現象やプロセスに対する理解を共有するなど），展示プランナーは長い時間をかけて問題を繰り返し検証する．

　デザイナーのヴィクター・パパネックは，問題を明確にしようとするときの落とし穴について，次のように風刺している．

　　問題の設定を誤ると，効果的な解決が妨げられる．「よいネズミ取りをつくれば，たちまち行列ができる（"アイデアがあれば，金持ちになれる"というたとえ）」ということわざがある．ここでの問題は，ネズミ

の捕獲と駆除，どちらだろうか？　例えば，住んでいる街がネズミだらけになって，私が優れたねずみ取りを発明したとしよう．結果として，私は何万匹ものネズミを捕まえて格闘することになる．私の解決法はとても革新的だったが，最初の問題設定が間違っていたのである．本当の課題は，ネズミを捕獲することではなく駆除することだったのだ[76]．

ひとつの問題設定にとらわれないために，デ・ボノは複数の方法で問題を設定することを提案している．彼は，人込みの中で親とはぐれる子どもを例にとって，次のように問題を設定した．

- 子どもが親と離れないようにする
- 子どもが迷子にならないようにする
- 迷子になった子どもを捜す
- 親が人込みに子どもを連れて行かなくてもすむようにする

「人込みの中の迷子」という問題は，「人込みの中の注意散漫な親」あるいは「人込みの中の子ども」というふうに設定することもできるが，さらに絞り込んで「人込みの中で迷子を親のもとに返す」とすることもできるのだ[77]．

問題によっては，満足できる解決法がない場合もある．とくに，「情報が混乱し，互いに価値観が異なる顧客や意志決定者が複数いて，システムの分枝状態が完全に麻痺している」ような場合に，その傾向が顕著である．カリフォルニア大学のホースト・リッテル教授は，これらを「不正な問題」と呼び，この場合「提示された解決法により，最初の状態よりも悪くなることが多い」[78]としている．例えば，文学について展示を開発するのは「不正な問題」である．なぜなら，この題材は展示という媒体には不向きだからである．どんなに力を尽くしても，文学のコンセプトを3次元の形にうまく翻訳するのは不可能である．簡単な解決法としては，問題の枠から一歩踏み出して，展示の代わりに連続したプログラムを開発することなどが考えられる．しかし，これは「言うは易く」である．なぜなら一度展示をするために時間と資

源を費やしたプランナーたちが，それを諦めることは稀だからである．

創造を妨げるもの

　展示についての問題を解決するには突き当たる壁（習慣や仮説，価値観，判断力の影響をうけるなど）が多いため，適切な解決法を見つけるのは難しいことが多い．デザインプロセスでは，月並みな内容や単純すぎる解決法を避けながらコンセプトを再構成し，さらに発展させて別のより新しいアプローチ（デ・ボノの言う「適切より，さらによいものを」[79]）をつくり出す必要がある．

　創造的思考の理論や，プロセスを遅らせたり妨害する要因を見つける方法など，効果的な問題解決を分析する，多くの関係書籍が出版されている．著者によって表現はさまざまであるが，これらのバリアはいくつかのカテゴリーに分類できる．ジェイムス・アダムスは，著書『メンタル・ブロックバスター』の中で，創造的プロセスを妨げる「壁」を次のように分類している．

　「認知による壁」は，問題そのものや可能性のある解決法を，はっきりと見えなくするものである．例えば，ステレオタイプにとらわれることや，物事を期待したようにしか見ることができないこと，不適切で誤った情報のために問題を特定できなくなること，問題を狭く限定しすぎること．

　「感情による壁」は，アイデアの発展を妨害するものである．リスクや失敗を恐れること，混乱を我慢できずにアイデアを創出するよりも決断してしまうこと，リラックスして「案を寝かせておく」ことができないこと，モチベーションの欠如，想像力の欠如など．

　「文化および環境による壁」とは，周りの文化的，社会的，

物理的な環境から押しつけられるものである．これには，伝統，タブー，文化的な仮説などが含まれる．また，問題解決にユーモアの入るすきがなく，想像は時間の無駄あるいは遊びだと考え，すべての問題は科学的な思考とお金で解決できる，という態度である．

「知的および表現による壁」は，正しい言葉や数学的，視覚的な表現や解決法が使えないことである[80]．

この他に，突き当たりがちな壁として考えられるのは，選択肢が無数にありすぎて，より立派な良いアイデアを求めて過去のアイデアをさまよい続け，結果としてプランに役立たないことである．ジョン・エバーハードは，この壁を「複雑さの階層的本質」と呼び，「エスカレート」つまり問題の焦点を拡げ続けること，そして「退行」つまり問題の詳細にこだわり続けることについて，警告を発している[81]．

問題解決テクニック

しかし，「エスカレート」も「退行」も，うまくコントロールすることで効果的な問題解決テクニックとなりうる．例えば，仮にインフォメーション・デスクについての問題を考えてみよう．ある博物館のインフォメーション・デスクが不適当だとしよう．管理経営担当の職員が，その理由を説明して「カウンターが小さすぎるので，新しいカウンターをデザインするべき」と言ったとする．それを任されたデザイナーが，「インフォメーション・デスクにボランティアを配置すること自体が情報を行き渡らせるのに最適かどうか再考すべき」と提案する．これによって，「インフォメーション・デスクをロビーの中央に置くのか」，「人を配置するのか機械で代用するのか」などが問題となり，最後には「どうしたら博物館の情報すべてが，一般の人々に伝達できるか」という問題になった．これが「エスカレート」で，すなわ

ち最初の問題をこえて視野を拡げたことになる．

　一方，同じ仕事を任された別のデザイナーは，実際にインフォメーション・デスクに座ってみて，ボランティアと話し，デスクに置かれたパンフレット，予定表，マップやチェックリストなどを調べたとする．このように，細かなことに手を出すことは，エバーハードの言う「退行」である．これら両方のアプローチが，本当に問題を見つめるときには必要になる．前者では，ボランティアをインフォメーションに配置することが，来館者への情報伝達のために最善の方法ではないことが次第に分かってくるかもしれない．また後者では，問題はデスクのサイズではなく，そこで渡されるいろいろなチラシやパンフレットがうまく整理できていないことだと，デザイナーが気づくかもしれない．その場合，印刷した情報媒体の配布方針を決めることで，問題が解決するかもしれない．

　創造的なプロセスの障害物を乗り越えるには，多くのテクニックがある．デ・ボノはこれを「ラテラル・シンキング（水平的思考）」と呼び，アダムスは「コンセプト・ブロックバスター」と呼び，ロバート・マッキムは「視覚的思考」と呼ぶ．呼び方はそれぞれだが，これらの能力が実践の中で磨かれる，つまり学習により獲得される能力で，生まれつきのものではないという点において，3人の意見は一致している．次に挙げるのは，一般的によく使われるテクニックの一部である[82]．

ブレインストーミング

　ブレインストーミングのプロセスは，グループでの問題解決法として，広告界の大物アレクサンダー・オズボーンによって考案された．最近ではブレインストーミングという言葉を，インフォーマルなアイデアのやりとりを指して使うことが多いが，正確には明確なルールを持つフォーマルなプロセスである．ブレインストーミングでは，普通なら自分の頭の中に留めて（人には言わないで）おくようなアイデアを出す機会が与えられる．ルールとして，

ブレインストーミングの間はアイデアを評価したり裁定したりしないことになっているからである．参加者は，思いきり突飛なアイデアを提案することを促され，そのすべてが記録される．アイデアの質よりも量を重視することで，参加者が考えを表明し，人のアイデアの上に積み重ねることも促される．

　進行係は，記録係がすべてを記録しているかを確認し，裁定するようなコメントを制止し，質問を投げかけたり追加コメントをして質問の間を埋めていく．ブレインストーミングは，ある程度時間をかけて，5人から10人程度が参加し，特定の問題を設定して行うものである．このプロセスによって膨大な数のアイデアが生まれ，それらは分類され評価されるが，それでも最初の問題が必ず解決できるとは限らない．

選択肢をつくる

　ブレインストーミング以外にも，ある問題について可能性のあるさまざまな解決策を知る方法がある．案出すべき解決策の数があらかじめ割り当てられると，ひとつのとくに面白い解決策にとらわれることなく，広い範囲を見渡すことが可能になる．ノヴァスコシア博物館で開発された「ビッグマックの箱を楽しむ50通りの方法」という，人々が物を注意深く見ることを促す問題から，その多岐にわたる選択肢の事例を見てみよう．

1. においを嗅いでみよう
2. 味をたしかめてみよう
3. 全体をくまなく触ってみる
4. 音がでるか？
5. 計測してみよう．高さは？　重さは？　直径は？
6. どんな形？　何色？　飾りはついている？
7. ビッグマックの箱を見たことがない人に，はっきりとイメージを持ってもらえるように説明できる？（スケッチが役に立つかも）

8. どうしてこの大きさなの？
9. マクドナルドの箱は全部これと同じ大きさ？
10. ここ何年かでマクドナルドの箱のサイズは変わった？ メートル法に移行したらサイズが変わるの？
11. 箱の形は材料の種類によって左右される？ つくり方によっては？ 箱の機能では？
12. なぜ箱の色は白なの（あるいは黒でも，紫でも）？
13. 飾りはどんな役に立つの？
14. 表面の文字から何が分かる？
15. シンボル，ロゴ，商標は，どうして私たちの社会で大切なの？
16. ビッグマックという名前には，現代の流行がどれくらい影響している？
17. 丸の中のRという文字は何を示している？
18. 箱の材料は何？
19. その材料は何からできている？
20. それは再利用できる材料？
21. その材料から私たちが社会で取り組むべき環境保護について何が分かる？
22. この材料が選ばれたのはどうして？
23. その利点は？ 欠点は？
24. 別の材料だったら箱はどう違ってくる？ 例えば，木，陶器，金属，紙だったら？
25. 箱や表面の文字を見ることから箱がつくられた方法について何が分かる？
26. 製造のどの段階で文字が印刷されたと思う？
27. これと同じようなものの製造過程を見たことがある？ そこから，私たちの社会の何が分かる？

28. 箱のデザインはいい？　悪い？
29. 箱のデザインはその目的にかなっている？
30. デザインを改善するにはどうしたらいい？
31. 20年前，50年前，100年前の人が，それぞれハンバーガーの箱をデザインするとしたら，今の箱とどう違っていたと思う？
32. そのころ人はハンバーガーを食べていた？
33. 未来のハンバーガーの容れ物はどんな風になると思う？
34. 箱の中に書いてある数字は何を意味している？
35. この数字は箱がどこでつくられたかヒントになる？
36. 箱はどこでつくられたの？
37. この箱ができる前は何を使っていた？
38. どうしてハンバーガーを皿の上に載せて出さないの？
39. ビッグマックの箱から，それを使う人，配る人，私たちの社会について何が分かる？
40. 10分の間，ビッグマックの箱をなるべくたくさんの人に見せてあげて．何の箱か分からない人は何人いた？　そこから何が分かる？
41. 他の場所でも同じ反応が返ってくる？　カナダのサスカチェワン州のムース・ジョーでは？　カリフォルニアのバーバンクでは？　オーストラリアのパースでは？　これから分かることは何？
42. マクドナルドの本部はどこにある？　これから分かることは何？
43. 北アメリカ全体で，1日にこの箱が何個使われる？
44. ひとつの箱が使われる時間はどれくらい？
45. 使われたあとに箱はどうなる？
46. どうしてビッグマックの箱は歩道や芝生や浜辺に落ちているの？
47. この箱をリサイクルするには何をしたらいい？
48. この箱の代わりになるものはある？
49. ビッグマックの箱について一番大事なことは？　その理由は？

50. 自分がビッグマックの箱になったつもりで，どんな一生を送るか，物語をつくってみよう[83]．

思いこみへの挑戦

人は問題に対処するとき，不必要な制限を無意識のうちに創り出す．なぞなぞやパズルは，人が無意識に結論を急いだり，誤った思いこみをする傾向にあるのを利用している．例えば，次の9つの点が並んだ図を見てもらいたい．すべての点を，4本の直線で一筆書きでむすんでみよう．

どんな線を描いても，9つすべての点をむすぶことはできないように思える．しかし，外側の点が形作る四角形の外側までを視野にいれたとき，この問題は解ける．

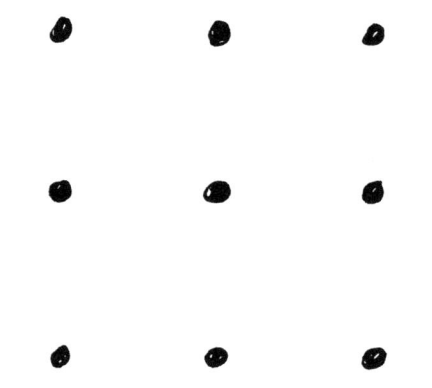

与えられた四角形の外側を使ってはいけないと無意識に考えたのなら，あなたは思いこみで動いているのである（この章の前の方で登場した，インフォメーション・デスクの仕事をうけたデザイナーは，机のサイズこそが問題だ，という思いこみへ挑戦したのである）．制限についての思いこみに挑戦する習慣をつけることにより（必要ならば，紙に書き出して，それらが本当に制限要素なのか検討してみるなど），ありきたりでステレオタイプな解決策を避けることができる．

関連づける

　子どもの「なぜ？」遊びをご存じだろうか．「犬が体をかいているのはなぜ？　ノミがいるから．それはなぜ？　家の裏の野原に行ったから．それはなぜ？　首輪を付けずに外にだしたから．それはなぜ？　私が注意散漫だったから．それはなぜ？　ドアベルが鳴っていたから．それはなぜ？　郵便配達の人が小包を届けにきたから」．このように，最初の出発点（体をかく犬）が最後（小包）にはかなりずれてしまうが，相互の関連はつけられている．この訓練は，場合によっては，問題についてのトピックと解決策を関連づけるのに有効である．「ドアの枠がいつも壊れるのはなぜ？　引くことになっているドアを利用者が押すから．それはなぜ？　"引く"ドアだということが分からないから．それはなぜ？　ドアハンドルの形が，"押す"ドアのようだから？　それはなぜ？　ああ，それが原因だったんだ！」

比較する

　比較することは問題解決の重要な戦略である．比べることで相違点や共通点が見えてきたり，考えがとぎれているところに橋をかける類推ができたり，私たちの物の見方が再構築されるからである．マサチューセッツ工科大学（MIT）で人工知能の研究室を仲間と一緒に創設したマーヴィン・ミンスキーは，我々の思考の大部分は比較することがベースになっていると述べている．我々は，未知のものを身近なものと比較する．それらを区別し共通点を探すのである．

　　我々はどうやって物事を理解するのだろうか．私の考えでは，ほとんどいつでも類推することで理解しているのである．つまり，新しい物事を既に知っている物事と比較して類似点を探すのである．新しい物の性質があまりに見慣れないもので直接扱うには複雑すぎる場合，何らかの部分をより見なれたサインに置き換えて表す．このようにして，目新しいものを身近で普通なもののように感じ取るのだ．シグナル，シンボル，

言葉，名前を使うことは，素晴らしい発見である．これらによって，未知の物が身近な物に変わるのだ[84]．

我々は，問題を解決するのに類推や暗喩を用いる．電気の学説をつくり上げた，ヴォルタとアンペアのような科学者と同じである．彼らはまず，流体（液体）を用いたモデルをつくり，液体で分かることを電気の学説に変換した．例えば，食物がエネルギーに変換される展示を例として考えてみよう．機械になぞらえて，「我々の体は食べ物を燃料として燃やしている」とすれば，未知のことについての新しい知識を身近なものに置き換えて比較できるようになる．

寝かす

多くの研究で，創造的思考の主要な段階で「あたため」，つまり「無意識での問題への取り組み」が起こることが示されているが，その実際については問題解決のプロセスの中でも最大のナゾとされている．すべての意図や目的について，問題解決の作業が何もなされていないときに我々の頭の中で何がおきているのだろうか．洞察やひらめきはたいてい突然に起こるが，すぐれた発見の多くはこのようにしてなされるのである．「あたためる」ことは問題解決テクニックとして有効である．ただ意図的に「そのことについて考えない」時間を持つだけでよいのだ．

やめる

これは，実行が難しいテクニックである．プロセスの終了を意味するからである．しかし，前述の文学についての展示の場合のように，やめることによって問題が解決することもある．

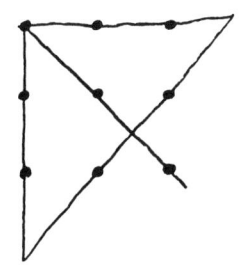

6章　展示開発における問題解決　*127*

7章 参加型・インタラクティブ展示

> インタラクティブでなければ，いかなる環境も人に強く影響を与えることはない．インタラクティブであるためには環境からの反応がなければならない，つまり，学習者にとって意味のあるフィードバックがなされなければならない．意味のあるフィードバックとは，学習者の現状に見合ったもので，学習者の変化にあわせてプログラムする（つまり，適切な時に適切な段階に変化する）ものでなければならない．学習者は，環境に反応しながら変化する（つまり，教育されている）のである．
>
> －ジョージ B. レナード『教育とエクスタシー』

> ひとたび何かを頭の中に取り入れれば，それを使って何かができるはずだ．
> －ハワード・ガードナー

課題：使いやすく，実験心や探求心を助長するような参加型，インタラクティブ展示をつくる

参加性やインタラクティブな要素を持つ博物館展示がますます増えている．博物館の世界では「インタラクティブ」は「参加型」や「ハンズ・オン」と互換性を持って用いられ，それがしばしば大きな混乱をもたらしている．インタラクティブとは相互関係があるということである．利用者が展示に働きかけると展示が利用者に何らかの働きかけをするのだ．「ハンズ・オン」，つまり，何かに手を触れるという

ことは，これとは違う．人が何かを触ったからといってインタラクティブな経験にはならない．裏返せば，触ることによっていつも相互作用がおこるとは限らないのだ．例えば，音声変調器は，触る必要はないが，極めて双方向的である．

「参加型」は，人々が何らかのかたちで展示環境に参加することを指している．フリップ・ラベル（めくり型のラベル）は，ラベル全体を見るためには参加しなければならないので，参加型（同時にハンズ・オン）である．しかし，「参加型」という語が，利用者の展示との関連において定義される（利用者が展示に参加する）のに対して，「インタラクティブ」というときは，利用者からの刺激に展示要素が反応する力，つまり利用者とのやりとりがあるかどうかに重きを置く．これは重要な区分である．博物館関係者の議論でよく聞かれるのが「よいラベルはインタラクティブである」というものである．確かによいラベルは人を「活動的にする」．人を動機付け，興味や熟考のきっかけとなる．しかし，いくらすぐれたラベルでも，読む人が変わってもラベル自体は何の変化も示さないという点で，個人個人に対応してはいない．それを読むどんな人に対しても，同じ場所にある，同じフォントやサイズの同じラベルである．他方，インタラクティブ展示は人に反応する．このように区分すれば，どんなタイプの展示を開発するのか，とても明確に考えることができる．

インタラクティブ展示とは，利用者が行動し，情報を集め，選択肢から選び，結論を出し，スキルを試し，インプットを行い，そして，インプットによって実際に状況を変えることができるものである．フランク・オッペンハイマーは，できるだけ多くのバリエーションをつくることが重要だと述べている．「何かが動くのを見ても，限られた理解しか生まれない．自分でその動きを制御して，そこで何がおこるかを見なければならない」[85]．人々が参加を楽しむのは，情報を得て，覚えていられるという以上の理由がある．参加や相互作用によって，展示環境が利用者にとって個人的なものとなるから

である．同じ姿勢でいると疲れが増してくるが，インタラクティブな要素は人々を引きつけ，夢中にさせ，めざめさせるのだ．

新しいコンセプトではない

いろいろな名前で呼ばれてきたが，参加型やインタラクティブ展示は，長い間博物館に活気を添えてきた．すでに1889年には，ベルリンのウラニアに利用者が動かす模型や科学劇場が存在していた．1906年までには，ミュンヘンのドイツ博物館が，映像やインタラクティブ展示を含む新しい展示技術の実験を行っていた．そこでは，動画でプロセスを示すほか，可動模型を利用者が操作することができた．まもなく，他の博物館もドイツ博物館が開発した革新的技術を採用するようになった．そして，1930年代までには，博物館関係者の中にも，利用者の展示への参加の可能性を認めるものがあらわれるようになった．例えば，アーサー・メルトンは1936年に実施した利用者調査で，「手を使った操作は，博物館が育てようとしている類の興味を刺激している」[86]と結論づけている．

参加型展示の出現は，1970，80年代の子どもの博物館や科学館の発展と関連づけられるのが一般的だが，これは，参加という概念が広まるのが遅かったことを示している．すでに1960年の初頭には，革新的なデザイナーたちが利用者の参加に関して実験を行っていたのだ．例えば，1961年にカリフォルニア科学産業博物館でチャールズ＆レイ・イームズがつくった展示"マスマティカ—数の世界とその向こう"には，確率を示す機械や，重力を示す展示装置があった．マスマティカは，たくさんの参加型展示と最初の歴史年表のひとつを含む展示で，年月の経過に耐えるだけでなく（それは30年前と変わらず現代的で魅力的である），世界中の展示プランナーを触発してきている．

インタラクティブ展示のプランニング

　参加型やインタラクティブ展示は，単純な動作を伴うもの（何かを動かして，隠れていたものを見るなど）から，コンピュータや複雑なビデオディスク・プログラムまでさまざまである．「捜して見つける」という基本的なスキルを用いるものもあれば，創造的な問題解決能力や実験を要するものもある．しかし，どんな概念でもうまくインタラクティブ展示になるとは限らない．最適なのは現象を説明するものである．つまり，比べたり対比する活動を提供するほか，変化を見せプロセスを示すものである．どんな展示技術を用いるかを決定するには，デザイナーの技術と気力，そして，時間が大いに必要である．

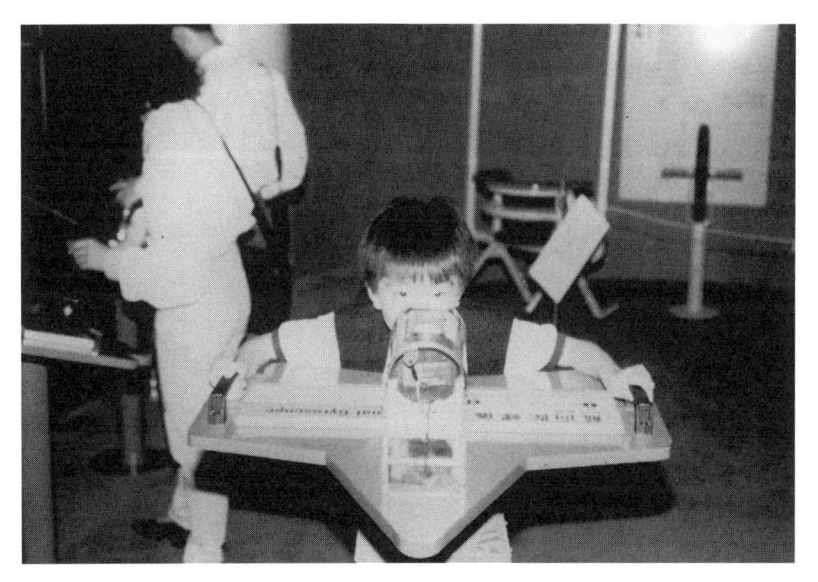

本物の飛行機の回転儀をつかって試してみる（香港科学館にて）．うまくデザインされたインタラクティブ展示は，学習目標，行動目標，そして感情的目標まで統合している．

インタラクティブ展示の開発には多くの要素が関係する．利用者の経験，扱う内容の適切さ，そして，コミュニケーション・スタイルや3次元のデザインとの関係などはもちろんのこと（これらはどんな展示においても考慮すべきことである），工業デザインや工学技術にも留意しなければならない．プランナーやデザイナーは，ものがどのように作用するのか，そして，うまく作用するとはどういうことかを理解しなければならない．インタラクティブ展示は使われるためにあるのだから，簡単かつ心地よく利用できなければならない．つまり，「ユーザーフレンドリー」でなければならない．ジェフ・ケネディによれば，展示を「ユーザーフレンドリー」にすることは，文字通りたくさんの事柄を考えることだという．さまざまな分野の専門家と相談し，展示の試作やテストを繰り返し，そして，何よりも利用者の経験が最も重要であることを覚えておかなければならない[87]．

利用者に多様な相互作用の機会を提供する展示をデザインするには，利用者の経験のあらゆる側面，そして展示で示す概念や現象に注意を払わなければならない．そのためには，コミュニケーション目標（利用者に何を学んでほしいか）と行動目標（利用者にどのような行動をしてほしいか），さらに感情的目標（利用者に何を感じてほしいか）を統合する能力が求められる．コンセプトは明確でなければならない．展示は，現象を説明したり概念を示す活動に利用者を誘うものでなければならず，その活動自体が展示のコンセプトを補強するものでなければならない（これは，優れたインタラクティブ展示には不可欠の要素でありながら，達成するのがむずかしい部分である）．デザインはシンプルで，指示は明確，活動は的確で，その結果は理解し得るものであることが重要である．人は，使い方や操作方法を理解するために多くの時間を費やそうとはしない．利用者に物理的な手がかりを与えることが重要である．例えば，複数のヘッドフォンがすべて異なる内容を示すのならば，デザイン上もその違いが明確になるようにしなければならない．つまり，ヘッドフォンをすべて異なる外見にするか，異なるタイトルをつけるべきで

ある．

　インタラクティブ展示の最も重要な要素は，人々が受け取るフィードバックである．活動の結果があまりにも微妙であったり，あるいは，「報われる」ために何段落もの説明文を読まなければならないと，コンセプトは失われるか誤解され，人は欲求不満に陥るだろう（「これで終り？　散々いろいろな手順をふませておいて，最後はたったこれだけなのか？」）．十分なフィードバックがなければ，人々は活動を途中でやめてしまい，不正確な情報や考えを持ったまま展示を離れてしまうかもしれない．

　ミンダ・ボーランは，展示プランナーたちはしばしば「例証」と「説明」を混同していると指摘している．コンセプトを説明する代わりに，彼らはそのコンセプトを具体的に示す例を提示しているというのだ．説明が不十分なままただ例を示すという方法は，芸術品や非常に価値のある資料を展示する場合は適するかもしれないが，主題やテーマを持つ展示や，科学現象を示す展示の場合は，利用者がすでにその例を理解するのに十分なコンセプトを持っていないと成り立たない[88]．

　例えば，ブルックリン子どもの博物館では，建物内に羽根車とポンプ，溝を設置して，空気の力の原理を示すようになっている．利用者がボタンを押すと，天井の大きな送風機が動き出す．空気が風車の羽を回し，水が溝へと流れ出す．利用者は風車をはずして，手で水を汲み入れることもできる．プランナーたちは，この展示によって風力の強さを示そうと考えていた．しかし，この展示を利用した人に展示を説明してもらうと，明らかに多くの人が混乱しており，中には独自の説明をつくりあげる人も現れた．ずっと都市部で生活し，風車もその機能も理解していない人が多かったのである．ボタンによって風車が動いたと考えた人はいたが，なぜそこに送風機があるのかを理解した人はいなかった．パイプを流れる水が風車を動かしたと思った者もいた．ある若者は，風車が水を建物内に運んでいると考え，自分のアパートの屋根にはどうして風車がないのかと疑問に思った．展示プランナーたちは，

風力を動力化する技術の「例」として風車を用いたのであるが、ここでは、それは多くの人にとって馴染みのない例であった．プランニングや開発の段階で、利用者と話をしたり展示をテストしていたならば、プランナーたちは早い段階で多くの誤解に気づくことができ、利用者の助けを得ながら、コンセプトを伝えるにふさわしい展示方法を決定することができただろう．

単に何かを触りさえすれば双方向的な経験になると考えるデザイナーたちがいる．こうした誤解によって参加のための参加がつくりだされ、展示との相互作用が展示のコンセプトと直接関係すべきであるという重要な点が見失われている．つまり、活動「そのもの」がコンセプトを示すことが理想的なのだ．

これは、活動が複雑でなければならないということではない．"黒くなっ

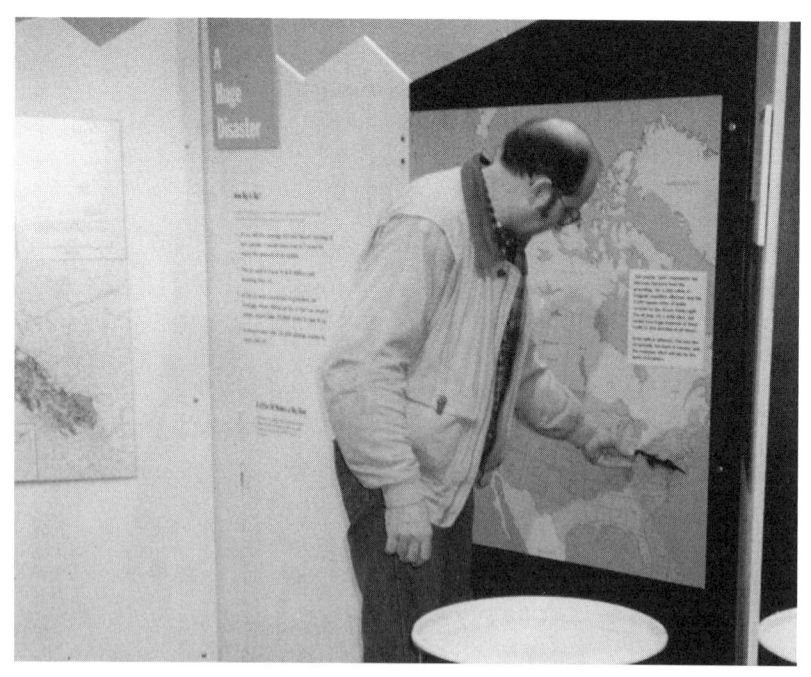

エクソン・ヴァルディーズ号の油流出の範囲を「つかむ」（プラット博物館の"黒くなった水－オイル漏れの実態"展にて）．

た水"展で,展示プランナーたちはエクソン・ヴァルディーズ号のオイル流出範囲の大きさを示す展示を開発していた.出来あがった展示は,北アメリカの地図にプラスチックの「しみ」を取り付けたものであった.展示ラベルは「地図上のしみを自分が住んでいる場所の近くに置いて,それがあなたの住んでいる地域をどれくらい覆ってしまうか見てください」と利用者に呼びかけている.

確実に作用させる

人とは本当に予測不可能で,展示との相互作用の仕方も無限に多様である.展示場で観覧者の動きを整理しようとしたことがある人ならだれもが同意するだろうが,観覧者がどのように反応するかを予想するのは,不可能とは言わないまでもむずかしいことである.予想できることと言えばせいぜい,大多数の観覧者があちこちへ行っては,全部ではなく一部の展示を見て,そして,たいていは思いがけない行動で展示プランナーを仰天させるだろう,くらいのことである.そこで,展示場での人の動きや個々の展示装置との相互作用を本当にコントロールすることは無理なのだから,そうした前提のもとで展示プランをつくらなければならないと,展示プランナーは気づくだろう.こうした変数の多さが,インタラクティブ展示の開発途中でテストや評価が欠かせない大きな理由のひとつである.工業デザインや製品デザインの経験を持つプランナーにとっては,これは少しも新しいことではない.

優れた製品の開発にどれだけの努力と時間が費やされているかを考えてみるとよい.例えば,マッキントッシュ・パワーブックのキーボードやトラックボール,パームレストは,部門横断型のデザインチームが,完成までに6カ月かけている.デザイナーたちは,製品が「合格」(魅力的で心地よく,機能的で使いやすい)するまで,何度も何度もユーザーの協力を得てモックアップのテストを行った.ある程度の規模の博物館展示なら,ユーザーフレ

ンドリーであるべき部分がかなりあるだろう．これはつまり，部分デザインを何度も繰り返すということである．（アップルのスタッフは現在のキーボードやトラックボール，パームレストに落ちつくまで何度もデザインを行い，最終的なデザインは，最初に考えられたデザインとは似ても似つかないものとなった）[89]．何度もデザインを試すこと（図面，モックアップ，プロトタイプなどによる）によって，機能的な問題が明確になるし，操作が可能で明確かどうか，そして，その部分が人々にとって「ピンとくる」，つまり，そこで何が起こっているのかが分かるかどうかを判断することができるのだ．

通常，モックアップは安価な素材でつくられ，展示の概念的，そして，工学的要素に重点が置かれる．プロトタイプは，つくりはより完成品に近いのがふつうで，利用者の行動や展示の機能，アクセスのしやすさをテストするのに用いる．モックアップやプロトタイプを用いることによって，プランナーたちは，高さや視線（サイトライン），読みやすさやアクセスのしやすさなどの特性について判断することができる．正しい大きさや寸法を実現するには，人間工学や人間についての知識（人間と機械との関係の研究）が必要である[90]．

プロトタイプや粗雑なモックアップを公共の場に置くことに抵抗を覚える博物館もあるかもしれない．そうした博物館は，他の場所でテストすることもできる．ナショナル・ジオグラフィック協会のスタッフは，大規模なインタラクティブ展示を新しく開発したが，そこの公開スペースはモックアップを置くにはあまりにもフォーマルでこぎれいであった．そこでスタッフは，モックアップを職員用のカフェテリアに設置し，職員が利用者の役をすることでこの問題を解決した．しかし，実際の利用者以外の人でモックアップやプロトタイプのテストを行うと，適正な結果は得られないかもしれない．例えばフランクリン・インスティテュートの"緑の地球"展では，分光光度計についての展示装置に関して，職員を対象に大規模なテストを行ったが，いざ展示がオープンして利用者が使い始めると，まだまだ修正が必要だったの

である．修正の結果，最終的な展示デザインは，よりシンプルで直接的なものとなった[91]．

メンテナンスと修理

インタラクティブ展示は利用者に人気があるので，多くの博物館関係者が「自分の博物館でもインタラクティブ展示をもちたい」と言う．彼らはこうも言う．「我々には十分な時間とお金があるし，評価やメンテナンス，修正を行う責任感もある．だから，インタラクティブな要素が展示の内容や目的に見合っているか，適切かどうかを考えることができる」[92]．しかし，インタラクティブ展示は，それがどんなに優れたデザインやつくりであっても，続けていくためにはメンテナンスのスタッフが必要だ．何か動く展示であれば，動かない展示よりもメンテナンスや注意が必要だ．動く部分が多ければ多いほど，壊れる可能性（展示が壊れる可能性，そしてメンテナンス責任者がうやむやになる可能性）も大きいのである．したがって，インタラクティブ展示はできるだけ頑丈につくり，定期的に点検し，傷んだ部分があれば，壊れる前にできるだけ早く修理しなければならない．

デザインをする人と製作をする人が異なるうえに，メンテナンスをする人がさらに別の人であると，インタラクティブ展示はメンテナンスの悪夢と化す．デザイナーや製作者は，自分たちの製品がもたらす結果を受け入れる必要がなく，メンテナンスに関する基本的な問題点に気付くことすらないかもしれない．そこで，不幸にも日々のメンテナンスの責任者が，展示を維持するために再製作したり，再配線しなければならないこともしばしばである．デザインの責任者とメンテナンスの責任者が別の場合は，デザインの段階からメンテナンス技術者のアドバイスを求めれば，問題は回避され得る．よいデザインとは，メンテナンスも考慮にいれたもののことを言う．展示は，解体して清掃できなければならないし，スイッチのほか，電球やカセット，バ

ッテリーなど定期的に交換が必要な部分に簡単に手がとどくようになっていなければならない．

　今日，博物館でインタラクティブな要素は増えつつあるが，本当の仕事が始まるのは展示がオープンしてからである．したがって，展示を維持していくために，毎日のメンテナンスや修繕計画に十分なスタッフと予算をあてる必要がある．メンテナンス・スタッフ用に，必要な連絡先を書いたマニュアルをつくるとよい．そして，清掃箇所や点検箇所，仕様や電源，保証書をまとめたチェックリストを用意し，照明用スイッチや展示の制御装置の場所を示す．壊れた展示があるくらいなら，展示がない方がましである．これはインタラクティブ展示に限ったことではない．公開している展示はすべて，適切に維持されなければならない．展示は，単純に毎日の清掃と月々の点検が必要だが，それらについても系統だったスケジュールをたてておけば，致命的な問題を避けることができるだろう．電球が切れたらすぐに交換すべきで，交換日は照明計画書に記録しなければならない．部品の予備を用意しておけば，どこかが壊れてもすばやく効果的に修繕ができ，特殊な部品を取り寄せるための時間を省ける．最初に展示をつくったときの塗料も大切である．というのも，同じ色を再びつくるのはとても困難だからだ．後からつくった塗料で修繕しても，やがてその部分が斑点やシミのようになってくる．時間がたてばどんなに素晴らしい展示でも古くなってくるので，修繕や交換のための予算やスケジュールを組んでおくことで，展示室をよい状態に保つことができるのだ．

では，美術館や歴史博物館は？

　インタラクティブ展示の多くは科学館や子どもの博物館に見られるが，うまく計画，デザインすれば，その他の博物館にも適し得る．歴史上の出来事や社会問題に関する展示は資料や画像に基づくものが多いが，こうした展示

でもインタラクティブ展示が効果的に利用され，時には，抽象的な情報を提示するのに最適な技術となることもある．シミュレーションやアニメーション，そして連続した動きが可能な双方向性マルチメディアは，静止した展示にはできない経験を人々に提供することができる．時間を超えて旅をして歴史がつくられる場面を見たり，自分の生活に関連した問題について意見を述べ，自分の意見と他の観覧者の意見を比べることができる．あるいは，熱帯雨林に道路をつくるべきかどうかを決める環境プランナーの役になることも

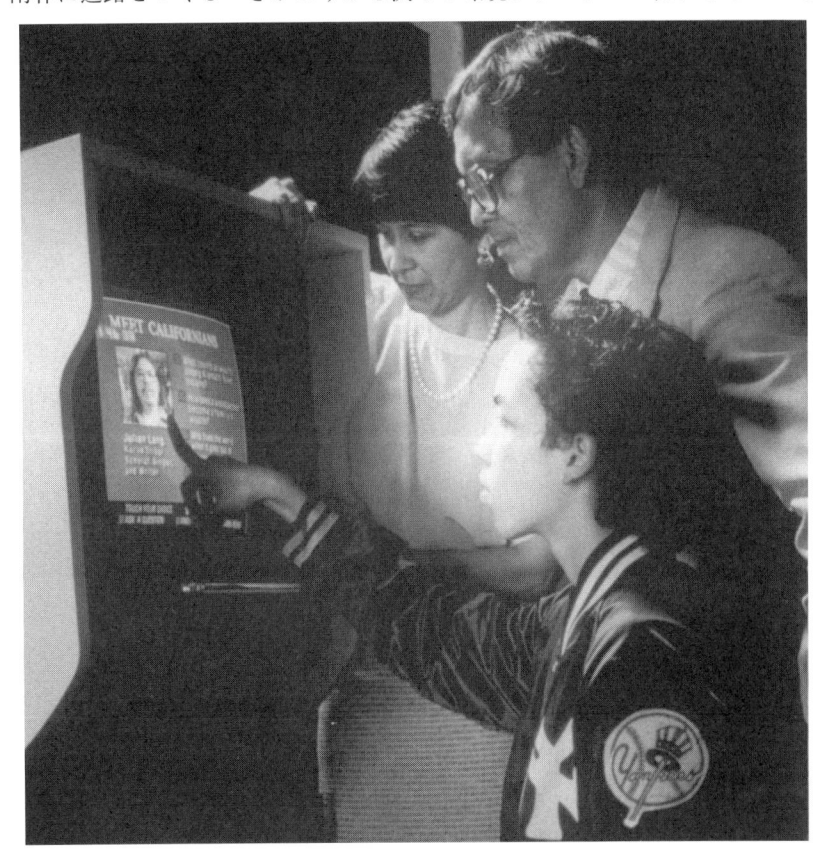

双方向性マルチメディア展示"ヒストリー・インフォメーション・ステーション"は，展示資料についての情報を提供している（オークランド博物館のカリフォルニアの歴史展示にて）．利用者はカリフォルニアの人々と「会い」，彼らの個人的ストーリーについて学び，歴史についてのさまざまな見方を比べることができる．

できる.

　しかし，インタラクティブ展示があることで，利用者が博物館に期待することが変わってしまい，博物館の環境に影響を与えてしまうことがある．例えば，美術館がインタラクティブ展示を設置すると，騒音や利用者の活動レベルが上がるのを調整するのにスタッフが苦労する．逆に科学館の場合，人はすべての展示物に触れることができると思ってやってくるので，たとえ大きな台座を設置しても（美術館では障壁として有効であるが），人がそこに登って展示してある彫刻に触るのを防ぐことはできない．インタラクティブな要素を博物館に取り入れる際には，展示をつくる側は明確な信号を環境として利用者に提供しなければならない．つまり，物理的相互作用を呼び起こす要素は，壊れやすく触ることができない資料からは遠く離して展示すべきである．あるいは，壊れやすい資料は活動的な環境からはうまく保護すべきである．博物館を訪れる人に，悪意を持っている人はほとんどいない．もし，観覧者が不適切な行動をしたとすれば（意図的な破壊行為は別として），展示をつくる側の意図が不明確であったことを示しているのだ．

　よい展示とは，特定の概念を伝える目的を持ってデザインされる一方，人々が自分で探求し発見できるようにもなっている．時折，インタラクティブ展示が，内容を分からせようとするばかりにあまりに堅苦しく，利用する人の興奮や驚き，発見を犠牲にしてしまうことがある．

　展示とはよい会話のようであるべきだろう．静止した展示ラベルが「講義」であるとすれば，参加型やインタラクティブ展示は人々を対話に誘うのだ．しかし，多くの理由から，生き生きしたインタラクティブな経験をつくりだすのはむずかしい．デザインはコンセプトを明確にし，機能は簡潔でなければならない．そして，コンセプトと機能は何らかの関連づけをされていなければならない．さらに，何百人もの観覧者によって常に利用され，時にはいためつけられても壊れないような構造でな

ければならない．インタラクティブ展示をつくるには十分に考え，その効果をテストする必要がある．その際，利用者の反応は，必ずしもつくり手が意図するものと一致しないということを心に留めておかなければならない．開発や効果の検証がうまくいけば，インタラクティブ展示は展示をつくる側にとっておもしろい要素になるし，利用者にとっても最も魅力的な経験のひとつになるのだ．

8章 ラベル——展示の語り手

「言葉を使うとき」と，ハンプティ・ダンプティは軽蔑するように言った．「その選んだ言葉どおりの意味だ．それ以上でも，以下でもない．」
—ルイス・キャロル『不思議の国のアリス』

ロンドンでは，私は「自然のデザイン」という特別展示を訪れた．この展示それ自体が私がこれまで見た中で最も不自然なデザインの例と言えるようなものだった．きれいで趣味のよさそうな表示が展示品のとなりにならんでいた．展示品はと言えば，きわめて人目を引くように配置されていた．しかし，いったいどの表示がどの展示に対応しているのか，いったいその文章にはどんな意味があるのかがよく分からなかった．残念なことに，どうやらこれは博物館にはよくあることらしいのである．
—ドナルド A. ノーマン『日用品の心理学』

課題：人が読んで分かりやすい展示解説をつくる

　展示開発という大きな計画の中では，解説ラベルをつくることなど些細なことだと思う人がいるかもしれない．たしかに，プランニングやデザイン，展示物の製作や設置といった仕事の方が，解説文を書くよりも複雑そうに見える．展示制作の作業が時間切れになってくると，プランナーによっては，解説がなくても観覧者が気づかないだろうと考えて，展示の公開がはじまってから解説ラベルをつくろうとする．しかし，展示はそもそもアイデアを伝達する場であり，展示ディベロッパーのジュディ・ランドが言うように，解説ラベルは展示会が語りかける「声」なのである．

8章 ラベル 143

どの壁面の上に書かれた言葉も観覧者に語りかける．それらの言葉は，あなたの組織（館）の言葉となる．その言葉のトーン（調子）は，観覧者との関係性のトーンを決める．うまく行けば，信頼の上に成立する親密で打ち解けた関係がつくられる[93]．

博物館コミュニケーション・コンサルタントであるポーレット・マクマナスは，次のように述べている．「書かれた文章の相互伝達性の上にこそ，観覧者との打ち解けた関係がつくられる．解説を書いた者と観覧者の間の関係が親密であるほど，両者の間のコミュニケーションはうまくいく」[94]．よい文章が必ずそうであるように，博物館の展示解説ラベルでも，親密な「声」を発するためには，熟練した技術と大変な思案や努力が必要である．

歴史を振り返ると，博物館の解説ラベルをつくるテクニックは，重視されていなかった．時に理解不可能で判読できないような，長たらしく専門的な解説ラベルは，たいてい専門知識を持った観覧者のために書かれてきた．実際のところ，過去の遺物のようなラベルを一目見ただけで，現代の展示観覧者はうめき声をもらすだろう．しかし，19世紀半ばには，人々を惹きつけ刺激する解説ラベルの重要性を認識するプランナーがすでに存在していたのである．例えば，1969年にニューヨークのアメリカ自然史博物館でつくられた，「ライオンに襲われるアラブの使者」というジオラマに添えられた解説ラベルを見てみよう．このジオラマは，教育的というよりは感情を呼び起こす演劇的な要素が強く，ストーリーを語らせようという意図が強い．

> 叫び声が聴こえるようなアクションである．巨大なネコ科の動物の響きわたるうなり声が，恐怖にかられたヒトコブラクダのうめき声と混ざりあう．雌ライオンの死骸の上に所在なげに横たわるねじ曲がった込矢と共に置かれた火打ち石式鉄砲はその役目を終えた．残されたのは細いナイフ一本．これで最後の瞬間を，少しでも遠ざけるのだ．最後に，すみやかにおとずれるとどめの一撃を*．

*　Karen Wonders の "Exhibiting Fauna- From Spectacle to Habitat Group," *Curator* 32, no.2 (1989)：134．このジオラマは，現在ピッツバーグのカーネギー自然史博物館にある．同館の展示部門代表のジム・シニアによると，このジオラマは今でも大変人気が高いそうである．解説ラベルは，その後「現代風に」書き直されている．

解説をつけるべきか，つけぬべきか

　適切な解説ラベルの構成要素が何かについて，展示プランナーたちの意見は分かれる．こうした熱い議論は主に美術館で展開されてきた．多くの展示主催者が，作品の解釈をつけたくないと考えるからである．1984年の ウォールストリート・ジャーナル誌に，対極にある両方の立場の専門家にダニエル・グラントがインタビューをした記事が掲載されている．キュレーターの一人が語っている．「美術作品のまわりには何もいりません．美術館に行くのは，解説を読むためではないのです．美術は作品そのものが語り部です．もし，もっと知りたいことがあれば，本を買いにいきますよ」．反対の立場として，メトロポリタン美術館のディレクターであったフィリップ・デ・モンテベロは次のように語っている．「人々が普段の生活の中で美術館を訪れ，壁にかかっている作品のすべてを理解すると考えるのは，まったくナンセン

スです．そんな考えを持つのは，一般の人々に興味を持たない，根っからの偽善者です」[95].

言語が時に不適切であることには疑いの余地がなく，美的な経験は解説しようとする言葉の限界を結局越えてしまう．ジョセフ・キャンベルは，そのジレンマを次のように述べている．

> 博物館にあるアフリカの仮面が，もとの文化において，どのような社会的および神話的な意味で用いられているのか，私たちはほどんど知らない．だから問題になるのだ．しかし，そこには依然として，美的な経験と言えるものが存在する．まったくなじみのない外国の経験に入り込む手段になるのだ．しかし，芸術的な感応が外国の作品への理解につながるには，実際にその作品が生まれた社会について知っている必要がある．いわゆるエスニック・アートへの理想的なアプローチでは，美的な感性に知識と情報が組合わされるべきなのは明らかだ．ただし，情報だけでは十分ではなく，我々が教えられてきたように，芸術を享受するためにこそ情報がある．芸術が達成したものを経験したいのならば，作品を見る側は，自分たちの中にその芸術家と共通する"部分"を持っている必要がある[96].

解説的な素材のない展示では，観覧者があらかじめ持つ知識に大きく頼ることになり，観覧者は展示物や展示要素をただ眺めるだけで何かを得なくてはいけない．このような解説のない展示会をつくるキュレーター自身が，それらの作品の意義を十分に理解するために何年も「書かれたもの」を研究していることを考えると，観覧者にその場で作品を理解させようとするアプローチは矛盾があるように見えると，エリオット・アイズナーとスティーヴン・ダブスは述べている[97].

最も適切な言葉の使い方を確定するのは，本当の意味での挑戦である．カリフォルニア科学産業博物館では，"見えない力"という電気と磁力についての展示会で，展示プランナーたちが計画的に解説文の効果（ない場合も含

めて）について研究する実験を行った．展示会は，最初はピクトとタイトルだけを示した，インタラクティブな内容にする計画であった．多言語を使用する観客層を前に，言葉の壁を超えようと努力する中で，プランナーたちはピクトと展示装置の形だけでその機能とメッセージを伝えようとしたのである．展示利用者による初期の試行により，いくつかのピクトが理解されず，そこそこ展示を楽しんだにもかかわらず，何についての展示か完全には分からずにフラストレーションを感じた観覧者もいたことが分かった．展示スタッフは，簡単な紙のラベルを用いて，一度に数個ずつ，展示物に言葉を追加していき，そのつど利用者にテストしてもらった．その結果，ほんの数語を付け加えるだけで，利用者の理解が飛躍的に高まることが分かったのである．解説ラベルともとのグラフィックパネルは，分析の結果をもとに，新しいものと交換された[98]．

伝達者としての解説ラベル

　展示の解説グラフィックには2つの機能がある．情報の伝達者としての機能と，グラフィック要素としての機能である．伝達者としては，内容が適切で理解されうるものでなくてはならない．グラフィック要素としては，デザイン様式が適切で，読みやすくなくてはいけない．効率よく伝えるために，展示プランナーは，メッセージの対象は誰なのか，何に興味があるのか，背景や事前の知識はどの程度なのかなどについて，知っておかねばならない．展示は，観覧者の言葉で語りかけることができなくてはならない．研究によれば，人々は展示会に知識を求めており，何らかの種類の解説ラベルがないと展示に対する興味を失うという．これは，解説グラフィックが他の伝達方法にとってかわるべき，ということではない．事実，解説ラベルは，写真やイラスト，資料や他の感覚的要素と組み合わされたとき，観覧者の興味や情報の保持力により大きな影響を及ぼす．これらの要素を単独でそれぞれ用い

た場合は，それほどの影響を及ぼさない[99]．

よい解説ラベルをつくる

　観覧者は解説ラベルに対して基本的な要求をいくつか持っている，とポーレット・マクマナスは述べている．展示解説ラベルは，展示題材についての分かりやすい参考となり，簡単で惹きつける説明をする，利用者の「疑問に応える」ものでなくてはならない．あくまでも展示トピックに固執し，言及する範囲を転じてはいけない．また，解説ラベルは，観覧者が事前の知識や経験を持っていなくても，基本的な事項が分かるものでなくてはならない．読みやすく，簡潔で，適切な会話のような親密さと社会性を持った調子で書かれなくてはいけない[100]．

　チャンドラー・スクリーヴンは，解説ラベルをデザインするときに，利用者が読みたくなるようなものにするべきだ，としている．「よく展示プランナーは，"人は解説を読まない"と言う．伝統的でありきたりな解説については，これは事実だろう．しかし，通説がそうだからといって，現実にそうである必要はない．状況によっては，観覧者はすべての解説文を探し出して読む．大人の観覧者に，どうしたら展示がよくなるかという質問をすると，よく"解説文を増やしてほしい"という提案をしてくれるのだ！」．解説ラベルは，質問をするように，参加を促すように，注意を惹き付けるように，見る人を導くように，そして比較を奨励するようにデザインされるべきだと，彼は提案している．例えば，めくり板やコンピュータで探っていくようなものなどのように，参加性の高いグラフィックにする．凹凸をつけたり，フローチャートにしたり，さまざまな活字スタイルを用いたり，内容を囲ったり，色を効果的に使う．書体や構造で，あるいはチラシやパンフレットなどの補助的な情報システムを用いて，情報を多層化する[101]．

　展示プランナーは，観覧者の関わり方の度合いの違いに対応するために，

情報を多層化するとよく言う．マーガレット・ホールは，新聞や高速道路をたとえにして，次のように説明する．「展示では，多層でさまざまな異なるレベルの需要に対応するために，"層になった"情報のシステムをよく使う．ある利用者が大陸の位置を探しているとき，他の利用者は辺鄙な部族民の居住地域を見つけようとするかもしれない．これは新聞のテクニックで，ヘッドラインから，記事の概要，詳細へと読み進むのと同じだ．別のたとえでは，片道3車線の高速道路のようなもの．それぞれ異なる速度で走ることができるし，車線を変更することもできる．追い越しも可能だし，路肩に停車することだってできる」[102]．

しかし，ビヴァリー・セレルは解説ラベルについて，スクリーヴンと同じように，複雑さや難しさを基準に情報を多層にするよりも，提示スタイルを多層にするべきだと述べている．すなわち，コンセプト（文体や内容のタイプ），グラフィック（言葉だけでなく写真やイラストを含む），インタラクティブ性（関わり方のタイプ），感情（ユーモア，人間的関心，創始者物語など），物理条件（解説板の高さや位置）などを層ととらえるのである[103]．

キャサリン・ローワンは，『調査で分かったこと－難しいアイデアを説明する方法』の中で，難しい語句や図示するのが困難な構造やプロセスや信じがたい内容が展示に含まれるとき，プランナーはさまざまな説明を用いるべきだと述べている．すなわち，「説明（語句の意味を明確にする）」，準科学的アプローチ（複雑な現象を頭の中でモデル化する），考えの変換（直観に反したこと，あるいはありそうもないアイデアを理解する）などである[104]．

解説ラベルのねらいと目的を確立する

解説ラベルやサインに含まれるグラフィックの情報により，観覧者は博物館や展示室に適応することができる．館に入る前は，展示会のポスターが，まずは情報を伝え整理させる役目を果たす．建物に足を踏み入れて，グラフ

ィックと文章による伝達手段の階層（一般的内容から特殊な内容まで）の中を歩くと，さまざまな説明的なグラフィックに出会う．案内サイン，展示物やコーナーのタイトル，導入および説明のラベル，解説風および逸話風ラベル，同定ラベルや出典を示すラベルなどである．それぞれの展示装置や展示物に目的を設定しておくと，どんなタイプの情報やラベルを取り入れるか決定するのに役立つ．ビヴァリー・セレルは，著書『展示解説ラベルをつくる』の中で，次のように書いている．

> 目的を設定するということは，それぞれのラベルの意図や対象となる利用者を明らかにするということである．利用者のことを考慮したとき，次の2つの異なる考え方がある．
>
> ……解説ラベルは，展示内容の専門家によって書かれるべきである．観覧者があらかじめ知識を持っている場合，追加情報を望み，ゆっくりと時間をかけて内容を読みたいからである．
>
> ……解説ラベルは，コミュニケーションの技術を持つ者によって書かれるべきである．ラベルを読みたい利用者でも，関連した知識がなかったり，読むのに時間を費やせない場合があるからである．

前者のアプローチでは，その内容についてあらかじめ知識を持つ利用者が対象となるので，ラベルを読むことではじめて内容を理解できる人の数は少なくなる．この方法では，ラベルを理解できない利用者が途方に暮れてしまう．教育的な目的を持ち，国，地方，財団の助成金や税金で運営されている公的な施設では，このようなエリート意識は許されない．

後者のアプローチでは，解説ラベルはあらかじめ知識を持っている利用者にアピールし，知識を持っていなくても興味がある利用者にも理解できることが前提となっている．もし解説ラベルで資料の名を示す以上のことをするならば，広い利用者層を念頭にラベルをつくらなくてはいけない[105]．

盛り込みすぎない

　解説ラベルを書くとき，展示プランナーたちは，可能な限り多くの情報を盛り込もうとするが，これはよく起こる問題である．この場合，内容が難しいというだけでなく，展示環境の中では不適切である．解説ラベルは，実際に手近にある経験，すなわち観覧者が今見ているものや体験していることから始めなくてはいけない．観覧者が情報収集に使える時間は限られているので，解説パネルは明確で，簡単で，理解しやすく，短くあるべきだ．どうしても長い説明が必要な場合は，ひとつの大きなパネルに押し込むよりも，いくつかのパネルに分けたほうがいい．展示解説パネルの多くは，その編集の途中に量を減らす作業が行われる．解説を書く側は，必要があれば情報を減らす覚悟が必要である．これは，よく書けた文章を何度も編集しなければならないような場合には，とくにつらい作業である*．

＊　4章で紹介した，モントレー湾水族館のメッセージの階層化の実践例は，編集プロセスをやりやすくするものである．

　人は解説ラベルを見るのにほんの数秒しか費やさないが，解説ラベルはその時間内に必要な情報を伝えなくてはならない．覚えておくべきなのは，人は解説ラベルを読む間立っていて，疲れ，人込みで押し合い，他の展示に注意を引かれることである．人が読むスピードは1秒に5語程度で，もし読む以上のことを期待するならば，それぞれの展示物のラベルはできるだけ少ない言葉で重要な内容にたどりつかなくてはいけない[106]．

さまざまなメディアを使う

　どのような場合に解説パネルを使うのか，逆に使わないのはどのような場合なのかを知っている必要がある．どの要素にとくに説明が必要なのか，た

だポイントを強調したり他の事例を示すだけですむのはどの要素か．解説に頼るまえに，その情報を提示するのに他の方法がないかを確かめよう．イラスト，表，模型や模式図を用いると，文章で説明すると単調で長くなる情報を上手に伝えることができる．パンフレットやチラシを使うと，もっと深い情報を伝えられる．音声画像プログラムは，プロセスや物語を伝えるのに適しているし，インタラクティブなコンピュータ機器は，利用者がそれぞれ必要とする情報の量を選択することができる．「さらに知りたい方には」というパネルをつくって，参考になる本や問い合わせ先の情報を提示することも可能である．

モントレー湾水族館の企画展"クジラのすべて"では，説明グラフィックが変化やペースを提供し，さらにデザイン要素としても強いインパクトを与えた．

効果的な執筆・編集プロセスをつくりだす

　よい解説ラベルをつくることは，博物館の永遠の課題である．たとえ展示

開発やプロジェクトの運営がよくまとまってスムーズに進んでいても，解説を執筆編集する作業については，執筆や製作の時間やそのための思考が十分ではないことが多く，必ずしもうまく行くとは限らない．解説文の執筆は，展示開発プロセスの主要な部分ととらえ，展示デザインと同時に進行するべきだろう．キュレーターであれ，エデュケーターであれ，スタッフライターであれ，ディベロッパーであれ，外部のライターであれ，ラベルを書く人を展示開発チームのメンバーに入れておくべきだ．

さて，解説パネルは誰が書くべきだろうか．これは館によってさまざまだろう．職名や職務内容よりも，展示の中身を利用者に伝達できる能力の方が重要である．例えば，専門家を対象とした大学博物館では，子どもの博物館とは異なった展示ラベルの執筆能力が必要となる．利用者層が広く，多文化の背景を持つ施設の場合，2カ国語の表示が必要だろう．施設の種類に関係ないのは，展示解説パネルはすべて明瞭で簡潔で魅力的であるべきだということだ．

執筆を始める前に，編集プロセスを決めてしまうこと．最終的に，誰が文調やスタイル，言葉遣いを決定するのか．誰が，内容や文法のチェックをするのか．機関（館）の代表者は，内容や機関が発するメッセージに関して，すべての原稿を確認したいだろう．他に，誰が必要か．編集作業は時間がかかるので，書き直しや追加見直しの時間も含めて，あらかじめ展示開発プロセスの中に組み込んで計画されるべきである．

解説文の執筆者は，他の展示プランナーたちと共同で作業をして，展示場内でのラベルの機能や位置を決めるとよい．そうすれば，最初の原稿ができたときに，展示スクリプトに取り入れたり，対応する展示構成部分と並べて置くことができる．パネルは，対応する展示要素や，その展示要素で人々が経験することに関連していなければならない．

解説パネルが効果的に内容を伝えているかを，利用者にテストしてもらうとよい．これは単純でインフォーマルなプロセスで，一般常識が必要だ．例

えば，人々に解説文を声に出して読んでもらい，5人のうち3人が同じ言葉でつまずくようなら，その言葉は変更すべきである．また，解説を読んだ後で自分の言葉で説明できなければ，その解説文は書き直しが必要である．

解説ラベルとデザイン

　解説グラフィックのデザインを考えるとき，どのような条件下でそのパネルが見られるかを確認することが重要である．パネルは，適度な距離に立って読めるような大きさでなくてはいけないし，同時に複数の利用者が見ることができるものでなくてはいけない．解説パネルは，解説の対象となる場所や資料の近くに設置し，利用者が迷わないようにするべきである．パネルは，利用者の背の高さにかかわらず見えなければいけないし，理想的には視覚障害者にも読みとれるものであるべきだ．

読みやすいデザイン

＊　この項で扱うデザインはアルファベット文字を基準としている．

　解説パネルをデザインするとき，大きく6つの要素を考慮する必要がある．書体，文字の大きさ，文字やパネルの色，行の長さ，文字の間隔，パネルの素材と製作，である[107]．

書体

　なじみのあるセリフやサンセリフ（アルファベット文字の活字の種類）などの文字は，容易に識別できて読むのに適している．さらに，大文字だけで構成するより，大文字と小文字を混ぜた方が読みやすい．言葉は，個々の文字の集まりというより，まとまりで「絵」のように読みとられるので，装飾のついた書体やイタリック体の文字は，量が多くなると読むのが困難で，人

の気持ちをくじくことになる．しかし，こういった書体の文字も，展示会やエリアのタイトルには適しており，展示会を活気づけることができる．

文字の大きさ

多くの博物館が，コピーに用いる文字の大きさを定めており，本体の文章は18ポイントから30ポイントが一般的である．もし不安ならば，テストパネルをつくって読みやすさを試せばいい．18ポイント未満の文字サイズでパネルをつくるのはやめた方がよく，できればせめて24ポイント以上が必要である．大きな文字を用いると，視覚に障害のある利用者から目のよい利用者まで幅広く対応できる．

作業はきびしくスピードが要求されるが，望んだ効果がでているかを調べる最も信頼できる方法は，モックアップをつくり試してみることである．文字のサイズは，それを見る距離と照明によって左右される．展示会のタイトルは，デザインが許す限り大きくし，総合的なデザインの中で考えられるべきである．もちろん，解説の文字は，展示物の大きさを考慮すべきである．テントウムシの標本を虫ピンでとめた科学展示も，標本一つひとつの横に大きなラベルがついていたら滑稽に見える（虫ピンでとめたテントウムシの展示自体，何が目的なのかが疑問に思われるだろうが）．この場合，複数の小さくて読みにくいラベルよりも，ラベルを集めてつけるか，一般的な解説をしたパネルを1枚設置するほうがいいかもしれない．

文字とパネルの色

文字の色と背景の色のコントラストが大きければ大きいほど（明るい背景に黒っぽい文字，白地に黒文字など），読みやすくなる．ときどき「反転文字（暗い背景に明るい文字）」が使われるが，これは小さなサイズの場合とくに読

みにくい．色付きのパネルをつくる場合，背景と文字の色のコントラストを十分に大きくすることが重要であり，色がぶれたり不必要な効果がでないように確認するべきである．もし背景と文字のコントラストが小さければ，書体を大きなものにする必要がある．最も重要なのは，パネルが適切な照明の中で提示され，反射などがないようにすること．文字と背景のコントラストがはっきりしていても，暗すぎたり，逆に反射があるようでは，誰もパネルを読むことができない．

行の長さ

1行の長さが，長すぎないこと．基本は，1行あたり40から50文字．1行に50文字以上になると，句読点や言葉の間のスペースにより，目が文章を追うことができずに視線が行間をさまようことになる．また，わかりやすくするためには，行の最後にハイフンがこないようにするとよい．

文字と文字の間隔

文字と文字，言葉と言葉の間隔も重要な考慮事項である．言葉と言葉の間が空きすぎると，気を散らす大きな空白ができ，反対に狭すぎると言葉がひと固まりに見えて読めなくなる．

パネルの製作

DTPソフトウェアとレーザープリンターを用いると，博物館のラベルに適当な文字を打ち出すことができる．シルクスクリーンのパネルは上品で耐性もあるが，高価だし，毒性のある薬品を使用する．ガラスケースや透明なアクリルパネルに，シースルーのラベルをつけるのはあまり感心しない．背景に完全にとけ込んでしまうし，光沢や反射が余計な混乱をまねくことになる．

最終的に考えること

　展示会で解説パネルを用いるには，いくつかの考慮事項が必要になる．まず，そのアイデアや展示資料に解説ラベルは必要だろうか．その解説ラベルにはどのような情報が載せられるべきか．解説以外に情報提示にもっと適した方法はないのか．パネルの見た目はどんなふうで，どこに設置されるべきか．そして，最後に，パネルをつくるために，どのようなプロセスが適しているのか．

　明瞭で，読みやすく，美しいパネルをつくるには，実験するのが一番である．サンプルのパネルをつくり，実際に見る距離で，実際の照明の中で見てみること．修正して，調節すること．解説ラベル書きには，力と注意を注ぎ込むだけの価値はある．展示プロデューサーの不満でよくあるのが，ラベルづくりに時間とエネルギーがかかりすぎるということ．「なぜ誰か適当に書いて，付けておいてくれないのか」「どうして，見直したり書き直したりする必要があるのか」と問うのだ．展示ディベロッパーでモントレー湾水族館の解説の執筆者でもあるジュディ・ランドは，的を射た考えを示している．「質の悪いラベルが1枚あるだけで，人々は展示全体からそっぽを向きます．解説を書くのに疲れて"もう適当に書いて終わらせよう"と自分が考えているのに気づいたとき，このラベルこそが利用者が最初に読むラベルかもしれない，と言い聞かせます．最初に読むラベルの質が悪かったら，もうそこから先のラベルは読んでもらえないのです」[108]．

9章 空間を変容させる

> 車の輪は，30本の輻が中心の穀(こしき)に集まってできている．しかし，穀の中心の何もない穴があってこそ，車輪としての効用が果たせる．器は粘土で出来ているが，器の中心の何もないくぼみがあってこそ，器としての効用が果たせる．窓やドアをくりぬいた壁で家はできているが，その中心の何もない空間があってこそ，家としての効用が果たせる．だから，何かがあることによって利益がもたらされるのは，その根底で，何もないことがその効用をとげているからなのだ．
> ー老子　道教

> 人間世界のことはすべて，空間の中でおこり，その空間デザインは，そこにいる人に深く強い影響を与える．
> ーエドワードT.ホール『かくれた次元』

課題：展示空間が人に与える影響を理解する

　展示とは3次元空間における特定の構造である．よい展示とは，その空間にあわせてデザインされ，立地場所にも溶け込んでいる．つまり，人に「場」の意識を与え，人の活動の器となり，時間という第4の次元を生む．展示プランナーは，人を引きつけ，コミュニケーション力の高い展示をつくらなければならないばかりか，人がその空間をどのように使うかを考え，観覧者の活動を受け入れなければならない．条件が整ったとき，展示で変化が起こる．展示空間は，モノや思考，人が一緒になり変容する器となるのだ．そうした条件や要素を提供するために，デザイナーは，空間デザインの基本原理や空間内を動く人に空間デザインが与える効果を理解しなければならない．

空間を構成する

展示開発のプロセスがある時点に達すると，デザイナーは，じっと空っぽの空間に面し，その中に何を入れるかを考え出さなければならなくなる．これは大変な作業で，展示概念に見合う3次元のかたちをつくりだすには，インスピレーションが担う部分も大きい．しかし，展示を形成する主な空間条件には，少なくとも次の3つがある．「調和」（展示がどのようにまとまっているか），「雰囲気」（どのように見え，感じるか），そして「歩調」（人がどのようにその中を動くか）である．デザイナーは，これら3つの条件に焦点をしぼるところから始めるとよい．

展示の空間条件

調和	歩調
かたちの	誘引
バランスの	入口とオリエンテーション
尺度（スケール）の	人の流れ
比例（プロポーション）の	強制型
リズムの	オープン型
強調の	放射型
	ランダム型
雰囲気	人を導く
	視線（サイトライン）
	方向指示要素
	配置
	量と密度

調和

調和とは，展示要素の秩序や統一性，統合力がかもしだすものである．意

識しようがしまいが，人は常に自分の周りの物事を理解しようと試みている．グループ化したり一直線上に並べたり，テーマ，かたち，または色別だったり，展示物が何らかの方法で並べられていれば，その秩序を理解しようとする．何か秩序があれば，そこには「正しさ」が，つまり，あるべき方法でそこにあるという感覚が存在する．展示を見ると，人は「いい感じだ」「うまくできている」，もしくは，「うまくできていない」などと言うが，これは，調和という漠然とした側面を言葉にしようとしているのだ．調和とは，かたちやバランス，尺度や比例，リズム，そして強調点の原理がうまく整い，展示の中のさまざまなモノや思考や感覚を統一しているということだ．これらの原理は，展示デザインをひとつにまとめる「糊」の役目を果たしている．

かたち

かたちとはモノの実体であり，空間にあるモノの形状である．かたちは，点，つまり，空間の中の1点に始まり，それをひきのばすと線になり，平面

展示会場内のかたちは，展示されるモノや思考の特徴を何らかのかたちで反映すべきである．モントレー湾水族館の"クラゲの惑星"展では，あざやかな色のクラゲの水槽の回りを壁がカーブを描き，波打っている．

になり，3次元の塊となる．展示はどんなかたちにもなり得るのだから，デザイナーはデザインが伝達する視覚的メッセージを意識しなければならない．デザインの優れた展示では，視覚的特質と機能的特質の間に関連が見られるものである．

展示で多く見られるのは，角張ったかたち（正方形，長方形，三角形）で，曲線からなるかたちは少ない．壁やケース，額縁に入った展示物，そして展示物につけられたラベルでさえ，正方形や長方形が主である．そして，こうしたかたちを許容しやすいように，たいていの展示は格子状にレイアウトされる．デザイナーの思考はしばしばこの格子に支配されており，その結果，展示デザインはフロアプラン上ではきっちりと整然と見えるのに，実際の展示空間は観覧者にとって心地よくないこともある．意識的に格子の呪縛をゆるめ，他のかたちを取り入れれば，人にエネルギーを与え，展示を生き生きとさせるような，おもしろい革新的なデザインがうまれるだろう．

バランス

バランスの原理は，モノとモノの重量の対照と，そのダイナミックな均衡から生まれる．展示デザインについて言えば，バランスとは通常，視覚的なバランス，つまり，モノの視覚的重量の釣り合いのことを言う．構成は安定して見えなければならない．バランスには一般的に3つのタイプがある．対称，つまり形式的バランス，次に非対称，つまり非形式的バランス，そして，放射，つまり中軸のまわりに規則的に並べることである．バランスという概念は，中間点あるいは中心を基準としている（天秤と同じように）．対称のバランスでは，中心線や軸の両側に鏡に映したように同一の要素が配置される．その結果，「形式的」バランスは，わかりやすく力強く，安定した視覚的秩序を与えることになる．

反面，非対称バランスとは，重量やサイズ，かたちなどの点で異なる形質のモノが，中心に対してそれぞれ異なる地点に配置されることである．対称

対称バランス　　　非対称バランス

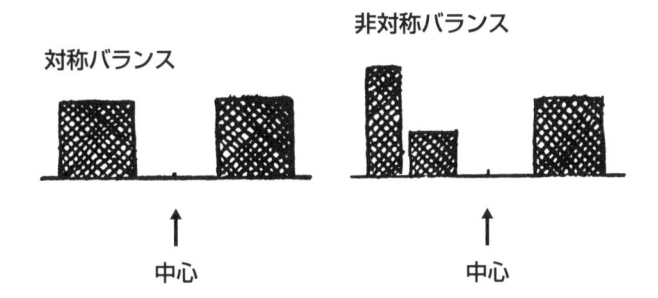

↑　　　　　　　↑
中心　　　　　　中心

バランスに比べると，非対称バランスは，よりおもしろくダイナミックな印象を与え，視覚的な重量感をより意識させる．非対称バランスは視覚的経験をより活発にする傾向にある．

尺度（スケール）

尺度とは，あるモノと他のモノの大きさの対比である．とても大きな空間の中に小さな展示ユニットやモノを置くと，ちっぽけで重要でなく見えるが，小さな空間にとても大きなユニットやモノがあると，狭く込み入って見える．これは尺度の問題であり，人の見当識を失わせたり不快にさせる可能性もあ

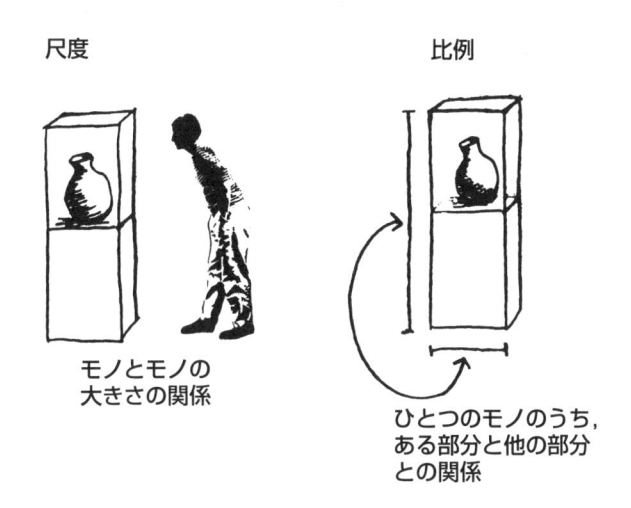

尺度　　　　　　比例

モノとモノの
大きさの関係

ひとつのモノのうち，
ある部分と他の部分
との関係

る．尺度をコントロールする方法はたくさんある．大きな部屋でも，展示ケースが尺度のなかだちとなれば，ケース内に展示物がひとつだけでも，ちょうどよく，つまり「快適」に見える．ケースが新たな空間をつくりだし，展示物に注意を集中させ，より強調するのだ．人は近くにあるもの同士をまとめてグループとみなし，こうしたグループ化が尺度の感覚に重要な役割を果たす．とても小さなモノでも，いくつかが一緒にグループ化されると，より大きなかたまりとして主張し，部屋の中の尺度を変える．照明，色，背景，台座もまた，モノの尺度感を媒介，変化させ，モノの相対的な大きさに均衡感やバランス感を与える．

比例（プロポーション）

　比例とは，ある部分と他の部分，もしくは全体との関係であり，観覧者が展示について感じる調和や秩序に影響を与える．例えば，頭でっかちで誰かがぶつかったら倒れそうな展示があったとすると，それは高さと幅の比例が問題である．人は歴史を通じて，比例を計画するシステムを開発してきた．ギリシア人たちは「黄金比」といわれるシステムを開発し，最も美しい長方形をつくる公式をあみだした．その結果生まれた「黄金の長方形」は，「完璧な」比例を計画する公式として，パルテノン神殿の建設者からル・コルビュジェのような近代建築家まで，何世紀にもわたってデザイナーたちに利用されてきた．この割合は，安定し，かつ活動的な感覚を人に与えている．

リズム

　リズムとは，関連する要素が繰り返すパターンで，視覚的構成の原理である．かたちや大きさ，質感や色，間隔（柱割り）などの要素に繰り返しを用いると，展示に視覚的統一感がうまれる．単純なリズムパターンとしては，同一要素を線にそって等間隔に置く方法がある．こうした方法はきわめて単調になりがちで多用は控えるべきだが，全体に繰り返しを用いると，前景と

なる要素に対して背景のパターン，つまり基調をつくりだすことができる．さまざまなモノや大きさ，色，かたちを用いて，繰り返しのリズム内で変化をつけると，よりおもしろく複雑な配置や強調点をつくることができる．繰り返し（構成の原理）と変化（興味を保つための要素）のバランスを保つことは，かなりむずかしい技である．

強調

デザインの中で，ある要素が目立ったり強調されると，人の注意はそこに集中し，その他の周辺要素に対する基準点となる．強調の原理は，展示デザインではとくに重要である．目立つ要素がなければ，デザインはおもしろみがなく単調になる．かといって，目立つ要素が多すぎて人の注意を奪いあうと，その展示は混沌として落ちつかないと感じるかもしれない．ある部分を強調し，目立たせる方法はいろいろある．全体の中での位置，周辺要素とのコントラスト（大きさ，かたち，色，質感），スポットライトなどである．展示のどの要素が強調されるかによって，観覧者の経験は大きく変化するだろう．

別の展示コーナーに接して　　　　　　　　よりオープンな空間で

巡回展"心理学−自分自身，そしてお互いを理解する"にて．"パターン・トーク"の展示コーナーは，2つの異なる配置で実施され，観覧者の行動パターンはかなり異なる結果を示した．別の展示コーナーと接して置かれた（強調に欠ける）場合は，よりオープンな空間に設置された場合と異なり，人が展示のまわりに集まることも互いに交流することもなかった．

雰囲気

　雰囲気とは，そこで繰り広げられるドラマに場面や文脈を設定し，展示デザインにおいては，文化や様式，気分や感情をよびおこす「劇場」である．雰囲気によって，人は南アメリカの熱帯雨林や，アールデコの時代，うす暗い霊廟，サーカスのような電飾でいっぱいの環境へも行くことができる．人はあらゆる感覚を用いて雰囲気を吸収するので，デザイナーは，展示の中でかなりの程度，これらの感覚に語りかけることができる．壁や備品，展示物や照明，音，色，におい，そして空気の温度さえも含めて，デザイナーはその組み合わせを操作し，展示ストーリーを語る力のある場面をつくりだすことができるのだ．観覧者は展示物に触れることはできないかもしれないが，その足は展示室の床に触れている．人は展示物を食し味わうことはできないだろうが，木や革，いぶしたカゴ，それにプラスチックのにおいをかぐことはできる．雰囲気は，展示経験を変容させ，観覧者は日常の忙しい物事をしばらく忘れて，その場や時間につつまれることができるのだ（ある意味，タイムマシーンのように）．

歩調

　歩調の原理とは，観覧者の展示場内での移動や展示との関わりについて考えることである．刺激過多や疲労の原因となる場面を回避するように配慮しつつ，観覧者の意思決定や選択に影響を与える要素を考慮すれば，デザインによって，人が展示の中を移動する速度をある程度はコントロールすることができる．

誘引力

　意識しようがしまいが，展示場の入口に近づいたとき，人はたくさんの意思決定をしている．展示会にとって最も重大なのは，入るか，それとも，通りすぎるかという選択である．展示場に入るか入らないかは，入口に近づくずっと前に決められていることもある（もし，その展示会を見るために博物館へやってきたのであれば）．しかしデザイナーは，人が展示場に入るものだと決めつけてはならない．展示会について告知し，中に人を招き入れる方法を考えるべきである．サインや入口がいったん人を引き込んでしまえば，あとは展示会の雰囲気がそこにとどまるべきか否かを決めさせることになる．

入口とオリエンテーション

　展示場の入口は，そこがどんな場所であるかを示し，気分や調子を決定し，興味や不思議さをかもしだし，中に何があるのかと知りたい気持ちにさせることができる．人が通りぬける門をつくると，入口が強調され，まるで旅に出発するかのようになる．「入口」の概念に関する哲学を発展させてきた文化は多く，それは展示デザインにも応用できる．例えば日本では，入口は常に建物の外と内の間の橋渡し的，中間的な場所で，通常3つの要素から成る．正式な入口，縁側，そして，さまざまな衝立や間仕切りの類いで，これらが内部と外部をつなぐ．こうした中間的空間は，照明が暗い展示で，目を暗さにならす時間と場所を要する場合にとくに適するだろう．また，中間的空間によってメイン展示を人の視野から隠し，視覚的な驚きを与えることもできる．

　フランスの建築家ポール・ジャック・グリロは，入口に関する2つの異なった文化的態度を挙げている．つまり，西洋の「内と外の交差点に最多の人が近づけるように，誘引してアクセスを広げること」と，東洋の「入場の儀式（イニシエーション）を通じて小人数のみが内部の聖所へ入ることを許され，その他大勢は神聖な地点から安全な距離をもって離れ，アクセスを制限

されること」である[109]．この「誘引」アプローチはたくさんの人々を引き入れるようなアーケード・スタイルの展示に利用できるかもしれない．また，「イニシエーション」アプローチは，入場を制限したり，人をある程度まとめて中へ送り出すような展示に適した方法かもしれない．

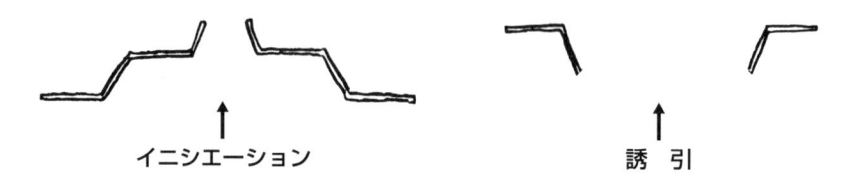

↑イニシエーション　　　↑誘　引

展示場に入ると，人はどうするかを決めるためにまず入口で立ち止まることが多い．展示場内では，説明パネルや「ティーザー」ケース（最初に展示物の一部を見せて観覧者の興味をそそる方法），「先行オーガナイザー」のあるオリエンテーション・エリアが，展示のレイアウトや情報構成を予期させ，何についての展示であるかを理解する手助けをしてくれる[110]．人は自分がどこに向かっているかを理解し，自分が身をおいている環境での方位を定める必要があるので，オリエンテーション・エリアや展示構成を整理してくれる要素があると，展示はより分かりやすく，心地よいものになる．大規模で複雑な展示会の場合は，オリエンテーション・エリアを用意して「メニュー」やフロアプラン，マップを提供すれば，どの道を通り展示会のどの部分に焦点を当てるかを，観覧者が決める手助けとなる．展示が特定の順序でデザインされている場合は，最初にそのことを示すことによって，順序通りに見たいと望む観覧者に順序を説明できる．

人の流れのプランニング

人の流れ，つまり，人が空間内をどう移動するかは，理想を言えば，柔軟に選択の余地があるようにデザインするべきである．というのも，いくら特定の流れを意識してデザインしても，人は行きたいところに行きたいときに

行くからだ．しかし，展示場での人の流れは，空間や壁，展示什器，出入り口の配置にある程度は影響される．研究によれば，展示場に入ると右方向へ行く人が多く，入口から出口まで，展示場内を一直線に通る人がほとんどだという[111]．しかし，これは決して決まった法則ではない（唯一の法則は，人の行動は展示プランナーたちを驚かせるということだ）．

毎日何千もの人を受け入れるアトラクションや博物館では，人の流れの計画が，展示デザインにおいて最重要要素となりうる．ディズニーには工業技師を集めた部署があり，コンピュータ・プログラムを用いて施設内の人の動きを計画している．また，博物館や史跡，水族館の中にも，展示やプログラム計画の際にこうした専門家をつかうところもある．

展示のレイアウトがまずいと，人の流れが妨げられたり，不快なまでに混雑したり，混乱して自分の位置が分からなくなったり，興味を失ってしまったりする．こうしたことを防ぐには，それぞれの展示要素の間に適切な空間をとったり，メイン通路に沿って興味を引くようなメイン展示を配置するとよい．出口は，無意識ながらも人をひきつける力をもつので，入口から見たときに出口が一部隠れるようにデザインすると，その吸引力を減少させることができる．

時に，怠慢の結果として通路ができてしまうことがある．デザイナーが壁や什器の配置に集中し，残った何もないところが通路になるのだ．しかし通路とは，道路と同様に人の動きにとってダイナミックな経路で，「活動的な」場所と見なされるべきである．人はまっすぐに固定したラインの上を歩くわけでも直角にまがるわけでもない．それどころか，グリロが「スラローム」とよんだように，カーブを描いて歩き，動くのである．展示の通路をデザインする際には，このことを考慮しなければならない[112]．通路には2つのタイプがある．ひとつの点から次の点へと導くタイプ，そして，出発点へと戻るタイプである．通常，これらの通路は，格子上（水平と垂直の軸に沿った点），もしくは，同心円状（中心の周りの点）にレイアウトされる．

多くの展示が直線的なストーリーに基づいており，デザインもそのようになっているが，一般的に人は空間の中を一直線には動かない．観覧者に道順を指示するよりも，彼らに発見の場を提供すべきだと主張する者もいる．アルバート・パーはこのタイプの空間を荒野にたとえている．そこでは楽しい刺激が豊富で，好きなように探求するように人々を招いている．彼が言うには，我々は，展示室という風景の中を通る道について幅広い選択肢を用意し，観覧者の好奇心や彼ら各々の順序感を刺激しなければならないのだ[113]．

フランク・オッペンハイマーも，展示を同じように考えていた．エクスプロラトリアムについて彼は，「観光のための場所であり，驚きに満ちた自然現象の森である」[114]と述べている．

動線パターン

動線パターンは展示によって本当にさまざまだが，多くは次に挙げるタイプに基づいている．

強制－このタイプはシンプルで，展示場内でどの方向へ進むか，観覧者にほとんど選択肢を与えない．ボルチモア水族館のデザインは，強制プランに基づいている．観覧者は施設全体を通じて一方向へ動く．強制動線によく見られる問題点は，混雑時に観覧者が「群れている」感じを持ち，動線上にある冒険よりも，動線の終点にたどりつくことに興味を持ってしまうかもしれないことだ．合衆国ホロコースト記念博物館の新しい常設展では，強制動線を極端なまでに取り入れている．4階からはじまって，観覧者は3階まで35,000平方フィートの展示スペースを「強制行進」して進むのである[115]．

オープン－オープンプランは，すべての展示物や展示を一度に見てもらいたい場合に効果的である．伝統的な絵画展示室のような，絵画や展示物が部屋の周囲に沿って展示されたものはオープンプランの例である．このプランの欠点として考えられるのは，発見する感覚の欠如と圧倒感である．たいて

強制プラン　　　　　　オープンプラン

放射プラン　　　　　　ランダムプラン

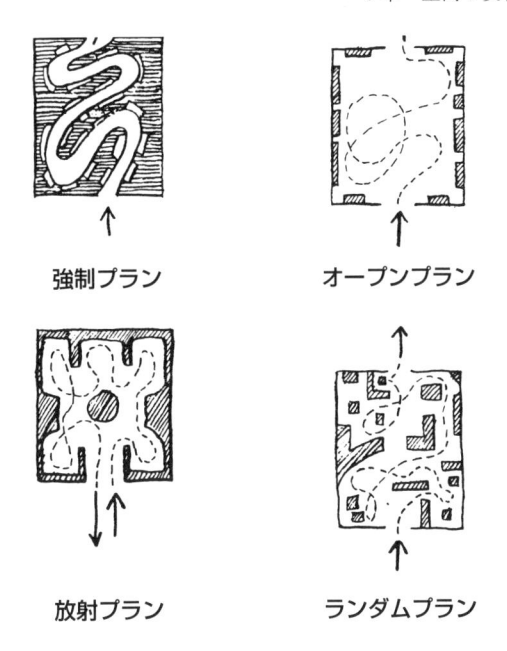

いの人は，展示要素の間に関連性を見出し，配置の意味を理解したいと望むのだ．

放射－このプランでは，観覧者は中心から外へ向かって探求に出向き，また中心にもどってくる．この方法を用いると，展示をテーマ別に明確に分けつつ，中心にそれらを統合する焦点を設けることができる．

ランダム－ランダムプランはより有機的で強制力がなく，どの方向へ向かうかは観覧者の任意選択にまかされている．時とともに出来あがっていった獣道や中世の村は，ランダムプランの例である．展示レイアウトの方法としてはおもしろいもので，展示が群をつくりながら，それぞれの群が独自の焦点を持ちうる．エクスプロラトリアムはランダムプランの例であり，大きな展示ホール内に展示が群をつくって配置されている．

ひとつの展示会の中で複数のプランを組み合わせれば，とてもおもしろく柔軟性に富んだものになるだろう．大きな展示会は，さらに小さな展示エリ

アに分割されることも多いが，これらのプランの中のどれかを用いている．

人の流れを計画する際には，建築法規やアクセスのしやすさにも配慮しなければならない．ドアの広さ，部屋の出口の数，出口サインや消火栓が見えるかどうかは，建築法や消防法で厳格に規制される項目である．さらに，障害を持つ人のアクセスに関して地域や国が設ける基準など，博物館には従うべき倫理的，法的要素がある．こうした要素を，デザイナーの創造力をはばむブロックだと考えてはならない．実際，これらによって展示はあらゆる人がアクセスできるものになる．適切な通路，明確に示された出口は，心理的にも物理的にも必要なことなのだ．

人を導く

デザインは，人が展示場内を動く速度にも影響を与える．渋滞がおこりそうな場所では止まらずに通りぬけてほしいとデザイナーは願い，そのエリアには注意をそらすようなものはほとんど置かないだろう．人が滞留できる場所には，イスのようなシンプルなものを置けば，そこにしばらく留まってもよいというサインになる．デザイン以外にも，多くの予期せぬ要素が人の流れに影響を与える．部屋の温度，見学に費やせる時間，展示室にいる人の数，そして，人の注意を引きそうな他のプログラムなどである．

● 視線（サイトライン）

展示のフロアプランを計画する際，空間の中で人を引き付けていくためには，デザイナーは目立つように強調した「ホットスポット」やアイキャッチャーを戦略的に配置しなければならない．強調の方法には，照明を劇的にする，風景や窓をつくって人が展示要素を見る枠をつくりだすなどがある．強調したいエリアへの視線（サイトライン）をつくると，次のエリアへの視覚的誘引となり，人が空間を移動

する間にも注意を留めることができる．角を曲がる，ほどよい驚きを与えるなどの経験は，興味や楽しみをつくりだすことにもなる．

● 順路サインとシンボル

　展示順路を示す必要がある場合もある．サイン（「順路」と書いた矢印など）は順路を示す最も明瞭な方法だが，使用は控えめにし，デザインは分かりやすくなければならない．デザイナーは順路サインに頼るべきではないのだ．というのも，順路サインが有効に作用するには，人がそれに意識的に注意を払い理解する必要があるからだ（警報付き非常ドアがある施設の者なら，そのドアについている「開けるな！開けると警報がなります」というサインに来館者がほとんど気付いていないと証言できるだろう）．サインとは，視線やアイキャッチャーなどの潜在的な方法ほど効果を発揮しないものなのだ．

　床に順路を示すのも，空間内での順路を示す方法のひとつである．病院や政府建物，そして学校の多くでは床に色の帯が描かれているが，これらは方向指示に色を用いた例である．この帯に従って進めば目的の場所に着けるのだ．ワシントン国立動物園では，色別の動物の足跡を順路指示に用いている．床にペイントされた足形はおそらくだれもが見たことがあるだろうが，この手法を最初に用いたのはハーバート・ベイヤーで，1938 年にニューヨーク近代美術館で開かれた"バウハウス 1919-1928"展である．デザイナーの中には，床の帯と同じように足形を用いるものがいるが，足形が観覧者の流れを導くだけの力を持つサインになるかどうかは疑わしい．

● 配置

　フロアプランが決まり，強調すべき展示物をそのプランの中に配置したら，その他の展示物や展示装置を整理しグループ化する．この際，中心的な位置が強調点や安定感を伝えるように気をつける．プランナーは，何を一緒にグループ化し，どれを単体で展示するかを決めなければならない．展示物や展示要素は種類やかたちに応じて整理できるが，比例や尺度も考慮すべき重要な点である．アルンハイムはどんなモノもその周りの空間を変化させると言

っている.「いくつかのモノが互いの射程内に置かれれば,それらは互いに反応しあい,一緒になって空間全体の秩序をつくることになる」[116].

　腕のいいデザイナーは,環境における物理的要素だけでなく,何もないネガティブ空間もうまく扱う.何もない空間は人の目を休ませ,刺激過多や疲労を防ぐので,何もない空間をデザインとして取り込むことも重要である.目立つ空間と目立たない空間が入り混じると,ダイナミックな緊張感が生まれ,空間が生き生きとしてくる.展示は3次元で,一方向からだけでなくさまざまな角度から見られるため,あらゆる見え方を考慮しなければならない.

● 量と密度

　どれくらいの量の展示物がふさわしいかについては,多くの考え方がある.ひとつの部屋にひとつの展示物を劇的に展示すると,空間を視覚的に「占領する」ことがある.反対に,デザイン技術と展示物の性質がうまくあえば,何千もの展示物をひとつの部屋に置いても効果的な展示になる.研究によれば,人は少ない展示物を見るよりもたくさんの展示物を見る方を好み,たくさんの刺激の中を通りぬけながら自分で発見することを喜ぶという.しかし,あまりに展示物が多すぎると刺激過多になり興味を失ってしまう.ちょうどよいバランスをつくりだすことが必要だ[117].

空間を決める構造物

　展示はいくつもの物理的構造物からなり,それらが空間の使い方や展示物の配置の方法を設定する.壁やパネルや什器(空間を決定する最も基本的な構造物)は,たいていの展示で何らかの方法で用いられている.

壁とパネル

　ほとんどの展示場は壁で囲われている.壁は展示スペースを決定し,デザインを包含する器をつくる.展示場の外周となる壁面は,展示の焦点を感じ

させるために必要である．壁面は展示場のかたちを決定する要素とみなされることが多いが，現存する壁がデザイナーが配置を決定するのを制限するとは限らない．内部にさらに壁を追加することによって展示空間を再構成し，新たな人の流れをつくることもできる．構造的に可能であれば，壁を切って開放部をつくり，ケースを埋めこんだり窓としてもよい．また，端を飛び出させたりカーブさせることによって，展示空間を劇的に変えることができる．壁面は，展示用の囲いや空間をつくるほかに，視覚を休めるのに必要な空白の空間をつくりだすこともできる．パネルは，通常持ち運びができる，より小さいもののことを言うが，グラフィックやテキスト，展示物を入れ込むこともできる．また，空間の輪郭をつくったり新たな空間をかたちづくることもできる．

　展示がひらけた部屋にあって，他に人の注意を引きそうな展示や建物のサインがある場合，観覧者は集中できずに混乱するかもしれない．最近，新設博物館の建物はオープンプランを採用するところが多い（仕切り壁のない，オープンスペースからなる大きな展示室から成る）．こうしたオープンプランは多くの科学館で成功を収めている．展示のあいだを自由に行き来することが助長されるからだ．しかし，ストーリーのある展示や環境の操作が必要な展示では，オープンプランは問題がある．照明や温度や湿度，そして人の流れを何かしらの方法で制御しなければならないこともあり，そのためには，空間は閉じていなければならないのだ．

展示什器とその他の構造物

　展示什器やその他の構造物は（台座やテーブル，ステーションや歩道，柱やレール，椅子やカウンターなど）すべて，建築空間とその中にいる人との間を媒介する．什器はアクセスしやすく，快適で，展示を利用する人々の幅広い身体的要求に応じるようにデザインされるべきである．展示によっては細かい構造物がほとんど必要ない場合もあるが，装置や可動部分があるイン

タラクティブ展示などは，モックアップをつくって，製作に入る前に数回デザインを検証する必要があるかもしれない[118]．

　展示ケースの主な機能は展示物の保護であるが，それ自体が空間を決定し構成するものでもある．ケースのデザインには無限のスタイルがあり，展示の中心として目立つものもあるし，壁面やパネルに組みこまれていて気付かないようなものもある．展示のテーマにあうようにデザインされることもあり，ある時代の家具調だったり，特定のデザイン様式を強調したり，その土地特有の素材をつかったりもできる．ある意味，ケースは小さな環境であり，その中でさまざまなモノや質感や色が相互作用する．一般的な法則を言えば，ケース内には少なくともひとつの焦点，つまり，目を引くように強調したモノを（ひとつであれ，グループ化したものであれ）つくるべきである．ケースをデザインする際には，それが中のモノに対して物理的，心理的なバリアとならないように注意すべきである．決して，中に入れた展示物と競合したりそれ以上の力を示してはならない．

空間と文化

　人が自分のまわりの空間をどう認知するかは，文化的伝統や年齢，人種や性別，そして個人的好みに大いに影響される．ある文化では制限が多く混雑していると感じる状況も，別の文化では居心地良く感じるかもしれない．公共空間のデザインに応用できるような，決まった手っ取り早い法則はないのだ．エドワード T. ホールは，常に万人に対応することはおそらく不可能なので，あれやこれやを少しずつとり入れることによって多様な人々に対応したデザインをするべきであると述べている．ホールの「近接学」や「文化を詳述するものとしての人の空間利用に関する相関的な観察と理論」は，公共空間のデザイナーにこれらの事項についての概観を示してくれる[119]．

　環境心理学者のアニタ・ルイ・オールズは，心理的，生理的調和は4つの

要素のバランスであると述べている．つまり，動き，快適さ，能力，そして制御である．ひとつの要素が制限されるときは他の要素が大きくならなくてはならない．

　博物館という環境では，例えば，動きが制限されたり，なじみのないモノと出会ったり，他者との距離を制御できないなど，多くの制限が一度に起こるため，快適さの要素はとくに重要で，展示デザインの実践においてもっともっと注意が払われる必要がある．しかし，これら4つの要素がみなうまくバランスがとれて，観覧者や展示による制限や過剰の極限状態を補完しあえれば，博物館は本当に活力のある場所となり，人々はリフレッシュし，生き生きとした気持ちで博物館を後にすることになるだろう[120]．

10章 外観——色，質感，グラフィック，素材

> モノを見るということは，モノに手を伸ばしていることだ．私たちは，透明の指とともに周りの空間を動きまわり，離れた場所に行ってモノを見つけ，それらに触り，捕まえ，表面を調べ，縁をなぞり，質感を探るのである．
> ——ルドルフ・アルンハイム　『視覚的思考』

課題：外観のデザインによって展示テーマを強化する

　世界はすべて「外観」に覆われ，それによって私たちの感覚は豊かに刺激を受ける．色，質感（テクスチャー），グラフィック，そして仕上げに使われる素材，これらすべてが，展示空間の環境のムードと雰囲気に大きな影響を与える．そして，モノの外観を自由に操れることこそ，デザイナーの強みなのである．ある意味で，これら外観を表す項目は，調和よく編成された全体をつくりだす絵の具パレットのようなものである．展示のコンセプトを手がかりに，前後の関連性や内容が分かりやすい最善の展示を創り出すべく，表面の処理をするのである．

色

　展示開発の第1段階で，人はよく色の議論をしたがる．そして，展示デザインの勉強を始め

たばかりの学生も，デザイン・プロジェクトやエッセイの題材を選ぶときに，色に関連した内容を選ぶことが多い．人がデザインのことを考えるときに，なぜそれほどまでに色が密接に関係してくるのだろうか．展示デザイナーが色を強調するのは，かつて，博物館デザイナーの主な仕事が壁面の塗料の色を選ぶなどの室内装飾であった頃の名残かもしれない．しかしそれよりも，色というものが，デザインされた環境の他のすべての面に影響を及ぼす強力な要素だからこそ人は色に注目する，ということだろう．

　展示の中で，色はさまざまな方法で使われる．文化的な文脈を創り出す主要な要素として使われたり，重要な構成部分や情報を強調し目立たせるために用いられる．また，部分やモノの補足的な背景として使われることもある．色は，デザイン上の特定の問題を解決するためにも使われる．照明を暗めに設定しなくてはいけない場合，展示物が同じような大きさと色で区別しにくい場合，展示素材が少し生気がなく見える場合など，色を使うことでこれらの問題のある状況が変容する．上手に選べば，色は展示要素に統一感を持たせ，展示室の雰囲気をよくする．しかし一方で，恣意的な選び方をすれば，展示に混乱と不協和音をもたらす．例えば，デザイナー初心者は，テーマエリアごとに色を分けて情報を系統立てようとすることが多い．しかし，エリアごとの色の違いがよほど劇的で明確でなければ，利用者は色とその色が持つ意味に気づかないだろう．そして，素材のコンセプト構成が本質的に混乱していると，色をどのように用いても問題は解決できない．展示デザイナーは，色の理論や，色が人に及ぼす視覚的，象徴的，心理的効果について熟知するべきである．

視覚効果

　色は，知覚の鮮明さや視覚的な鋭敏さに影響を及ぼす．人は，比較とコントラストによって色を認識する．色は相対的な性質を持ち，並べると互いに影響を与えあうので，違う色を隣に配置することで両方の色の見え方が変わ

ってくる．もしも色同士の「明暗」（相対的な暗さや明るさ）が近ければ，互いに作用しあって境目が見えにくくなる．たとえ色自体が異なっていても，前面に展示するモノの色と背景の色とは，明暗が異なるようにしないと，展示物が背景にとけこんでしまう．古いバイオリンについての展示の例で，デザイナーがバイオリンと同じような暖色系のやまぶき色で展示室を統一し，そこに鉄さび色の布をつかった木製の棚が並べられた．展示室に入った最初の印象は，とても豊かで印象的だった．しかし，多くの観覧者がケースの上にかぶさって目を細めて凝視するという，異様な方法で展示を観覧していた．近くでよく観察すると，背景の色彩や明暗があまりにも展示物の色と近すぎて，肝心の楽器がほとんど見えなかったのである．

　反対に，もしも2色の明暗が大きく異なっていて，一方がとても明るく他方がとても暗い場合，コントラストが大きく境目がとても分かりやすくなる．視覚になんらかの障害を持っている人々には，白地に黒い文字のようにコントラストが大きい方が読みやすい．また，人の視覚に影響を与える付加的な要素として，光の強さがある．例えば，もし白い背景の前に黒い展示物があり，背景にとても強い光が当たっているとすると，展示物の表面のこまかな細工は見えなくなるだろう（光の強さについては次の章でさらに詳しく述べる）．

　色は空間認識にも影響を及ぼし，環境をデザインする場合，色の使い方次第で，空間の奥行きがあるようにも，ないようにも見える．光をピンクや黄色のような暖色と組み合わせるとその部分が迫って見え，反対に紫や青，黒などの寒色と組み合わせると後退するように見える．最も遠い壁に寒色を配置すると，その壁はさらに遠くにあるように見えて距離感が増すが，最も近いところにある壁に暖色を配置すると，壁がより近くにくるように見える．さらに色は，ものの視覚的な重量感にも影響をあたえ，使い方によって周りのモノより軽そうに見せたり重そうに見せたりもする[121]．

連想（関連づけ）

　色は，場所やモノ，感覚についての連想を我々の心に呼び起こす．夜の闇のような黒，雪のような白，消防車の赤，川の青，レモンやバナナの黄色，といったように，色とその色に関連する物のイメージは，密接に結びついている．こういった関連性は，世界にひろく共通のもの（自然や神話に由来する）や，文化によって違うもの，個人的なものなどさまざまである．このような関連性が，人が色を認識するときに作用する．

　文化的な象徴には，色に関する情報が豊かに含まれており，デザイナーは背景や場所の感覚を創り出すのにそれをよく利用する．1985年にスミソニアン自然史博物館で開催された，"アディティ—生命の儀式"という展示会の例を紹介しよう．この展示会では，東インドにおける祭礼と，出産や誕生日，結婚や妊娠の儀式に関する展示物が，赤い泥壁とタイルで構成された土っぽい空間に展示されていた（インドでは，赤色は肥沃さの象徴である）．強烈な色は，展示物とそれを見る人々を，ひとつの空間に包み込む役目を果たした．

色と感情

　色は，我々の心理学的な満足感に大きな影響を与える．アーティストで色彩学者でもあるヨハネス・イッテンは，この点について劇的に物語る出来事を挙げている．その実験は，ある夕食会のホストによって行われた．空腹のゲストが食事のテーブルに着くと，彼は部屋の照明を赤色に変えた．緑の野菜が黒くなりジャガイモが鮮やかな赤になると，一瞬前には食欲をそそったご馳走が奇妙でげっそりする姿になった．次に照明が青に変わると，今度は肉とジャガイモがグレーになり，客の何人かは席を立ってしまった．白色の照明が戻ってきて，ようやく人々の食欲も回復したのである[122]．

　色は，感情を表現するのにも用いられる．たとえば「怒りで赤くなる」「憂鬱でブルーな気分」「恐怖で青ざめる」などは，色と感情を結びつけた表現

である.逆に,色は感情に影響も及ぼす.ある人にとって好ましい色も,他の人には目障りだったり味気なく感じるかもしれない.色の認識は大変主観的なものであるが,ひとつ言えるのは,色については明確で決まったルールはないということ.地域の歴史についての展示づくりに関わったあるデザイナーは,展示壁を緑にするべきでないと,断固として言い張った.彼が言うには,緑は人々の顔色を悪く見せ,気分を悪くさせるということだった.控えめに見ても,色についてのこのような大ざっぱで乱暴なコメントは広く適用できるものではない.緑は,自然の中の生命力のシンボルのような色なので,活力や成長の感覚を増進するだろう.最近では,緑色は「環境にやさしい」という意味を持つようになってきた.しかし,病院や学校で見境なく用いられる「制度的な緑」は,ひどく単調で憂鬱なので人々をうんざりさせるだろう.色の使い方は,状況や環境によってさまざまである.科学者がどれほど色について研究したところで,色の認識の本質は主観的で個人的な経験のままであるということを,イッテンは私たちに気づかせてくれる.

　色の効果は,見る側の目次第である.しかし,色の効果の最も深い真実は,実は色は目に見えるのではなく,心によってのみ見ることができるということである[123].

質感(テクスチャー)

　博物館の環境によっては,触覚による体験は制限されるが,人は周りにある物の手ざわりの質感や表面に反応する.つまり,目で見るのと同じように「指で見る」のである.この触覚的な目については,文化人類学者であるエドワード T. ホールが,その著書『かくれた次元』の中で次のように述べている.「手ざわり(テクスチャー)というものは,ほとんど感覚のみによって評価され味わわれるものである.たとえそれが視覚的に提示された場合でも,これにかわりはない.わずかの例外は別として,われわれが手ざわり

を味わうことができるのは、触覚的体験の記憶によるものである。これまでのところ、手ざわりの重要性に多くの注意を払った設計家はごくわずかしかおらず、建築の中に手ざわりをとりこむことなど、まったく偶然で破格のことでしかなかった」[124]。

カリフォルニア科学アカデミーの"時をかける生命"展示室の導入部では、化石が埋まった地層断面の壁が素晴らしい質感を与えている。

材質感は、展示資料を配置する環境や文脈を創り出す劇的な方法である。また、展示の表面の触覚的な質感（粗い、磨かれた、ガラス状の、こぶがあ

る，やわらかい，つやつやした，など）は，観覧者の体験に新たな感覚を重ねることができる．たとえ，展示物に触れることができなくても，デザイナーはほんの簡単な触覚的な機会を提供することで，展示経験を強化できる．展示の維持をするわれわれには，どうせ展示のあらゆるところが触られることが分かっているのだから，この避けられない行動を反対に利用してはどうだろうか．例えば，手すりを展示の雰囲気に寄与するような材質でつくるなどである．床や椅子，入り口のパネルや，ドアのハンドルにでも，触覚的な体験を提示することができるだろう．小さな工夫が思わぬ大きな効果をもたらすこともあるのだ．

外観加工の手法としてのグラフィック

　グラフィックは情報を伝達するだけのものではなく，ある色調を伝えたり，時間や場所の感覚を創り出したり，装飾になったり，表面にパターンや質感も与える．例えば，古めかしい活字や古いエッチング，セピア色の写真などは歴史や過去という感覚を伝え，現代的な活字やはっきりした色合いの写真は今風の色調をもたらす．文章，写真，イラスト，図や表など2次元的なグラフィックは，見る人に多様さを感じさせたり，集中させたり，見るペースを変えたりする効果がある．言葉や文章の主要な機能は情報を伝達することだが，一方でこれらは展示場の視覚的な環境を豊かにする要素としても考えられる．

　拡大されたパターン，イメージ，写真や文字など（「スーパー・グラフィック」と呼ばれる）は，情報を伝え，装飾の機能も持ち，雰囲気をつくりだす．グラフィックは，壁，展示ケース，床，垂れ幕，什器，パネルなど，ほとんどの表面に加工して付けることがで

きる．手の込んだものとして，ステンシルやシルクスクリーンを使ったデザインは，装飾的な要素を強め，文化的モチーフを拡大したり，退屈で単調な展示を活気づかせる．多様性を持たせるためのオプションは，無数にあると言ってよい．文字やグラフィックは，何も2次元である必要はない．文字のカットアウトなども，うまく使えば平坦な面に3次元的な起伏を与える．表やグラフなども，観覧者を迷わせずに意図した情報を伝達することが確認されれば，3次元の形にすることができる．

「スース」らしい形を大きくして展示室に立てたりグラフィックに使うことで，元は紙の上に描かれていたイラストを3次元で表現したり，キャラクター化することができる．サンディエゴ美術館が制作した巡回展"ドクター・スースのすべて"より．

素材

すべての展示デザイナーが知りたいことと言えば，素材についてだろう．新素材が毎日登場し，一般にデザイナーはそれらを熱心に追いかける．展示デザイナーにとって究極の素材とは，軽量で扱いやすく，伸縮性があり耐久

性に優れ，塗料や染料との相性がよく，接着もしやすいが，ほこりや汚れに強いものである．さらに，毒性がなく安全で，不活性物質でできていて化学的にも安定し，しかも手に入りやすいものが望ましい．

　素材を革新的に使用することで，展示が新鮮で活気のあるプレゼンテーションを創り出すきっかけが生まれる．表面の素材の選択には，新たに入手可能になった製品についての知識が欠かせない．これらの素材は，とくにディスプレイ用の製品である必要はなく，まさにただ変わっているという理由だけで面白く使えることもある．例えば，梱包用の素材は，通常安価で入手が簡単だが，ディスプレイの中にとても劇的に使用されてきた．1970年代後半に，ジョーン・クロンとスザンヌ・スレシンらの著書『ハイテク—家の内装のための工業デザインとその活用集』で紹介されると，工業的な素材がインテリア・デザインのマーケットの主流に入り込んできた．それから何年もたった今では，建築業界はディスプレイ素材の宝庫であり，コンクリート形成用のボードや，プラスチックのパイプ，金属製の波板などは，展示での利用に適している．

　開催期間が短い展示では，新しい素材を試すことができる．ある素材の強度が長期間の展示に耐えられないと判明した場合，短期の展示では使えるかもしれないが，デザイナーは常設展示では使わないだろう．ディスプレイ用の素材を選択する決定的な要因は，様式が展示に適切であること，強度と耐久性，入手の容易さ，環境基準への適応などである．

　しかし，公共空間のデザインでは，未テスト素材の使用には注意が必要である．素材が何でできているか，どうやって使うものか，特定の状況下でどのような反応を示すか，などを知っておくのは重要なことだ．工業デザイナーであるヘンリー・ドレイファスは，彼自身の素材に関する悪夢のような体験を語っている．「ニューヨークの世界博覧会の仕事で，私たちは2年間使う展示場の建物を造るように言われたので，耐久性があり塗料の塗り直しやメンテナンスが楽な素材を考えた．そこで，丈夫で破壊されにくいゴムのシ

スミソニアン研究所の実験ギャラリーで開催された "最下層階級の礼儀作法" というインタラクティブな展示会では，デザイナーは安価な素材（木材，厚紙，電球など）を用いて展示室の環境や電動パペットを製作した．展示会のテーマは，貧困とホームレスであった．

ートで，何本もの柱を覆うことにした．しばらくして，そのゴムの表面に奇妙なシミができたことに気づいた．その博覧会場はかつてのゴミ捨て場の上に建てられていて，なんと，地下にあるゴミが分解する際に発生するガスがゴムに作用していたのだ．状況を受けとめる以外，何もすることができなか

った.結局ゴムのシートは,2年の間毎日水で洗われることになったのである」[125].

　博物館の関係者が,健全な環境の実現に対して組織としての責任を自覚するようになるにつれて,廃棄する段階までも考慮して,展示に使用する素材を探すようになってきている.展示が終了した後の再利用の可能性や,製作したものが環境に対して与える影響について考えるようになったのだ.早くも1960年に,エンジニアのモリス・アシモウによるデザインプロセスのモデルには,製品の「引退」が含まれていた.素材や製品が使用されたあとの廃棄方法への考慮を,このデザインプロセスに含めることで,彼はデザイナーは自分が生み出す製品に責任があることを述べた.つまり,環境に配慮することは新しい考え方ではないが,ごく最近まで重要視されていなかったのだ.

　デザイナーによっては,毒性のないインクや再生紙,時にはリサイクル素材の展示製作資材など,「環境にやさしい」材料の使用を試すこともある.今では「環境に配慮したデザイン」というのが世界中のデザイン雑誌や会議の話題となり,それを率先して実践しているのはヨーロッパのデザイナーたちである.1990年にウィーンで開催された中央ヨーロッパ・デザイン会議では,12の大会終了勧告のうち3つが環境に関するものであった.

- 学校制度においては,デザインへの認識を促すために,デザインと環境に関する項目を教育カリキュラムの中に組み込むべきである.
- 将来,デザインに対する社会的な関心は高まるだろう.人間が創り出す環境への自由で安全なアクセスこそ,目指すべき主な目的である.
- デザインは環境保全の焦点であり,エコロジーの基本的かつ複合的な道具と考えることが,現在,そして未来の環境で必要である[126].

　デザイナーには,製品に使われる素材に対して少なくとも部分的な責任が

あるので，環境に責任がとれる方法でデザインをする力と義務が生じる．しかし，「環境的な責任」についてはまだ議論の余地がある．「環境にやさしい」とうたった製品の中には，必ずしも環境的に健全ではないものが数多くある．1992年にオランダのアムステルダムで開催された，第1回目のヨーロッパ環境デザイン会議では，素材の利点や製品開発のプロセスを評価するのに役立つ，ライフサイクル分析基準ガイドラインの策定に議論が集中した．いつの日か，あらゆる素材やプロセスについて，デザイナーが「環境指標」について診断をしたり，「環境負荷的価値」を評価できるようになることを願う．そうすれば，デザイナーは資源やエネルギーの消費，指定する素材や生産に必要となるプロセスの環境への影響を見極めることができるようになるだろう[127]．現在でも，ほとんどの生産者は，自らが製作する素材について詳細な情報を提供することが，法律で定められている．しかし，輸入された材料や公共空間での使用を想定していない素材について，物理的な特性を裁定するのはむずかしい．特殊な素材について特性や特徴を知りたいときや，展示デザイナーや施工者に情報源を指示する場合は，米国標準技術研究所に相談するとよい[128]．

11章 光で導く

光は，室内空間に命を吹き込む主要なものである．光なしには，目に見えるかたちや，色，あるいはテクスチャー，そして空間を取り囲むものも存在しない．したがって，照明デザインの第1の機能は，室内環境のかたちと空間を照らし出すことにあり，使う人に活動力をつけさせ，適切なスピード，正確さと快適性をともなって仕事ができるようにすることにある．
　　　　　－フランシス D. K. チン　『インテリアデザイン』

課題：人が光にどう反応するかを理解し，展示をよくするためにそれを利用する

　展示照明はモノを見えるようにし，また，雰囲気もつくりだす重要な要素でありながら，展示デザインの際にあまり考慮されない要素でもある．これは，博物館の照明が非常に特化した専門分野で，照明の種類やその視覚的効果，利用可能な照明システム，照明の制御や操作に関する特殊技術などの知識を要するからだろう．たいていの博物館ではスタッフに照明デザイナーがいないため，展示照明のデザインや設置，保守は，展示デザイナーや技術者に頼らざるをえない．よって，展示デザイナーは少なくとも，照明が観覧者に与える影響や照明の基本原理，技術について知っていなければならない．
　展示の照明計画は，観覧者の基本的なニーズを満たすことを考えなくてはならない．つまり，観覧者は自分の

位置や順路が分かり，容易，安全に展示を利用でき，疲れずにテキストが読めなければならない．同時に，照明計画は資料保存担当者の要求も考慮する必要がある．これらのバランスをとりつつ感情的効果を演出するのは，本当にむずかしい作業である．資料保存担当者は，明るさのレベルを抑えろと要求するかもしれないし，デザイナーは演出を求めるかもしれない．一方，暗い展示は不快だから明るくしてほしいと望む観覧者もいるかもしれない[129]．さらに，環境や財政への影響に関心が高まるにつれ（公共建物のエネルギー消費の25パーセントが照明である），照明デザイナーの仕事はますます複雑になるだろう．

観覧者のための照明

　明るさのレベルが異なる所に入ると目が慣れるまでに時間がかかる（明るく晴れた日に暗い映画館に入ったことのある人なら分かるだろう）．したがって，部屋によって明るさのレベルが大きく変化する場合は，調整エリアをつくる必要がある．低い明るさレベルが要求される展示の場合，オリエンテーション・エリアは，明るいホールやロビーと暗い展示エリアとの緩衝の役割を果たさなくてはならない．この方法は，初期ヨーロッパの教会で用いられていたものだが，徐々に目を慣らすことができるので，観覧者は照明が暗くなったことに気付かないだろう[130]．

　強調のための直接照明を当てると同時に，周辺を十分に照らして全体を見せるためには，照明手法を組み合わせる必要がある．アンビエント照明は部屋全体を照らすものを言う．直接照明（タスク照明）は特定のエリアに焦点を当てるものを言い，特定の展示物や活動を強調し目立たせる効果がある．

　モノへの注意を引くひとつの方法は，対象物に周囲の環境や背景よりも強い照明を当てることである．人は，部屋の中で強いコントラストを持つ明るいモノや場所に引きつけられるからだ．ただし，コントラストが強くなりす

ぎないようにする．専門家の中には，前景と背景の照度の対比は，6対1を超えるべきではないと言う者もいる．モノの照度が60ルーメンであれば，背景は10ルーメンより低くすべきではないのだ．この対比であれば，人は疲れずに快適に明るい部分に集中することができる．前景と背景の関係についてはもっと保守的な人たちもいて，5対1を超えるべきではないと言う者もいる[131]．

目がくらむような明るい照明，ギラつくまぶしい光（グレア），そして邪魔になるほどの影は，人の注意をそらし，どんな人にも不快である．年老いた人や視覚に障害のある観覧者にとっては，展示が完全にアクセス不能なものになってしまう可能性がある．

こうした問題は，空間内の光の当て方や展示物の配置，そして観覧者の位置を計画する中で回避できる．スポットライトは人の目を直接照らすことのないように配置する．スポットライトの位置を変えることができなければ，「バンドア（遮光板）」のような装置をつけて，展示物に焦点を当てつつ人の目を直接照明から守る．たとえ，展示物に適切に照明が当たっていても，ケースや他の展示物，棚の影が照明の邪魔をしていたら，視界をさえぎり，とても混乱する．デザイナーにとっては，強い光や影はとても重要な要素なので，迷ったときには，展示全体の照明の模型をつくって，実際の光と影のパターンを決定することもある．

影も積極的な展示効果を生み出しうる．影はかたちを決定し，コントラストを生み，質感を強調し，雰囲気をつくり出すのに必要なものだ．したがって，部屋の影をすべて排除，あるいは減らすような光（蛍光灯の全般照射など）の多用は避けるべきである．むしろ，意識的に光を排除することはできる．例えば，角が目障りであったり壁面に温度調節器やコンセントがある場合は，そのエリアを影にすることによって，事実上消してしまうことができる．

照明とデザイン

　展示の照明デザインの際，プランナーは観覧者への感情的効果も考えなければならない．展示の雰囲気はオープンな広々とした感じにすべきか．劇中にいる，あるいは，神秘に包まれたように感じるべきか．シナリオごとに異なった照明計画が必要だ．デザイナーは，人に展示物からどのような視覚情報を得てほしいかも考慮しなければならない．織物の微妙な生地の質感が重要なのか．絵画の筆致に気付いてほしいのか．「レーキング」照明，つまり，モノの表面に鋭角で光を直接当てた照明は，表面の質感を強調する．一方，彫像の輪郭を強調すべきときは，スポットライトのような直接照明が形をはっきりさせる．光が多すぎても少なすぎても，微妙な細部はあいまいになり，輪郭が単調になる．プランナーは，観覧者に対してどのような効果を望むの

照明によって注意を引くこともできる．ボストン子どもの博物館の"ティーン・トーキョー"展では，コンピュータ制御による照明，音，そしてビデオが，日本のティーンエイジャーの部屋でのさまざまなストーリーへと観覧者を誘う．

かを明確にしたうえで，手持ちの設備でその効果をつくりだすことができなければならない．

照明と色

　照明の種類を選ぶ際にまず考慮すべきことは，モノの表面色が人の知覚に与える効果である．照明の種類によって，色に与える効果も異なる．それは，我々の目に映る表面色と光の「色温度」によるものだ*．より冷たい感じのする白い明かり（蛍光灯）の色温度は高く，より暖かみのある赤い明かり（白熱灯）の色温度は低い．

*　色温度は"ケルビン"で示す．（光の色味を表す．光源は熱するとさまざまな波長の光を発し，その波長は発光体の温度と関係がある．）詳細は次を参照．Harald Kueppers, *The Basic Law of Color Theory*（New York: Barron's 1982), 136-39.

　照明効果を最大限に利用するために，また，照明が望まない色を生み出すことがないように，照明が色に与える効果をいろいろと見ることが大切である．照明ボックスは，カラーサンプルをさまざまな種類の照明に同時にさらし，照明が色に及ぼす効果を示してくれる．照明の種類によって，色はまったく違って見える．照明ボックスが利用できない場合は，実際の展示照明の下で展示に使う色を決定するか，逆に，展示で見せたい色を基に照明を選ぶ必要がある．

　色温度が高いということは，色が暖かく見えるという意味ではない．ろうそくの灯のような白熱灯は，赤を多く含むので「暖かく」見えるが，色温度は低い．反対に蛍光灯は，青や緑，黄色を多く含み，白熱灯に比べて「冷たく」見える．ろうそくやランタン，そして白熱電球など，長年白熱灯に慣れ親しんできた我々は，その視覚効果を快適に感じ，蛍光灯の「冷たい」視覚効果を不快に思う人が多い．その結果，照明メーカーは，白熱灯の色味を再現する蛍光灯をつくるようになってきている．

美術展示の多くでは，展示物の微妙な色の認識が重要で，できるだけ正確な色表現を実現する必要がある．博物館デザイナーが「正確な色表現」と言うとき，彼らはたいてい自然光の下で見る色のことを言っている．実際，それはかなり「冷たい」もので，白熱灯よりも青を多く含んでいる．しかし，特定の環境効果が求められる場合は，暖かく，または，冷たく見える効果を強調する照明が適する．例えば，史跡の再現で，ろうそくやランタンの光が雰囲気をつくりだすような場合や，冷たい蛍光灯が霧の立ち込めた沿岸の雰囲気をつくりだす場合などである．

デザインの全過程に共通することだが，実際に試し，実験に基づいて決定することが大切である．あるとき，デザイナーが青白い色を要求し，それを正確につくりだすことに大変な注意が払われ，塗料や労力に何百ドルも費やしたことがあった．しかし，壁面がすべて塗装され，いざ展示室の照明のもとで見てみると，その青白い色は暗いスレートのようなグレーに見えた．この過ちから教訓を得たデザイナーは，照明効果を十分に理解するために実際の展示室で塗料サンプルをテストし，自分が望む青白さを実現するために，最終的には青緑の塗料を選択したのであった．

資料保存係の懸念—照度測定

照明の種類や程度は展示物の物理的性質に影響を及ぼすので，多くの博物館展示では，照度について厳格な制限や監視を要求する．あるエリアの照度の総量を決定し，その照度をつくりだすのに必要な照明設備を計画するには，光の測定方法に精通している必要がある．アメリカとイギリスでは，光や照明を測る単位はルーメンである．これはフットキャンドル，あるいは1平方フィートを1本のろうそくの

光が照らす光として知られている．国際的なメートル法の照度測定の単位はルクスで，1平方メートルに1ルーメンの光が入射した量に等しい．10ルクスは，だいたい1平方フィートに1ルーメンが入射した量に等しい．特定の光源が特定の距離から発する光量は特定の値であるので，どのような展示物や活動の場でも，どのような照明設備が必要かを計算することができる．明るさのレベルは光量計で測るが，展示の中に劣化しやすい資料がある場合は，精度の高い光量計が欠かせない[132]．

照明の種類

可視光にはたくさんの種類があるが，展示計画にとくに関連するのは，自然光，タングステンあるいは白熱灯の光，そして，蛍光灯の光の3種である．

自然光

自然光には2つある．ひとつは直射光．これはとても明るいので，通常は避ける．もうひとつは拡散光，つまり天空光である．計算の際には，天空光は，曇り空のもとでの自然光の量と考える．最近の博物館建築は開放型で自然光を多く取り入れる傾向があり，常に移り変わる昼光のダイナミックさを最大限に利用している．しかし，自然光は博物館展示では問題も多い．自然光を利用すると，演出や強調点，リズムや広がりなど，デザイナーが環境を操作，制御できる範囲が限定される．さらに，自然光は有機性の素材や顔料を傷める紫外線をかなり含んでいる．そこで，展示室内に日光が入る場合は，光を空間内で拡散させるフィルターやバッフル，反射板を使えば一部は制御できる．色落ちや資料の劣化を防ぎたければ，プラスティックやガラスに防止剤を入れるなり，窓ガラスの表面に臨時防止剤を塗るなどして，自然光から紫外線を取り除くべきである．

白熱灯

　白熱電球の光は，ガラスの電球内でタングステン・フィラメントを熱することでつくられる．電流がフィラメントを通り，フィラメントが温まると光を発する．しかし，この過程でつくられるエネルギーの内，目に見える光を発するのはほんの 5 ～ 10 パーセントだけで，残りは熱として発せられる．したがって，発光に要するエネルギーから考えると，白熱灯は比較的効率が悪い．そして，発する熱を何らかの方法で放散させなければならない．

　従来からの電球やさまざまなスポットライトやフラッドライトなど，市場にはいろいろな白熱灯が出まわっている．透明なガラスのものもあれば，不透明なもの，また反射板が組み込まれているものもある．タングステン－ハロゲン，あるいは，クオーツ－ハロゲンランプはより効率的で，やや白味がかった光を発する．これらは，短波 UV を多く発するが，通常のガラスフィルターでカットできる[133]．白熱灯は 1 点から当てるので，焦点を定めることもぼやかすこともでき，展示要素を目立たせる際に用いられる．

蛍光灯

　蛍光灯の光は，リンでコーティングしたガラスチューブ内の紫外線の振動，もしくは，紫外線の振動を可視光線として再放射する分子によってつくられる．リンの種類が変われば，異なる色の蛍光灯となる[134]．しかし，これも劣化の原因となる紫外線を多く発し，展示物を守るには予防策を講じなければならない．蛍光灯のランプは白熱灯の電球よりも長く持ち，発する熱も少ないので，より効率的である．しかし，蛍光灯の安定器が熱を発するので，この機器は展示物から離しておかなければならない[135]．

　古くから公共建物で用いられてきた蛍光灯（冷たい光を放つ長いチューブ）は，均等で，方向性や焦点のない光を放つ「直線光源」で，全般的な照明が必要なときに適している．1970 年代後半に開発された，新しいコンパクトな蛍光灯は，現在も広く使われているが，汎用のソケットにねじ込むと，とて

も暖かい光を発する．これらは，白熱灯の4分の1か3分の1の電気量で，10〜13倍長く持つ．

照明システムと装置

　展示に照明を当てる技術には，一般的に次の3つがある．①スポットライトやフラッドライト，または集光器を用いての直接照明や，②ある面に光を当てて，その面で光をはねかえらせる方法，③スクリーンやフィルター，またはその他の素材を使って光を拡散させる方法である．照明装置を決定する際には，そのエリアの電源（電源の容量）から，電力を制御する方法（回路，スイッチ，そして調光装置），照明器具のタイプ（付属部品やランプ，ハウジングやコネクターなど照明ユニット全体），そして，展示物に反射する光の最終的な効果まで，全体のシステムを考えなければならない．照明システムを選ぶ際には，現在利用できるシステムや器具によって照明デザインが制限されることも心に留めておかなければならない*．

* 照明業者の多くが製品のカタログを発行し，付属部品やランプについて詳細を示している．近隣の業者からカタログを手に入れるとよい．照明に関する情報を得る安価な方法である．

照明のメンテナンス

　展示の設置の最終場面で，照明のメンテナンスマニュアルづくりは忘れられることが多い．なぜなら，たいていの人は，展示開催前は，照明を設置し焦点をあわせることの方に気をとられてしまうからだ．しかし，展示が開始してから数日経ち，展示デザインチームが代休を取って不在だったり，疲労を回復している頃，展示照明の運用に責任を負うメンテナンス作業員に，騒々しい日々がやってくる．多くの博物館では，照明の制御やスイッチのパ

ネルは，あるべき場所になく，離れた場所にあるかもしれない．さらに，展示室にある照明が，展示ですべて使われているとも限らず，点灯役の人は，どのスイッチをつけて，どれをそのままにしておくかを知っておかなければならないこともある．メンテナンスのスタッフに，すべての展示の照明図と点灯プランを提供することによって，問題を回避することができるだろう．

　計画書には，各スイッチの場所，スイッチの状況（例えば，どのスイッチを入れるか，調光の方法，そして回線ブレーカーの位置など），メンテナンス用や清掃用照明，そして，ランプ交換のスケジュール（ランプの種類，在庫の保管場所，そして交換日の記録表など）が含まれていなければならない．（博物館によっては，とくに，短期展示の場合は，切れる前でもランプを交換するところもある．新しいランプなら会期中切れることがないと考えるからだ．展示が開始してから，常に個々のランプのようすを見てそれぞれを交換するよりも，展示の設置時にはしごや作業スペースがあるうちに，新しいランプをつけてしまった方がやりやすい．このやり方だと，ランプの消費は多くなるが，労力は省略できる．より長持ちする，エネルギー効率のよいコンパクト蛍光灯を使えば，労力，ランプ代，そしてエネルギー消費の点で節約になるだろう*．）

* 環境保護機関 EPA が実施している Green Lights プログラムは，ビジネス界や政府，そして教育施設に対してエネルギー効率の高い照明を使うように広く勧めており，ASTC もこれを支持している．詳細は次を参照．"Science Museums Lighting the Way to Energy Efficiency," *ASTC Newsletter* 21, no. 3（1993）: 8．

　どんなに照明デザインに凝っても，最終的に考えるべきは，継続的なメンテナンスである．どんなに美しい照明でも，切れたランプがすぐに交換されなかったり，照明が展示物からはずれて何もない壁面を照らしていると，その効果はすぐに失われてしまう．

　新しい展示室の計画や，特定の技術的問題に直面したときは，照明デザイナーに相談するのが一番である．照明システムの種類や，新たな器具を使用するときの付属部品を決めたり，特殊な装置を利用しそうな場合はとくにそ

うである．また，照明の供給企業や流通業者も，さまざまな技術や照明原理に詳しい営業担当を抱えているが，彼らは自社の製品を売りたいのだということを覚えておかなければならない．こうした業者に相談するときは，いくつか異なる情報源や店にあたるのがよい．質問することを恐れてはいけない．仮に，全体の照明計画について相談するまでの予算がないとしても，博物館照明を専門とする照明デザイナーと何時間か相談するための料金は，長い目で見れば価値があるだろう．

12章 博物館展示——その制約と可能性

> 我々は自らの社会的な責任の大きな部分に手をつけないままでいる．それは，博物館をおとずれない人々に対して存在価値を問うことである．その証明（刺激的で，目が覚めるような，批判的なもの）こそ，現在そして未来の時代に対する我々の最良の貢献なのだから．
>
> －ジョン・キナード

課題：多様な社会においてめまぐるしく変化する需要を認識し，それらを満たす

　人々（利用者）のことを考え続けることによって，博物館において，展示（博物館が提供するものの中で最も突出した公的な特性）はその専門的活動の中心であり続けるだろう．展示技術の実践を改善する視点で未来を見つめるならば，展示というメディアについての制約と可能性についてより深く理解しなければならない．制約（予算，スタッフ，時間，空間，利用者，資源）は，展示関係者の活動の限界を示す．また，展示にはほかのメディアと多くの共通した性質（教育的な環境，楽しい体験，公共空間であることなど）が認められるが，独自の性質や可能性も持っている．博物館展示は，社会的，教育的および空間的環境の組み合わせである．展示では，本物が提示され，直接体験が提供される．そして，情報と同時に

感動を伝える．これらが博物館の展示の力なのである．

　展示は，学校で教えるような方法で教えることはしない．展示はもっと形式にとらわれずに自ら主体となって学べる，感覚的な教育環境である．展示は単なる情報源にとどまらず，その点で図書館とは異なっている．いずれも情報へのアクセスを提供するが，展示では情報の大部分が意図的に編集あるいは選択されている．展示は人を楽しませるが，同時に学びの場であるという点で，テーマパークとは異なっている．展示が情報を伝える方法は，書籍のそれとは異なり，展示がもたらす経験は映画の経験とは異なる．展示とは，人との相互作用や人の参加に依存し，多感覚を使い，多次元的な性質を持つ経験なのである．

予算，人，素材の制約

　博物館では，予算や人，プログラムを永遠に増やし続けることはできない．現在でもすでに，限られた資源を有効に利用するために，効率性を高め，幅広いプロジェクトで他の機関と協力して展示開発の労力や高額な費用を分担することを余儀なくされている．中型から大型の科学館の多くでは，労力を無駄にしないように，展示協力（複数の施設で協同で展示やプログラムを開発し交互に使う）などの，費用分担型の事業をすでに展開している．共同作業により，大規模な巡回展や特別展，ビデオディスクやフィルムの制作について，費用対効果が大きくなっている．

　将来は，エクスプロラトリアムのクックブックのような，展示の「ばら売り」がふえるだろう．すなわち，ひとつの博物館が費用をかけて展示の調査と開発を行い，そのプランや複製を他の施設に売るのである．このような「クローン」展示を使う利点は，その展示が利用者による市場テスト済みで，うまくいくことや人気があることがあらかじめ分かることである．しかし，一方で展示の「クローン」化には問題もある．パッケージ展示を利用する場

合，博物館の経営管理者は，そのことによる経済的なアピール度と，一方で機関（館）が公的な独自性を保つための「声」を失わないかということを，慎重に検討する必要がある．ミュージアム・コンサルタントのシーラ・グリネルは，次のように書いている．「さらなる阻害要因は，クローン展示がスタッフにもたらす影響である．エネルギッシュで仕事にのめりこんでいればいるほど，他人がつくった展示やプログラムを説明するだけでは満足できないからである．彼らは，自分自身のアイデアを実現したいと考えている．さらに，展示やプログラムを創案することによって実験と発見の雰囲気が生まれ，それが組織に浸透し活気を与えるのである」[136)]．「収入を増加させよ」というプレッシャーは，展示を共有する方法に影響をもたらしはじめ，同時に知的所有権をどう守るかも次第に大きな懸案事項となりつつある．

展示の予算

毎年新しい博物館が公開されるが，費やされる全体の予算が館数に比例して増加することはない．また，どの博物館においても，展示は最も高くつく事業なので，経営管理者が限られた資金でやりくりしようとするとき，最も厳しい査定の対象となる．民間会社や財団からの助成を獲得する競争はきびしく，その申込は複雑である．助成する側は，資金的にサポートするかわりに自分の名前を出すことや集客を期待する．申請の審査者はよく練られた計画を求める．展示づくりを行う者には，コストを正確に見積もり，それに応じて予算を要求し，スケジュールを守り，予算内でおさめることが，プロセスの間を通じて求められる．つまり，何十人ものスタッフをまとめ，何百万ドルもの金額を動かすのである．博物館の規模が小さければ，スタッフの人数や金額は少なくなるかもしれないが，責任は大きな博物館となんら変わらない．すなわち，文字どおり1セントも無駄にできないので，きびしい予算管理をしなくてはいけないのである．助成する側も，展示開発のプロセスに何らかの評価や利用者による検証を取り入れることを，次第に求めるように

なっている．評価の実施は，その博物館が展示の効果や使われ方にどれだけ関心を持っているかを示すうえ，助成金がどれくらい責任を持って使用されるかが分かるからである．

　展示を助成することで，助成者側がその素材や内容に対する支配力を発揮したいと考えることもある．まったく何の条件もなく展示を助成する企業もあるが，例えば自社の製品を優先的に使うような特別措置を求めたり，場合によっては内容にまで口をはさもうとする．博物館やその他の文化施設が政府や企業の助成に頼るようになると，施設の自治を維持したり，世間一般と違う価値観や信念を持ち続けることが難しくなるという博物館関係者もいる[137]．今でも尾を引く論争としては，1989年にコーコラン・アートギャラリーで中止になった"ロバート・メープルソープ／パーフェクト・モーメント"展の例があるが，これはまさに氷山の一角で，館の自治権についての数ある争いの一例にすぎない．資金を出すスポンサーの数が減少するとプレッシャーが増加し，経営管理者の立場はどんどんきびしくなる．スポンサーとの関係についてのポリシーがはっきりしていれば，決断が困難な場面で有利に働くだろう．

　スポンサーについては，館との間に特別な関係や意図がなくても，一般の人々は何らかの政治的あるいは経済的な関係を疑うようになっていることに配慮するべきである．プラット博物館で開催された"黒くなった水"展（エクソン・ヴァルディーズ号のオイル漏れを題材にした）では，内容が不正に干渉されたと人々に思われないように，博物館側が石油業界から助成を受けないことを決めたのだった．別の例では，サンフランシスコのM．H．デ・ヤング記念博物館が，南アフリカの石油企業に助成を受けて"アメリカのオランダ絵画"展を開催したときは，職員による抗議や社会からの圧力で別のスポンサーを探すことを余儀なくされた．

　寄付による資金プールが縮小するにつれ，入館料の利益やその他の収入に対する関心や依存度が増し，組織のあり方自体を理念主義から市場主義へと

シフトさせている．いくつかの博物館や科学館では，事業の支出（展示予算も含めて）が収入の見積りによって決められている．もし収入が見積りより少なければ，それに従って予算が切られることになる．

展示スタッフ

博物館が市場で地位を保とうとするほど，展示に関わる者はより広い範囲の技術を持ち，より熟練することが求められる．発達心理学，環境心理学，建築，教育，ビジネス，マーケティング，マネジメントなどの分野の専門家が，博物館の実践やプログラムを調査している．このようにさまざまな専門分野が交わることで，展示は間違いなく改善される．しかし一方で，これらの異分野の専門家は，展示というメディアについての基本的な知識がないため，先人がすでにやったことを繰り返して施設の資源を無駄にするかもしれない．そこで，博物館関係者が展示の仕事についてさらに思慮深く批判的にしっかりとした考えを持ち，展示開発プロセス全体を監督する必要がでてくる．

博物館関係者たちが展示（プロセス，経験ともに）を定義し評価しようとするにつれ，批判的な展示批評のフォーラムが必要になってくる．歴史的には，展示批評は博物館の分野外の人々によって行われてきた．これらの批評は，おもに展示内容あるいはデザインについて行われることが多かった．博物館展示の専門家が全体論的に展示を振り返ったり，ポーレット・マクマナスの言葉を借りれば「単なる祝辞ではなく，前向きで批評的な評価」[138]をすることは極めて稀だった．他の分野での批評と同じように，展示の批評にも特別な専門技術や知識が必要である．まず，展示というメディアについて理解していること，そして自分の視点や考えを表現できる能力が不可欠である．そしてなによりも必要なのが，十分な大胆不敵さである．展示批評家は，展示というメディアの限界と可能性を理解し，展示における人々の経験に焦点をあわせることの重要性を認めなくてはならない．展示に関わる者たちが

自らの職業や「実のある」展示をつくる要素を理解していけば，批評は展示の実践の活性剤となるだろう．

　展示に関わる者で適切な訓練をうけた者は希少である．これを克服するには深い奥行きがあるトレーニングプログラム，明確な職業基準，博物館界外の職業とも競争しうる収入を実現しなければならない．展示の専門性は高められるべきだが，それが「専門家」という箱に自分たちを閉じこめることにならないように注意をしなくてはいけない．博物館展示の質と実を向上させる努力をしながら，一方で自分たちの開発方法や制作方法に柔軟性と革新性を保つのである．

　こうした考えをまとめると，つまりは専門的なジェネラリストということになる．博物館の展示は利用者のことを頭において開発しなければならないので，展示関係者は展示の専門家になる努力をするのと同時にジェネラリストである必要がある．公共の空間や環境の中の人々についての幅広い知識を構築し，人とアイデアとの間の関連に着目するのである．

展示製作素材

　きびしくなる資金状況，熟練したスタッフ獲得の困難さに加え，素材の使用についての制約も大きくなってきている．資料保存に関する分野が進むほど，ディスプレイにも次第に細かな規制が必要になり，デザイナーも資料を展示する環境をデザインするときに使用する製作素材について，以前よりも注意を払う必要がでてきた．例えば，20年前には革新的だと歓迎されていた紙ボードを使った製品は，今では環境保全の点で使用が認められない．かつて展示ケースの優れた材料とされていた合板やパーティクル・ボード，硬材は，今では適切に処理され密封されないと，接触する展示資料を傷めることが知られている．

　また同時に，素材の価格は上がり続け，アクリル，プラスチック・ラミネートやその他の石油ベースの製品は，いつかは供給自体がなくなるかもしれ

ない．素材の価格高騰と供給減少の結果として，我々は今手元にある素材を再使用あるいはリサイクルするよう求められている．それぞれの展示について特製であった什器やパネル，その他の素材も，再利用が可能なものに次第に入れ替わり，展示ケースはひとつの展示が終了しても引き続き使用されるようになるだろう．

自然環境への配慮が増すにつれて，展示プランナーは，たとえ博物館といえども免除されないジレンマの中におかれることになる．なぜならば，展示製作に使われる素材には，毒性のあるもの（溶剤，インク，塗料，洗浄剤などなど）や，製作工程で毒物を生じるもの（たとえばプラスチック，紙製品，パーティクルボードや複合材）が多く含まれるからである．博物館人は毒物を環境に排出する産業界を罵るが，我々も同じ穴の貉である．良識をもって考えれば，我々も自分たちが出すゴミを水道管に（そして最終的には川に）流すことは許されない．ゴミの埋め立て処理場はすぐに満杯になり，ゴミの処理はますます困難で高価になる．これは，施設の大小を問わず，我々全員に影響を及ぼす大きな問題である．もし我々が，この消費傾向を根本的に変えようとするならば，ただちに毒性のない代替品を探し始めなくてはいけないだろう．

可能性をひろげるには

博物館関係者は，新しい電子技術社会を，さまざまな温度差で受けとめている．実際に使う前に，用心深く導入するタイミングを見計らっている者がいれば，一方ですぐ飛びついて，展示や公共空間のためのコンサルティングやネットワークシステム，双方向性マルチメディアに投資する者もいる．DTPやコンピュータを用いたデザイン技術は，展示部門の機能のありかたを変えつつある．プロジェクトを運営するコン

ピュータ・プログラムは，多数の資源や幅広い内容のプロジェクトを同時にモニターする．作図やレイアウト，書体決め，印刷，イラスト作成などは，手作業に比べてほんの短時間でできるようになる．3次元のモデルを作成するソフトを使って，デザイナーはコンピュータ上でフロアプランをつくり，壁を立てたり什器を配置し，その環境を「歩き回る」ことができるようになる．

今では多くの分野で，コンピュータによって人々と組織の間を瞬時につなぐことができるようになっている．博物館では，とくに展示部門においては，この分野が悲惨なほど遅れている．世間の流れに遅れて，1990年にようやく全米博物館展示協議会（NAME）が，コンピュータを使った博物館間の展示ネットワークに対する関心について展示関係者に調査を行ったが，ほとんど回答がなかったという．おそらく，多くの展示関係者がほとんどトレーニングを受けないままテクノロジーの時代に突入してしまったことが原因だろう．コンピュータなどのハードを持っていたとしても，それを使いこなす技術を持っていないことが多い．独学でおぼえた技術でなんとか触ることができても，技術を最大限に利用することができないのである．システムが複雑になるほど，展示関係者には，技術の可能性を十分に理解するためのトレーニングが必要であり，より長い時間をシステムの運営に費やす必要がある．また，コンピュータ・エンジニアは，博物館関係者や利用者が同じように使いやすいソフトをデザインする必要があるだろう．

電子技術は展示場や陳列室では定着しつつある．オリエンテーションや館内案内などにはマルチメディアが用いられている．電子技術の導入により，利用者が展示内容についてよく知る機会が与えられる．どちらかと言えば静的な展示に相互作用の機能を付加する．さらには展示の主体にもなる．コンピュータやビデオや音声を複合させたマルチメディアは，多様な視点を与えることで人々の経験を高めることができる．同時に，環境的，社会的，政治的文脈を創り出す．あるいは，博物館という場の制約下では再現不可能なス

トーリーを語ることもできる．観覧者は，アーティストが自らの創作活動や作品について語るのを見ることができる．さまざまな政治的な見解を聞いたり，儀式で用いられる仮面が実際にどのような状況で使われるのかを観察したり，魚の産卵やアリの行進を見ることもできる．電子的な掲示板は，街中，国中，世界中の博物館利用者をつなげることもできる．

マルチメディアの技術が展示の体験を多様にするものであっても，伝えたいメッセージに適した媒体を選ぶことや，体験をデザインするときに展示の前後のつながりや背景を考慮することを忘れてはいけない．ロブ・センパーとクリスティーナ・フーパー・ウールジーが，彼らの報告書『公共空間でのマルチメディア』の中で，次のように述べている．「例えば，科学博物館の展示環境下では，利用者の観覧行動の性質から，フロアにあるインタラクティブな展示装置は"一口サイズの短い"内容と"簡単に操作できる"インターフェースを持つべきかもしれない．一方で，同じ博物館のメディア・ライブラリーでは，利用者が静かな室内で座って長時間を過ごしたいと考えているので，大きなデータベースや操作が複雑なインターフェースでも大丈夫だろう」[139]．

「短い」と「簡単」がここでのキーワードになる．我々は，人々の展示体験を考慮し，マルチメディアの機器を適切にデザインしなくてはいけない．2つの博物館の展示場におけるコンピュータの研究から，研究者らは次のような警告を発している．

> コンピュータを使ったこれまでのインタラクティブ展示の多くは，予定されたほど教育的および解釈的に効果のある道具になっていない．文章主体のプログラムでは，利用者はテキストや情報の引き出しにアクセスするためにボタンを押すだけである．同様に，けばけばしい文字や動きのあるアニメなどで利用者の注意をひこうとするソフトには，ほとんど内容がないことが多い[140]．

コンピュータ・プログラムは，人々が自由に選択してブラウズできるよう

にデザインされるべきだ．利用者の使い方を調べて効果を検証するべきだし，利用者が接する部分（インターフェース）は可能な限り単純であるべきだ．アメリカ自然史博物館の展示ソフト・デザイナーであるジェフリー・ジョーンズは，双方向性マルチメディアは視覚的な伝達をする，影響力を持つ芸術作品であるべきだとしている．一方で，ビヴァリー・セレルとブリット・ラフリングは「情報のゴミ」[141]について警告している．適切な使われ方をすれば，マルチメディアは展示において情報を提示する効果的な技術になりうる．ただし，人々の直接的な展示体験の代用品にはならないし，それを邪魔するものであってはいけない．

利用者に応えて

社会の多様性と多元性についての対話が増え，入場者数や入場料売上への依存度が高まる中で，博物館は，興味や学びのスタイル，身体的な能力，文化的あるいは社会的背景の多様な人々を対象にするというプレッシャーにさらされるようになってきた．始まりつつあるこのような対話に対して，展示というメディアの持つ公的な本質により，博物館はとくに力強いフォーラムへとつくりかえられる．新しい利用者に応えようとしている博物館にとっては，このような民主化の動きはとてつもないインパクトを持っている．博物館界の由緒ある老舗のような館，例えばシカゴのフィールド自然史博物館や大英自然史博物館でも，展示をつくり提示する方法を根本的に変えつつある．

スティーヴン・ラヴァインとアイヴァン・カープは，その著書『博物館ディスプレイの詩学と政治学』の導入部で，博物館は少なくとも3つの領域で動き出す必要があると述べている．

(1) 自分たちのことを扱った博物館展示について，何らかの制御権を行使できる機会を人々に与えるような機関・組織を強化する

(2) 合衆国の既存の博物館において欧米以外の文化あるいはマイノリティ文化を展示する際の専門的な知識や技術を普及する
(3) 多様な見方を促したり偏ったアプローチを暴いたりできるような展示デザインの実験を行う[142]

　文化を解釈して伝える展示では，その文化に属する人々を展示開発および内容解釈のプロセスに巻き込む博物館もある．例えば，アメリカ自然史博物館で開催された展示会"首領の祭り―今も続くクワキウトル族のポトラッチ"の展示プランナーは，展示開発のプロセスを通じてクワキウトル族の人々と共同作業をした．提示される情報が正しく，現代のクワキウトル文化が反映されているかを確認するためである．

"首領の祭り－今も続くクワキウトル族のポトラッチ"展では，現代の美術作品や，毛布，食器，その他の現代のポトラッチ関連資料を展示し，今でも変わらず栄えている文化として紹介した．

　博物館ではまた，ある特定の価値観や事実では十分でないことを認めて，多様な見方を展示の中で提示することを試している．"黒くなった水"を開

催したプラット博物館は，展示開発の理由や自館の立場を述べることで，オイル漏れについての広く異なる見方があることを示し，展示の隅々に異なる意見や衝突しやすい視点を含めた．また，最近の ASTC の年次大会では，アメリカの先住民族とヨーロッパ系白人の自然界のとらえ方の違い（アメリカ先住民は大地や大気を生物とみなすなど）について展示プランナーたちが議論し，科学博物館において決まった一通りの説だけではなく，異なる世界観や物理世界の考え方をどのように展示できるかを考えた[143]．

人々のためにつくる

　他の文化的，教育的メディアと同じように，展示もまた人と人とのコミュニケーションを主題としている．このコミュニケーションがどのように起こるのか，誰が誰とコミュニケーションをとるのかは，館のミッション（使命）や，プランナーや運営者，利用者や地元の支持者の考え方によって決まる．コミュニケーションがどのようなアプローチで行われようと，展示が館の属する社会に応え，その社会を映し出すものであることが最も重要である．私たちは，展示をおとずれる人々についてもっと注意を払う必要があり，ジョン・キナードが述べたようにさらに「博物館に来館しない人々にも，館の存在価値を問う」[144] 必要があるのだ．

　展示とはもっと広い意味を持ち，さらに全体論的なものだと考える必要がでてくるだろう．認知的であると同時に身体的，感覚的，社会的，感情的な領域にまで力をおよぼすことを理解しなければならない．ジョージ・マクドナルドは，博物館経験の異なる要素を説明するのに 10 のメタファーを用いた．すなわち，博物館経験とは，象徴，展望，ショーケース，宝物蔵，記憶，伝達交流者，指導者，祝典，ホスト，資源だというのである．そして，これらのメタファーは展示そのものをも見事に描写している[145]．

　展示をつくるとき，異なる意見も含んだ多様な声に応える必要がでてくる

12章 博物館展示 *211*

フロリダ自然史博物館はミネソタ科学博物館に対して，自館で制作した移動展 "最初の出会い" に解説ラベルを追加する許可を出した．これらのラベルは，アメリカの先住民族について情報を補足するものであった．

だろう．展示アイデアの著作性を明確にし，展示プランナーの個人的な意見やその顔写真さえをも含むことになるかもしれない．こうすることで，博物館は雲の中から姿を現し，展示はさまざまに異なるレベルの人々にとってよりアクセスしやすくなるだろう．我々が，展示の技術そして最終的には展示経験の質を向上させたいと考えるならば，展示のエンド・ユーザーについて考慮し，彼らと一体となって新しい技術の開発やデザイン，提示方法の試行を続ける必要がでてくるだろう．我々は，実験し，実践し，熟考し，利用者の助けを得ることによって，ますます活気にあふれ，意味のある，取り組んだ甲斐がある展示を創り出すことができるのだ．

補遺A　展示を見る――ある批評の方法

　展示は感覚を用いた，啓発的な経験となりうる．一方で，人を飽きさせ，ぼんやりさせるような言葉やモノでいっぱいの，つまらない，退屈なものにもなりうる．この違いはどこからくるのか．展示をつくる側と観覧者の双方にとって成功した，効果的な展示の要素や質は，どうしたら見極めることができるのだろうか．

　博物館展示に目を向けるひとつの方法は，正式な展示批評で，これは文学や演劇，映画，その他のコミュニケーションや芸術分野でのやり方と似ている．批評を通じて，その展示の全体的な効果やようす（経験としての展示）を生み出している質が何であるかの評価を，展示関係者は知ることができる．

　優れた展示批評とは，展示のどのような性質が，人々の個人的な反応や感動を引き出すのかをつきとめ，定義し，分析しようとするもので，展示の中の重要な要素を見極め，展示全体と関係づけるものである．つまり批評は，直接の認識に基づくもの（批評者自身が展示そのものを，そして，展示場で経験したこと）でなければならず，展示プランナーから仕入れた情報によるものではない．批評者は，展示を経験した後で，プランナーたちの意図，そして実際の展示がいかにその意図に見合っているかを批評に反映させたいと思うかもしれない．しかし，優れた批評とはすべて，直接経験に基づくものである．

　展示批評は，展示というものをよく理解している実践者によって行われたときに，最も役に立つ．ジョン・デューイは『芸術と経験』の中で，批評とは「制限された探求行為で，それは豊富な基礎知識と学問に基づいた洞察力を要する」[146]と述べている．展示について考え，展示開発のプロセスを改善し，そして最終的には，人々の展示経験を向上させる方法に役立つような深い分析を提供しようとするならば，批評者自身が展示というメディアに精通していることが不可欠である．

　米国博物館協会の1990年の年次大会以降，毎年継続している展示批評のセッションでは，展示関係者たちが博物館展示批評の4つの一般基準を挙げている．

・展示コンセプトや要素の構成が明確か（物事がどのように構成されているか）
・展示のテーマや目的を強化する一方で，展示環境は観覧者を歓迎し，受け入れる力を持っているか
・展示のメッセージを伝えるために用いるメディアが適切か
・展示をつくる側と観覧者の間のコミュニケーションが全体として効果的か（明確なメッセージを提供しているか）

　これらの基準はガイドラインとしてあるだけで，決してルールと考えてはならな

い．批評者は，常に展示に新鮮な気持ちで接することができなければならない．そして，自分自身の経験をガイドとして用い，独自のスタイルで展示を批評できなければならない．評価と異なり，批評は主観的なものである．どんなに誠実で，情報に富んでいようが，これは個人的な判断なのだ．そして，宣伝が目的の論評（賞賛のかたちをとった広告というマーケティング・ツールで，集客が目的のもの）とは異なり，批評は，展示の部分部分をより明確に意識し，そうした部分を展示経験全体に関連づけることを助けるものでなければならない．批評とは，展示を深く見ることから生まれるのだ．

見るということ

経験のある，敏感な目を養うのに不可欠な訓練は，自分の周りのあらゆるモノを見ることである．たくさん見て，観察のスキルを磨けば磨くほど，物理的な環境を理解することができるようになり，展示を批評的に見る方法が身につく．展示によって引き起こされる感覚を注意深く受け入れるようにするとよい．視覚だけでなくあらゆる感覚を用いるなど，新たな方法で展示を見るようにするとよい．展示会全体，そして，細かい部分を見て，どの部分が自分をひきつけるのに成功しているか，どの部分が自分を混乱させ，展示場を去る気にさせるのかを考えるのだ．

展示会の前に

心の状態

我々はみな，先入観をもって展示会へ行く．自分が信頼する誰かから良い評判を聞いていたら，その展示会のすべてを受け入れやすくなるかもしれない．展示の扱う内容に興味を持っているかもしれないし，知り合いがその展示の仕事をしたのかもしれない．逆に，尊敬する同僚から否定的な意見を聞いて，まるで戦闘に行くような気持ちで展示会に行くかもしれない．展示会に対するあなたの態度，来館の日のあなたの生活状態，そして，あなたの周りの人々がみな，あなたの展示経験に影響を与える．そのことにあなたが気付いていれば，こうした要素が自分の経験に影響を与えていることを思い起こすことができるだろう．

展示会に行く

なぜその展示会にひきつけられるのか．どこでその展示会について最初に知ったのか．バスや地下鉄でポスターを目にしたか．博物館の外の道や階段，入口，そしてインフォメーション・デスクを見ることからはじめよう．その博物館の独自性への手がかりはあるか．何があなたの注意を引き，留めるのか．あなたが見るものは何で，見ないものは何か．何があなたの心の中に連想を起こさせたか．環境の雰囲

気はどうか．心地良いか，心地悪いか，それとも何の特徴もないか．展示会の場所を示すサインは明確か．インフォメーションは利用しやすいか．手助けをしてくれる人はいるか．あなたは，既に疲れてはいないか．

展示会の入口

展示会に入る前に，立ち止まって，自分の第一印象を書きとめるとよい．何があなたの注意を引いたか．タイトル，構造，色，音，展示物，それとも照明か．タイトルを示したグラフィックは，展示会のイメージを伝えているか．あなたは空間に引き込まれていったか，それとも，どこか他の場所へ行きたいと思ったか．

構成の明確さ

あなたが立っているところから，展示のテーマが分かるだろうか．展示の扱う領域や順序を理解するのを助けるような先行オーガナイザーや説明グラフィックがあるだろうか．グラフィックは，これからあなたが経験しようとしていることを説明し，何を見るかを選択するためのメニューを提供してくれているか．あるいは，展示をつくった人々を紹介し，彼らの目的を説明しているだろうか．入口から，あなたはどこへ向かうだろうか，そして，それはなぜだろう．展示会の中を移動する際，サインやグラフィック，展示構成や什器の配置は，通路を明確に示しているか．通路は任意なのか，それとも時代順のように何かの順序にしたがっているのか．通路は，あなたに強制感を与えたか，それとも自分のペースで自由に動くことができたか．個々の展示はグループ化されていたか．その場合，グループ化の理由が分かったか．展示を構成する要素に気がついたか．例えば，テーマやサブテーマを示すためにバナーやパイロン（標識塔），グラフィック，展示物や展示の強調，エリアのタイトルサインなどが用いられていたか．そして，これらの要素間の関連は明確だったか．

展示環境

空間全体の使い方に注意を払うこと．環境はあなたの展示経験にどのように貢献しているか．展示に集中できたか．それとも，博物館の他の活動や展示が注意をそらしてしまうか．展示のデザインは，あなたが他の観覧者と交流するのを促したか，逆に，交流しにくく感じたか．

展示会の中でどのように感じたか．空間内の温度や空気の質に気付いたか．どんな音を聞いたか．足音が響いていなかったか．他の観覧者が交流するのを聞いたか．オーディオ機器は，その環境へあなたをひきつけたか，それとも，音が注意をそら

したか．騒音はやわらげられていたか，それともイライラさせられたか．椅子は適切に置かれていたか．

展示会の中に，あなたを不快にさせる場所はなかったか．不快だとしたら，それはなぜか．混雑，閉塞感を覚えたか．それとも，空っぽの洞穴にいるように感じたか．見たり，利用するのに十分な距離まで展示に近づけたか．展示物や展示要素をすべて見るのに十分な空間があったか．

空間内で，あなたを引き付けていく要素を見つけること．1カ所に立ってまわりを見渡してみること．強調ポイントや「ホット・スポット」，つまり，目印になるようなものが視線上にあって，特定のエリアへと引き込んでいるか．それらのポイントは，展示の構成理念と関連しているか．照明効果，色や音は，あなたを特定のエリアにひきつけているか．それはなぜか．あなたを引き付けたその要素は，展示の文脈と関連しているか．それとも，展示の文脈とは何の関係もないと感じるだろうか．

時代を再現したデザインの什器や，植物，模型，そして舞台装置など，その他の小道具にも注意を払うとよい．それらは展示会の環境（セッティング）を補強しているか．展示会のコンセプトやテーマと関連しているか．そうした小道具があなたの注意を展示からそらしてはいないか．

照明の効果はどうか，照明は十分か．展示室はアンビエント照明，つまり部屋全体が照らされているか．また，展示物やサインやラベルにはスポットライトが当たり演出がされているか．展示を見づらくするような影や反射はないか．

博物館スタッフがいるか．彼らは助けになり，親切か．警備員は近くにいたか．監視カメラや警報など，特別な安全装置が使われているか，それらは目立ちすぎていないか．

展示の維持はうまくいっているか．アクリル板やガラスがべとべとしていたり，よごれていないか．展示ケースや壁の表面に指紋やほこりがついていないか．塗装やその他の表面が裂けたり欠けていないか．グラフィックがすりへって読めなくなっていないか．

展示会は特定の観覧者を対象にしているのだろうか．どこでそれが分かるか．障害のある人のアクセスは可能か．聴覚や視覚に障害のある観覧者への用意はされているか．

展示メディアの適切性

展示要素，標本，資料，そしてマルチメディアの使用について考えること．展示会の中で試したり経験できる要素はバラエティーに富んでいるか．展示会が資料を中心としているのならば，資料が展示会の主題となり焦点となっているか．それら

は，思考を伝えるための例として用いられているか．個別に，それとも何らかの理由でグループ化して展示されているか．それらは互いに補足しあっているか，それとも圧倒しあっているか．資料の展示方法は，興味深い形式をとっているか．展示メッセージを支えるのに，展示物が多すぎたり少なすぎたりしてはいないか．大きさやかたち，配置にバリエーションを持たせて，単調さを避けようとしているか．

自分で試してみたり，さまざまな方法で題材を扱うことができるような，インタラクティブ展示があるか．それらは，より注意深く題材について考え，他の人と展示について話し合うことを促しているか．展示はうまく作動しているか．利用したあとで「それで，何なの？」と思わなかったか．

展示会の中で，テキストはどこに置かれているか．それは読みとれるか，読むのはやさしいか．適当な分量に分割されているか，それとも，一度に読むには多すぎるか．ラベルやサイン，解説パネルを見るのを妨げるものはないか．それは避けることができるのではないか．ラベルの高さはどうか．ラベルと展示の対応は明確か．サインやラベルは，展示会の内容に見合ったスタイルになっているか．テキストやラベルの調子はどうか（会話調か，説明風か，説教じみているか，退屈か）．

展示がマルチメディアやオーディオ機器を用いている場合，それらは展示会に関連しているか．展示コンセプトを支えるものになっているか，それとも，後から付け加えたように感じるか．使うのは簡単か．ケーブルやコード，プラグなどその他の備品が目について，展示経験から注意をそらしてはいないか．

プランナーと観覧者間のコミュニケーションの総合的効果

展示会を注意深く見た後，その焦点やテーマを明確に意識しただろうか．展示を開発したのは誰で，なぜその展示をつくったのかが分かっただろうか．概念の関連性を見出すことができただろうか．展示会はメッセージを伝えるのに成功しているか．それはそれとなく示唆されているか，それとも直接的に述べられているか．展示会の中に，矛盾したり，混乱させるようなメッセージはなかったか．コミュニケーションにおいて，展示デザインはどれくらい重要な役割を果たしていたか．デザインのどの部分がとくに効果的だったか，そして，改善が考えられる部分はどこか．デザインが目立ちすぎたり，強すぎなかったか．展示会は，何らかのかたちであなたにインスピレーションを与えたり，興奮させたか．あなたは，明日，来週，そして来年，このことを覚えているだろうか．それとも，映画にでも行った方がよかっただろうか．

補遺B　環境への配慮——簡単なガイドライン

　一度つくられた展示は，その内容の即時性が薄れデザインが時代遅れになったずっと後でも，人々にインパクトを与え続ける．たとえ，倉庫に山積みになっていても，部品に解体されても，ゴミ処理のために埋め立てられても，熱利用のために燃やされても，インパクトを与えるという点においては変わらない．「人々のための展示プランニング」というのは，展示を訪れる人々に対する即時の効果だけを考えてつけた題ではない．我々の展示素材についての考え方が，未来の世代に対して与えるインパクトをも考慮したものなのである．

　展示は複雑な構造物で，その構成部分は地球上の森林，炭鉱，油田などに起源を持つ．使用期間が過ぎれば，展示装置は廃棄され，埋立場で空間を占め，時には環境と反応して毒性のある化学物質を湿地や地下水に垂れ流すこともある．展示を創り出すのに必要な素材が環境に与える影響を知るほど，その対処法が簡単ではないことも分かってくる．つまり，我々の活動や製作技術のすべてが，何らかの影響を環境に対して与えているのである．リサイクルのプロセスでさえ，エネルギーを消費し，大気中や水中，そして陸上に副生成物を放出する．

　我々デザイナーにとっては，機能的な事柄を考慮するだけでも，十分にむずかしい問題が山積みだ．この素材は，展示の中で目的を果たせるだろうか？　必要な「声」を発しているか？　見栄えはいいか？　耐久性はあるのか？　しかし，その素材が後で環境に与える影響についても，同じく批評的に検討しなくてはいけない．例えば，塗料やインクについて考えてみよう．展示の中でどういった効果があるか（例えば，注意を惹き付けるか，文脈やドラマを創り出すか，連想を促すか，読みとりやすいかなど）について考えるのと同様に，その組成についても注意を払う必要がある．ゴミとして埋め立てられた後に流れ出して地下水を汚染するような，鉛などの重金属が含まれていないか？　それは石油由来の製品で，再生できない供給源からつくられていないか？　大気中に有毒な煙を出すような乾燥剤を使わなければならない素材か？

　残念ながら，環境的に正しい素材を記したリストが正式につくられているわけではない．製造者と環境団体が生産素材についての「ライフサイクル・アセスメント」（LCA's）を開発するために必要な情報を集積するにつれ，我々も展示をデザインする際によりよい判断ができるようになる．同時に，より多くの博物館関係者が，使用法や消費，素材の廃棄についての問題を，気が滅入りはするが必要な課題として引き受けるようになれば，次のような一般的なガイドラインが展示をつくる際の

環境への配慮として気持ちのうえで役に立つだろう．

素材の量を減らす

原因を減らすことは，身近な物質ゴミの問題を解決する最善の方法である．「少ないほどよい」という古いことわざは，最後に廃棄される素材の量を最少にして展示をつくろうとするとき，新しい意味あいを持ってくる．もし，サインを常に新しくする必要があるなら，塗り替えが容易な素材を使うか，黒板などを使えばいい．チラシやパンフレットを配るかわりに，利用者自身に自分のノートをつくらせて，必要なものだけを持ち帰らせるようにすればいい．

耐久性のあるデザインをする．維持と修理が簡単なものをつくる

使い捨て製品に取り囲まれた文化においては，耐久性を考慮することは環境にやさしいデザインの基本教義である．耐久性のある製品は，すぐに捨てられることはない．博物館の展示では構成部品のほとんどが展示終了まで保たれることが前提なので，「耐久性」自体は新しい考えではない．しかし，展示における「耐久性のあるデザイン」とは，アクリル塗料などを用いてグラフィックパネルなどの表面を覆うことで，耐久性はあるが毒性も強くなる．あるいは，リサイクルのきかないプラスチックラミネートを展示什器の表面にべったり貼り付けることなどが，展示として耐久性があるとみなされる．もし，このようにしてつくられた展示が仮に20年保ったとしても，それは何世紀もの人の営みの中では一瞬のことであり，最終的にはゴミ捨て場行きなのである．デザイナーが決断すべきなのは，展示が取り壊された後に一度はリサイクルする，といった単純なことではない．その方法はそれぞれ他の条件と照らし合わせて決めるべきで，時には難しい取捨選択にぶつかることもある．今日の時代に博物館プランナーが向き合う課題のひとつは，ここに述べられている基準を満たした素材を用いながら，同時に耐久性を考えなくてはならないことである．

耐久性を満たすアイテムや方法は，初期コストが高くつくことが多いが，長い目で見れば長持ちすることで初期コストを相殺し，お金の節約になることすらある．耐久性を考慮してデザインすることは，再使用を考えるのと同じことだ．展示の部品が長持ちするということは，2度あるいは3度も新しい展示の中で使われることにもなる．

再利用を考慮したデザインをする

博物館の展示は通常「一発屋」で，特注の部品を使って一度きりの展示のために設置される．展示が終了して構成部品がそのあとどうなるのか，デザイナーはほとんど考えることがない．例えば，たいてい3年から6年の命を与えられる巡回展示

は巡回が終わったらどうなるのか？　常設展示に準じた形で博物館が引き取る場合もあれば，引き取り手がない場合もある．巡回のために使っていた木箱は？　木箱も中に入れる展示物にあわせた特注品である．しかし，もし什器や木箱が他の展示のために再使用されるとしたらどうだろうか．博物館が展示什器の新しい基準を創り出せば，再使用のためにデザインすることができる．例えば，展示の構成部分を標準化することで，さまざまな形や組み合わせに適応できるようになる．什器の表面の仕様は，展示ごとに処理の方法や装飾を取り替えられるようにできるだろう．

素材のライフサイクルを考える（原材料から廃棄まで）

素材のライフサイクルは原材料にはじまり，エネルギーやその他の資源を使いながら抽出，輸送，製造，マーケティング，設置，そして廃棄への道をたどる．そしてそのプロセスの途中では，気体，液体，固体の副生成物がゴミとして出てくる．例えば，アルミの枠のライフサイクルでは，原料となるボーキサイト鉱石の採掘とアルミニウムの粒を創り出すのに，膨大なエネルギーが必要となる．このプロセスでも，工業廃棄物や採掘廃棄物，水や空気の汚染が発生する．これを手元まで輸送するには，さらにエネルギーを消費し，梱包材（また別のライフサイクルを持つ）も必要になる．アルミニウムを，ゴミ埋立場に投棄するということは，そのアルミニウムが数百年，おそらく数千年にわたってそこに残るということだ．しかし，使用したアルミニウムを再生して新しい製品をつくることで，原材料の鉱石からアルミをつくる場合に比べて，95パーセントのエネルギーが節約できる．

リサイクル可能な素材を使う

薄紙や厚紙，段ボール紙，木，アルミ，鉄，銅，ガラス，布，ゴム，その他プラスチックの一部も，再生して使用できる．再生についての評価が最も難しいのが，プラスチックの場合である．どのような経路で再生できるかは，地域次第，あなたの忍耐力次第である．製造者に，その製品が再生可能かどうか，そしてもし可能ならどこで再生できるかをたずねてみるとよい．商業組合に電話をして，その工業界や製品の再生について聞いてみるとよい．もっと容易に再生できる同等の製品についてたずねるとよい．「環をとじる」すなわち古い製品を新しい製品にするということは，まだ使えるモノのゴミ埋立場行きを阻止するだけでなく，エネルギーやお金，天然資源を節約することであり，大気や水の汚染を減らすことにもなる．世界そのものも，閉じた循環システムである．我々が生み出す汚染やゴミは，そこからなくなるわけではなく，放出された環境の中で何らかの形で存在し続ける．あとで結果をきれいにしようとするより，まず立ち止まってプロセスや製品について考える方が簡単である．

再生品を使用する

再生可能なものの多くは，次々と新しい製品に生まれ変わる．厚紙や薄紙，石壁，木製品，プラスチック製品の一部，アルミニウム，ガラスなどはすべて再生素材からの生産が可能である．新しい素材から製造する方が，再生素材からの製造よりも安くなるものもある．展示素材の定番でもあるプラスチック・ラミネートやアクリルは，まだ再生素材から製造されていない．しかし，我々ができる最も重要なことは，可能なときには再生製品を購入して，製品の種類や選択肢を増やすように働きかけることである．製品の質は同等に（近く）なってきているので，ぜひ再生品を選ぼう．再生品を購入するにしても，まだ決めることがある．例えば紙の場合．再生紙には，10 パーセントから 100 パーセントの古紙含有率のものがある．可能ならば，古紙含有率が高いものを選ぼう．人々がそういった商品をより多く買うようになれば，その製造も増えてくる．

可能な限り単一の素材でつくられるものをデザインし，部分に再生品を使う

使用後にさまざまな素材に分別するのが容易なデザインをしよう．リサイクルがむずかしいのは，複数の素材が組み合わさった製品，例えば紙をプラスチックで補強したものや，ラミネートに粘着コートがしてあるものなどである．こういったものは，素材をわけるのに人手がかかりリサイクルコストが高くなる．そして，再生品も高価になり，市場に出回りにくくなる．例えば，木にプラスチックを接着剤で貼り合わせるのでなく，ネジで取りつけられていれば，木もプラスチックも再生できる．

毒性のある素材の使用を避ける

製造過程で毒性の物質で処理されるものは，使わないようにしよう．例えば，クロームメタル，鉛や他の金属からつくられている顔料，塩素で漂白した紙などである．そのためには製造過程を知る必要がある．製造方法について製造会社にたずねてみよう．あるいは，廃棄やリサイクルの前に毒性の強い部分を除去できるようなデザインをしよう．

エネルギー効率を考えてデザインする

展示の照明やその他の電子部品が消費するエネルギーの量を考えよう．可能な限り，コンパクトな蛍光灯を使おう．あたたかい光を放ち，エネルギーも白熱灯の 3 分の 1 から 4 分の 1 程度しか消費せず，10 倍から 13 倍も長持ちするのである．巡回展をデザインするときは，運搬に必要なエネルギー消費を考え，大きさや重さが最小限になるようにしよう．

展示デザインを使って人々を教育する

環境に配慮していることを宣伝しよう．素材を供給する業者などに，再生品あるいは再生可能な製品について知らせ，来館者にもその支援を呼びかけよう．来館者には，あなたの展示が資源を節約していること，毒性のない素材を使っていること，そして再使用あるいは再生が可能であることを知らせよう．展示で配布される無数のチラシやパンフレットを回収する方法を考えよう．さらに環境へ配慮するためのプロセスや素材について，提言をしていこう．

1992年に，米国デザイン・カウンシルは，次のような「環境のためのデザイン方針」を展開し，加盟している協会などに採用するよう呼びかけた．これらの方針は，環境を考慮した経済のための連合（CERES：企業やその出資者が環境に配慮したビジネスを行い，地球を健康で安全に保つ範囲で利益を求めることを奨励するもの）が設定したヴァルディーズ方針というガイドラインに基づいて制定された．

「環境のためのデザイン方針」

デザイナーは，革新的な解決方法を創造できる，環境の危機を説く決定的な能力を持つ，ユニークな改変エージェントである．人が住む環境や使うモノを形づくる役割を行使することで，デザイナーはこの惑星を癒す複雑なプロセスの中で，中心的な役割を果たすのである．

アメリカのデザイン関係の協会と米国デザイン・カウンシルは，そのメンバーが環境に対する社会的な役目を果たすように促している．すなわち，環境への配慮の方針に関わるよう促し，デザイナーに情報を与え可能な限り最善の選択をする助けとなるようなネットワークを形成し，政府や環境関連機関の施策決定に対してデザイナーが環境的な役割を果たすように説くのである．我々もデザイン協会に関わる者として，ここに，この役割に関わり，下記のような環境に配慮する方針を採用する．

1. 安全な製品やサービスの擁護

    デザイナーは，建物の開発，景観，製品，伝達手段や空間をつくるにあたって，環境への害を最小限にし，人々が安全に使えるように，顧客や雇用主に対して主張する．
2. 生物圏の保護

    デザイナーは，大気，水，大地を汚染する物質の放出を最小限にするよう努め

る．
3. 天然資源の持続可能な利用

　　デザイナーは，植生，野生動物のすみか，宇宙や自然などの保護を行い，回復可能な天然資源を持続的に利用することに努力する．
4. ゴミを減量し再生利用を増やす

　　デザイナーは，ゴミを最小限にする努力をする．そのために，耐久性，適応性，修理や再生に配慮してデザインし，ものを購入するときや条件を指定するときにはこれらが基準となるようにする．
5. エネルギーを賢く使う

　　デザイナーは，環境的に安全なエネルギー資源を選択し，製作や運用には可能な限りエネルギーを保全する方法をとる．
6. リスクを減らす

　　デザイナーは，就業者や彼らのデザイン製品の利用者の健康に対する環境のリスクを最小限にする．
7. 情報を共有する

　　デザイナーは，他のデザイナーが素材やプロセスを特定する際に最善の選択ができるよう，情報を共有する．

注   ＊翻訳本が確認できたものを記した．

1. C. P. Wilcomb, Annual Report, 1900, Golden Gate Park Memorial Museum, in *Natives & Settlers: Indian and Yankee Culture in Early California*, ed. Melinda Young Frye (Oakland, CA: The Oakland Museum, 1979), 30.
2. Kenneth Hudson, *Museums of Influence* (Cambridge: Cambridge University Press,1987), 23.
3. Barbara Y. Newsom and Adele Z. Silver, eds., *The Art Museum as Educator* (Berkeley, CA: University of California Press, 1978),77.
4. Elaine Heumann Gurian, "Museum Learning and the Casual Visitor: What are the Limits?" 1987年，トロント大学での International Laboratory for Visitor Studies のセッションで発表されたもの．
5. Mac Laetsch, conversation with author, Berkeley, California, 7 July 1992.
6. 詳細は以下を参照．Roger Miles, "Museum Audiences", *The International Journal of Museum Management and Curatorship*, 5, no. 1 (1986) : 73-80; idem, "Museums and Public Culture: A Context for Communicating Science," in Science Learning in Informal Setting, ed. P. G. Heltne and L. Marquardt (Chicago: The Chicago Academy of Sciences, 1988).
7. 博物館体験のすぐれた描写については，次を参照．John H. Falk and Lynn D. Dierking, *The Museum Experience* (Washington, D. C.: Whalesback Books, 1992).
   ＊『博物館体験―学芸員のための視点』高橋順一訳，雄山閣出版，1996.
8. Roger Miles, "Museum and Public Culture: A Context for Communicating Science." 1987年11月にシカゴ科学協会のシンポジウム "Science Learning in the Informal Setting" で発表されたもの．
9. Martin Sklar, Walt Disney Imagineering, "Education vs Entertainment: Competing for Audiences." 1987年6月に米国博物館協会のサンフランシスコでの年次大会で発表されたもの．Copyright Walt Disney Company.
10. National Museum of Natural History, *Creating Exhibits: Policies and Practices of the Department of Public Programs* (Washington, D. C.: National Museum of Natural History, 1992), 6-7.
11. この件については以下を参照．Peter J. Ames, "A Challenge to Modern Museum Management: Reconciling Mission and Market," *Museum Studies Journal* 3, no. 2 (1998) : 10-14; C. Thompson, "Entertainment and Education: Antonyms or Allies," *Journal of Museum Education* 16, no. 2 (1991) : 13; Andy Leon Harney, "Money Changers in the Temple?" *Museum News* 71, no. 6 (1992) : 38-63.
12. Bernice McCarthy, *The 4MAT System: Teaching to Learning Style with Right/Left Mode Techniques* (Barrington, IL: Excel, Inc., 1987).Reprint.

13. Bernice McCarthy, "Learning Styles: What Are They? And How Do We Apply Them to Museums?" 1989年6月に米国博物館協会のニューオリンズでの年次大会で発表されたもの．
14. Howard Gardner, *Frames of Mind* (New York: Basic Books, Inc., 1985).
15. Ibid., xii.
16. Howard Gardner, "Designing Exhibitions for Multiple Frames of Mind." 1988年6月に米国博物館協会のピッツバーグでの年次大会で発表されたもの．
17. Sheldon Annis, "The Museum as Symbolic Experience" (Unpublished manuscript, Chicago, 1974).アニスのこの未発表論文は，利用者の経験に対する新しい見方を示したもので，1970年代後半から1980年代初めにかけて，広く博物館関係者の間をコピーがまわっていた．やがてこの論文は，"The Museum as Staging Ground for Symbolic Action" *Museum* 151, vol. 38, no. 3 (1986) : 168-70, として出版された．
18. Nelson Graburn, "The Museum and the Visitor Experience," in *The Visitor and the Museum*, ed. Linda Draper (Washington, D. C.: Museum Educators of the American Association of Museums, 1977), 5-26.
19. Ibid.
20. Frank Oppenheimer and the staff of the Exploratorium, *Working Prototypes* (San Francisco, CA: Exploratorium, 1986),8.
21. Frank Oppenheimer, "Everyone is You ... Or Me," *Technology Review* 78, no. 7 (1976) : 2-7.
22. Chandler Screven, "Museum Learning and the Casual Visitor: What are the Limits?" 1987年にトロント大学での International Laboratory for Visitor Studies のセッションで発表されたもの．
23. Beverly Serrell, "Characteristics of a Positive Museum Experience" (Serrell & Associates, Chicago, IL, 1992),2.
24. Falk and Dierking, *The Museum Experience*, 131.
25. 博物館や展示場で過ごされる時間についての詳細は，次の文献を参照のこと．Arthur W. Melton, "Visitor Behavior in Museums: Some Early Research in Environmental Design," *Human Factors* 14. no. 5 (1972) : 393-403; Stephen Bitgood and Donald Patterson, "The Effects of Gallery Changes on Visitor Reading and Object Viewing Time," *Environment and Behavior* 25, no. 6 (1993).
26. Beverly Serrell, interview with author, Berkeley, California, January 1993.
27. Roger Miles, "Communicating Science to the Public," in *Museums and the Communication of Science*, ed. D. Evered and M. O'Conner (New York: John Wiley & Sons, 1987),117-118.
28. Wendy Pollock and Susan McCormick, eds., *The ASTC Science Center Survey, Exhibits Report* (Washington, D. C.: Association of Science-Technology Centers, 1992),11.
29. American Association of Museums, *Excellence and Equity: Education and the*

Public Dimension of Museums（Washington, D. C.: American Association of Museums, 1992),11-12.

30. Tracey Linton Craig,"'Reinterpreting' the Past," *Museum News* 68, no. 1 (1989) : 61-63.
31. Sheila Grinell, *A New Place for Learning Science: Starting and Running a Science Center*（Washington, D. C.: Association of Science-Tehnology Centers, 1992),64.
32. 展示におけるマルチメディアの概観については，Rob Semper and Kristina Hooper Woolsey, *Multimedia in Public Space, Technical Report*（San Francisco, CA: Apple Multimedia Lab and Exploratorium, 1993）を参照のこと．
33. Joe Dolce, "Profiles: Four Designers," *ID Magazine* 36, no. 1 (1989) : 53.
34. Jean Jacques André, "Exhibit Planning: A Stranger in Our Midst, Parts I and II," lecture presented at the American Association of Museums Annual Meeting, New York City, June 1986.
35. Annis, "The Museum as Staging Ground for Symbolic Action," 170.
36. ケロッグ・プロジェクトの結果については以下を参照のこと．Carolyn P. Blackmon Teresa K. LaMaster, Lisa C. Roberts, and Beverly Serrell, *Open Conversations: Strategies for Professional Development in Museums*（Chicago, IL: Field Museum of Natural History, 1988).
37. Thomas P. Moran, "A Model of a Multilingual Designer," in *Emerging Methods in Environmental Design and Planning*, ed., G. T. Moore（Cambridge, MA: The MIT Press, 1970),69-78. モーランは，直観的なデザイナーが，いかに多様な表現や言語を用いて，問題の側面を表出したり，解決法を見出すかを描いている．
38. クリエイティブ思考については，6章を参照．
39. Victor Papanek, *Design for the Real World*（New York: Van Nostrand Reinhold, 1984),187. ＊『生きのびるためのデザイン』阿部公正訳，晶文社，1974.
40. マイケル・スポックから著者への書簡（1993.3.16）．
41. George F. MacDonald and Stephen Alsford, *A Museum for the Global Village*（Hull, Quebec: Canadian Museum of Civilization, 1989),77.
42. 最初の調査については，Solomon Asch, "Studies of Independence and Conformity: A Minority of One Against a Unanimous Majority," *Psychological Monographs* 70, no. 9, whole no. 416 (1956) ,を参照．この研究の現状については，James L. Adams, *The Care and Feeding of Ideas: A Guide to Encouraging Creativity*（Reading, MA: Addison-Wesley Publishing Company, 1986), 145. を参照．
43. Lewis Thomas, *The Medusa and the Snail*（New York: The Viking Press, 1979),116.
44. Paul Chutkow, "The Lucas Chronicles," *San Francisco Examiner Image Magazine*, Sunday, 21 March 1993, 9.
45. John R. Wilk, *The Creation of an Ensemble*（Carbondale, IL: Southern Illinois University Press, 1986),26.
46. Chee Pearlman, "Nissan Design International," *ID Magazine* 36, no. 6 (1989) :

34-39.
47. Deming's 14 Points（January 1990 revision）reprinted from *Out of the Crisis* by W. Edwards Deming by permission of MIT and W. Edwards Deming. Published by MIT, Center for Advanced Engineering Study, Cambridge, MA 02319. Copyright 1986 by W. Edwards Deming.
48. Tracy Kidder, *The Soul of a New Machine*（New York: Avon Books, 1981）,63.
49. Tom Peters, *Thriving on Chaos: Handbook for a Management Revolution*（New York: Harper Collins, 1987）,262-64.
50. Albert E. Parr, "Curatorial Functions in Education," *Curator* 6, no. 4（1963）, 290.
51. Robert Sullivan, 著者との会話（1993.3）.
52. エクスプロラトリアムでの展示開発プロセスについては，フランク・オッペンハイマーと同館のスタッフによる *Working Prototypes* という文献を参照．
53. Morris Asimow, *Introduction to Design*（New Jersey: Prentice-Hall, 1962）,11-17.
54. マイケル・ベルチャーは，その著書 *Exhibitions in Museums*（1991）の86ページで，展示概要書について説明しており，展示目的の文章にどのような要素が含まれるべきか詳細に示している．
55. Eleanor Duckworth, *The Having of Wonderful Ideas & Other Essays on Teaching and Learning*（New York: Teachers College Press, 1987）,50-63.
56. Judy Rand, 著者によるインタビュー（1993. 3）.
57. Judy Rand, 著者によるインタビュー（1993. 3）.
58. John P. Eberhard, "We Ought to Know the Difference," in *Emerging Methods in Environmental Design and Planning*, ed. G. T. Moore（Cambridge, MA: The MIT Press, 1970）,364.
59. Ibid.
60. Margaret Hall, *On Display: A Design Grammar for Museum Exhibitions*（London: Lund Humphries, 1987）,116.
61. Jeff Hayward, "An Evaluator's Viewpoint," *ILVS Review* 2, no. 2（1992）: 292.
62. Chandler Screven, ed., *ILVS Bibliography and Abstracts*, 2nd ed., May 1988（Milwaukee: The International Laboratory for Visitor Studies, 1988）,i.
63. Royal Ontario Museum, *Mankind Discovering, Volume II: Evaluations-The Basis for Planning*（Toronto, Canada: Royal Ontario Museum, 1979）.
64. 企画段階分析の事例に関する詳細な記述は次を参照．Screven A. Griggs *Front-end Evaluation: Three Case Studies*（London: British Museum, Department of Public Services, Office of Museum Programs, 1982）.
65. Beverly Serrell, "Water in California Front-end Evaluation Report, Part I. Interviews for The Oakland Museum"（Serrell & Associates, Chicago, IL, September, 1992）,1.
66. Madeline Farris, "Analysis of New York Hall of Science Visitors' Concepts of Microorganisms"（New York: New York Hall of Science, August 1988）.

67. Samuel Taylor ボストン，マサチューセッツにて著者によるインタビュー (1988.10.12).
68. "正しく行う" プロジェクトに関する詳細は次を参照. Barbara Punt, *Doing It Right: A Workbook for Improving Exhibit Labels* (Brooklyn, NY: The Brooklyn Children's Museum, 1989).
69. 優れたガイドとして，次の2冊を参照. Ross Loomis, *Museum Visitor Evaluation: New Tool for Management* (Nashville, TN: American Association for State and Local History, 1987) ; Sam Taylor, ed., *Try It! Improving Exhibits through Formative Evaluation* (Washington, D. C.: Association of Science-Technology Centers, 1991).
70. 詳細は以下を参照. Chandler Screven ed., *ILVS Bibliography and Abstracts*; Jackson State University の Stephen Bitgood が技術的報告書を多く出版している. ; D. D. Hilke and J. D. Balling, "The Family as a Learning System: An Observational Study of Family Behavior in an Information Rich Environment," in *The Role of the Family in the Promotion of Science Literacy* (Washington, D. C.: National Science Foundation, 1985) ; Judy Diamond, "The Behavior of Families in Science Museums," *Curator* 29, no. 2 (1986) : 139-154; Paulette McManus, "It's the Company You Keep ... The Social Determination of Learning-Related Behavior in a Science Museum," *The International Journal of Museum Management and Curatorship* 6, no. 3 (1987) : 263-70; Beverly Serrell, ed., *What Research Says about Learning in Science Museums* (Washington, D. C.: Association of Science-Technology Centers, 1990) ; and John H. Falk and Lynn D. Dierking, *The Museum Experience*.
71. Susan Carey, *Conceptual Change in Childhood* (Cambridge, MA : The MIT Press, 1987),194.
72. Arthur Koestler, *The Act of Creation* (London: Pan Books, 1975).
73. Ibid., 211.
74. Bryan Lawson, *How Designers Think: The Design Process Demystified* (London: The Architectural Press Ltd., 1980),107-9; Betty Edwards, "Creativity," lecture presented at the Western Museums Conference Annual Meeting, Los Angeles, California, September 1986; Allen Hurlburt, The Design Concept (New York: Watson-Guptill, 1981),11-13.
75. Edward de Bono, *Lateral Thinking: Creativity Step by Step* (New York: Harper & Row, 1970),280.
76. Papanek, *Design for the Real World*, 155-56.
77. de Bono, *Lateral Thinking*, 87-88.
78. C. West Churchman, "Wicked Problems." *Management Science* 4, no. 14 (1967) : B-141-B-142.
79. de Bono, *Lateral Thinking*, 293.
80. James L. Adams, *Conceptual Blockbusting: A Guide to Better Ideas*, 3rd ed. (Red-

ding, MA: Addison-Wesley Publishing Company, 1990),13-81.
81. Eberhard, "We Ought to Know the Difference," 364-65.
82. 創造的思考について書かれている本の多くに，一人やグループで試すことができる方法が掲載されている．これらを使うことで，問題解決のスキルを磨くことができる．詳細は以下を参照．James L. Adams, *Conceptual Blockbusting: A Guide to Better Ideas*, Edward de Bono, *Lateral Thinking: Creativity Step by Step*, and Robert McKim, *Thinking Visually: A Strategy Manual for Problem Solving* (Palo Alto, CA: Dale Seymour Publications, 1980).
83. John Hennigar-Shuh, "Talking with Teachers About Museums in Nova Scotia," Museum 144, vol. 36, no. 4（1984）: 188. Reproduced by permission of UNESCO.
84. Marvin Minsky, *The Society of Mind*（New York: Simon & Schuster Inc., 1985),57. ＊『心の社会』安西祐一郎訳，産業図書，1990．
85. Babara Y. Newsom and Adele Z. Silver, eds., *The Art Museum as Educator*, 300.
86. Arthur W. Melton, "Distribution of Attention in Galleries in a Museum of Science and Industry." *Museum News* 143, no. 3（1936）: 7.
87. Jeff Kennedy, *User Friendly: Hands-On Exhibits That Work*（Washington, D. C.: Association of Science-Technology Centers, 1990),69.
88. Minda Borun, "Museum Learning and the Casual Visitor: What Are the Limits?" 1987年にトロント大学での International Laboratory for Visitor Studies のセッションで発表されたもの．
89. アップルコンピュータの製品マネージャーの Bruce Gee との会話．カリフォルニア，バークレーにて（1992.10.14）．
90. インタラクティブ展示の人間工学的要素については，Jeff Kennedy, *User Friendly: Hands-On Exhibits That Work* を参照．人間工学一般については以下を参照．Diffrient, Nells, Alvin R. Tilley, and David Harman, *Humanscale 1-9*（Cambridge, MA: The MIT Press,1981); and Panero, Julius, and Martin Zelnick, *Human Dimension and Interior Space: A Sourcebook of Designing Reference Standards*（New York: Watson-Guptill Publications, 1979).
91. Wendy Pollock，著者によるインタビュー（1993.1）．
92. Beverly Serrell，著者との会話より（1989）．
93. Judy Rand, "The Writing on the Wall," presented at the American Association of Museums Annual Meeting, New Orleans, June 1989.
94. Paulette McManus, "Watch Your Language! People Do Read Labels," in *What Research Says about Learning in Science Museums*, ed. Beverly Serrell（Washington, D.C.: Association of Science-Technology Centers, 1990),4-6.
95. Daniel Grant, "Do Museum Labels Turn Art Into Illustration?" *The Wall Street Journal*, 26 January 1984, 24.
96. Jamake Highwater, "Special: A Conversation with Joseph Campbell," *Quadrant* 18, no. 1（1985）: 101.
97. Elliot W. Eisner and Stephen M. Dobbs, "Silent Pedagogy: How Museums Help

Visitors Get in Touch with Exhibitions." *Curator* 33, no. 3（1990）: 217-35.

98. 同館の展示教育副ディレクターの Ann Muscat と，ラベル実験を行ったキュレーターの Kenneth Phillips に，著者がインタビューした．1993 年 1 月，カリフォルニア州ロサンゼルスにて．

99. Bob Peart, "The Impact of Exhibit Type on Knowledge Gain, Attitudes, and Behavior," *Curator* 27, no. 3（1984）: 229-35.

100. Paulette M. McManus, "Oh, Yes, They Do: How Museum Visitors Read and Interact with Exhibit Texts," *Curator* 32, no. 3（1989）: 174-189.

101. Chandler Screven, "Motivating Visitors to Read Labels," *ILVS Review* 2, no. 2（1992）: 183-211; Idem., "Exhibitions and Information Centers: Some Principles and Approaches," *Curator* 29, no. 2（1986）: 109-37.

102. Hall, *On Display*, 47.

103. Beverly Serrell, "Making Better Layered Labels," in American Association of Zoological Parks and Aquariums Annual Conference Proceedings（Wheeling, WV: American Association of Zoological Parks and Aquariums,1988),178-81.

104. Katherine E. Rowan, "What Research Says ... About Explaining Difficult Ideas," *ASTC Newsletter* 20, no. 6（1992）: 7-8.

105. Beverly Serrell, *Maling Exhibit Labels*（Nashville, TN: American Association for State and Local History, 1983),16.

106. ひとつの展示コーナーの前で観覧者が過ごす時間については，数多くの研究がなされている．Valerie Beer は，その論文――"Great Expectations: Do Museums Know What Visitors Are Doing?" *Curator* 30, no. 3（1987）: 206-15.――の中で，展示観覧に要する時間別にこれらの研究をリストアップしている．

107. For more information, see Jeff Kennedy, *User Friendly: Hands on Exhibits That Work and Beverly Serrell, Making Exhibit Labels: A Step-by-Step Guide.*

108. Judy Rand, ピッツバーグでの著者との会話より（1988. 6）．

109. Paul Jacques Grillo, *Form, Function & Design*（New York: Dover Publications, Inc., 1975),214-15.

110. 先行オーガナイザーの詳細は次を参照．Steven Griggs, "Orienting Visitors within a Thematic Display," *International Journal of Museum Management and Curatorship* 2（1983）: 119-34; Chandler Screven, "Exhibitions and Information Centers: Principles and Approaches," 109-37.

111. Arthur W. Melton, *Problems of Installation in Museums of Art*（Washington, D. C.: American Association of Museums Monograph New Series No. 14,1935),92-150; Margaret Parsons and Ross Loomis, "Visitor Traffic Patterns: Then and Now," in *Behavior*（Washington, D. C.: Smithsonian Institution, Office of Museum Programs, 1973).

112. Grillo, *Form, Function & Design*, 180.

113. Albert Parr, "A Plea Fr Abundance," *Curator* 2, no. 3（1959）: 277.

114. Oppenheimer and the staff of the Exploratorium, *Working Prototypes*, 6.

115. Elaine Heumann Gurian, "Reluctant Recognition of the Superstar," *Journal of Museum Education* 17, no. 1（1992）: 7.
116. Rudolf Arnheim, *The Power of the Center*（Berkeley, CA: University of California Press, 1982）,172.
117. 観覧者の興味を持続させるに十分な素材の提供については，Lee A. Parsons, "Systematic Testing of Display Techniques for an Anthropological Exhibit," *Curator* 8, no. 2（1965）: 167-89. 展示物が多すぎる結果としての刺激過多への懸念については，Arthur W. Melton, *Problems of Installation in Museums of Art* を参照．
118. 展示什器のデザイン，とくに人間工学に重きを置いたものとしては次を参照．Jeff Kennedy, *User Friendly: Hands-On Exhibits That Work*.
119. Edward T. Hall, "Looking at Nonverbal Cultural Barriers within the Museum Setting." 1989 年に ASTC のボルチモアでの年次大会で発表されたもの．
120. Anita Rui Olds, "Sending Them Home Alive," *Journal of Museum Education* 15, no. 1（1990）: 12.
121. Josef Albers, *Interaction of Color*（New Haven, CT: Yale University Press, 1963）; and Johannes Itten, *The Elements of Color*（New York: Van Nostrand Reinhold Co., 1970）. ＊『色彩構成―配色による創造』白石和也訳，ダヴィッド社，1972.
122. Itten, *The Elements of Color*, 83. ＊『ヨハネス・イッテン色彩論』大智浩訳，美術出版社，1971.
123. Ibid., 7.
124. Edward T. Hall, *The Hidden Dimension*（New York: Doubleday, 1966）,60-62. ＊『かくれた次元』日高敏隆・佐藤信行訳，みすず書房，1970.
125. Henry Dreyfuss, *Designing for People*（New York: The Viking Press, 1974）,189.
126. "Declaration of the Central European Design Conference," *Design Issues* IX, no. 1（1992）: 86-88.
127. Hugh Aldersey-Williams, "Painting it Green by the Numbers," *ID Magazine* 40, no. 1（1992）: 84.
128. 展示デザインにおける環境への配慮については，補遺 B を参照．
129. 照度とそれに対する観覧者の好みについては以下を参照のこと．Stephen Bitgood, et al., "Formative Evaluation of a Cave Exhibit," *Curator* 30, no. 1（1987）: 31-39; Peter S. Kimmel and Mark J. Maves, "Public Reaction to Museum Interiors," *Museum News* 51, no. 1（1972）: 17-19; Margaret Hall, *On Display*, 66; Deborah P. Benton, "Intergenerational Interaction in Museums"（Ed. D. dissertation, Columbia University Teacher's College, 1979）.
130. Barbara J. Knox, "Electric vs. Natural Light: The Debate Continues," *Museum News* 66, no. 5（1988）: 67.
131. コントラストや輝度の比率については以下を参照のこと．Henry Sears, "Planning for Galleries and Display," in *Planning Our Museums*, eds. Barry Lord and Gail Dexter Lord（Ottawa, Canada: National Museums of Canada, 1983）,119; Fran-

cis D. K. Ching, *Interior Design Illustrated* (New York: Van Nostrand Reinhold, 1987),289.

132. 素材別の照度基準については，以下を参照．Marjorie Shelley, *The Care and Handling of Art Objects: Practices in the Metropolitan Museum of Art* (New York, The Metropolitan Museum of Art, 1987); A. Bruce MacLeish, *The Care of Antiques and Historical Collections*, 2nd ed. (Nashville, TN: The American Association for State and Local History, 1985).

133. Garry Thomson, *The Museum Environment* (London: Butterworths, 1986),7-10.

134. K. C. Cole, *Facets of Light: Colors, Images, and Things That Glow in the Dark* (San Francisco, CA: Exploratorium, 1980) : 135-37.

135. Thomson, *The Museum Environment*, 7-10.

136. Sheila Grinell, *A New Place for Learning Science*, 63.

137. Stephen E. Weil, review of *The Endangered Sector* by Waldemar A. Nielsen, in *Beauty and the Beasts* (Washington, D. C.: Smithsonian Institution Press, 1983),98.

138. Paulette McManus, "Reviewing the Reviewers: Towards a Critical Language for Didactic Science Exhibitions," *The International Journal of Museum Management and Curatorship* 5, no. 3 (1986) : 213.

139. Rob Semper and Kristina Hooper Woolsey, *Multimedia in Public Space, Technical Report*, 8.

140. D. D. Hilke, Elizabeth C. Hennings, Myriam Springuel, "The Impact of Interactive Computer Software on Visitors' Experiences: A Case Study," *ILVS Review: A Journal of Visitor Behavior* 1, no. 1 (1988) : 34-49.

141. Jeffrey Jones, "Museum Computers: Design Innovations," *Curator* 35, no. 3 (1992) : 225-36; and Beverly Serrell and Britt Raphling, "Computers on the Exhibit Floor," Curator 35, no. 3 (1992) : 181-89.

142. Steven D. Lavine and Ivan Karp, eds. *Exhibiting Cultures: The Poetics and Politics of Museum Display* (Washington, D. C.: Smithsonian Institution Press, 1991),6.

143. "Reaching Diverse Audiences, Integrating Diverse Message," *ASTC Newsletter* 21, no. 1 (1993) : 14. 潜在的利用者へのアウトリーチについては，次の文献を参照のこと．Marsha Lake Matyas and Lynda Martin-McCormick, *A Status Report on the Role of Minorities, Women, and People with Disabilities in Science Centers* (Washington, D. C.: Association of Science-Technology Centers, 1993).

144. John Kinard, "The Visitor Versus the Museum." In *The Visitor and the Museum*, edited by Linda Draper (Berkeley: University of California, 1977).

145. George F. MacDonald and Stephen Alsford, *A Museum for the Global Village*.

146. John Dewey, *Art as Experience* (New York: Capricorn Books, 1958), 300.

参考文献

Adams, James L. *The Care and Feeding of Ideas: A Guide to Encouraging Creativity.* Reading, MA: Addison-Wesley Publishing Company, 1986.
——. *Conceptual Blockbusting: A Guide to Better Ideas.* Third Edition. Redding, MA: Addison-Wesley Publishing Company, 1990.
Albers, Josef. *Interaction of Color.* New Haven, CT: Yale University Press, 1963. ＊『色彩構成―配色による創造』白石和也訳，ダヴィッド社，1972.
Aldersey-Williams, Hugh. "Painting it Green by the Numbers." *ID Magazine* 40, no. 1（1993）: 84.
Alexander, Christopher et al. *A Pattern Language.* New York: Oxford University Press, 1977.
Alexander, Edward P. *Museums in Motion.* Nashville, TN: American Association for State and Local History, 1979.
Allen, Edward. *How Buildings Work.* London: Oxford University Press, 1980. ＊『建物はどのように働いているか』安藤正雄訳，鹿島出版会，1982.
Allwood, John. *The Great Exhibitions.* London: Studio Vista, 1977.
Alt, Mick B., and K. M. Shaw. "Characteristics Ideal Museum Exhibits." *British Journal of Psychology* 75（1984）: 25-36.
American Association of Museums. *Museums for a New Century.* Washington, DC: American Association of Museums, 1984.
——. *The Audience in Exhibition Development.* Washington, DC: American Association of Museums, 1992.
——. *Exhibition Planning and Management: Reprints from NAME's "Recent and Recommended."* Washington, DC: American Association of Museums, 1992.
——. *Excellence and Equity: Education and the Public Dimension of Museums.* Washington, DC: American Association of Museums, 1992.
Ames, Kenneth L., Barbara Franco, and L. Thomas Frye, eds. *Ideas and Images: Developing Interpretive History Exhibits.* Nashville, TN: American Association for State and Local History, 1992.
Ames, Michael M. *Cannibal Tours and Glass Boxes: The Anthropology of Museums.* Vancouver: UBC Press, 1992.
Ames, Peter. "A Challenge to Modern Museum Management: Reconciling Mission and Market." *Museum Studies Journal* 3, no. 2（1988）: 10-14.
Anderson, Peter. *Before the Blueprint: Science Center Buildings.* Washington, DC: Association of Science-Technology Centers, 1991.
André, Jean Jacques. "Exhibit Planning: A Stranger in Our Midst, Parts I and II." Lecture presented at the American Association of Museums Annual Meeting, New York City, June 1986.

Annis, Sheldon. "The Museum as Staging Ground for Symbolic Action." *Museum* 151, vol. 38, no. 3 (1986): 168-70.
Arnheim, Rudolph. *Visual Thinking*. Berkeley: University of California Press, 1969.
——. *Art and Visual Perception*. Berkeley: University of California Press, 1971.
——. *The Dynamics of Architectural Form*. Berkeley: University of California Press, 1977.
——. *The Power of the Center*. Berkeley: University of California Press, 1982.
Asch, Solomon. "Studies of Independence and Conformity: A Minority of One Against a Unanimous Majority." *Psychological Monographs* 70, no. 9, whole no. 416 (1956).
Asimow, Morris. *Introduction to Design*. New Jersey: Prentice-Hall, 1962.
Bachelard, Gaston. *The Poetics of Space*. Boston: Beacon Press, 1979. ＊『空間の詩学』岩村行雄訳, 筑摩書房, 2002.
Beelitz, Paul Francis. "The Ancestors' Project." *Curator* 29, no. 1 (1986): 25-51.
Beer, Valerie. "Great Expectations: Do Museums Know What Visitors Are Doing?" *Curator* 30, no. 3 (1987): 206-15.
Belcher, Michael. *Exhibitions in Museums*. London: Leicester University Press, 1991.
Benton, Deborah P. "Intergenerational Interaction in Museums." Ed.D. dissertation, Columbia University Teacher's College, 1979.
Berger, John. *Ways of Seeing*. London: British Broadcasting System and Penguin Books, 1972.
——. *About Seeing*. New York: Pantheon Books, 1980.
Bergmann, Eugene. "Margaret Mead and the Hall of Pacific Peoples." *Curator* 28, no. 4 (1985): 259-70.
Birch, Jeffrey. "A Museum for All Seasons." *Museum News* 60, no. 4 (1982): 25-28.
Birren, Faber. *Color, Form and Space*. New York: Van Nostrand Reinhold, 1961.
——. *Light, Color, and Environment*. New York: Van Nostrand Reinhold, 1969.
——. *Principles of Color*. New York: Van Nostrand Reinhold, 1969.
——. *Color. and Human Response*. New York: Van Nostrand Reinhold, 1978.
Bitgood, Stephen. "Understanding the Public's Attitudes Toward and Behavior in Museums, Parks, and Zoos." Jacksonville State University Technical Report no. 87-30. Jacksonville, AL: Jackson State University, Psychology Institute, 1987.
Bitgood, Stephen et al. "Formative Evaluation of a Cave Exhibit." *Curator* 30, no. 1 (1987): 31-39.
Bitgood, Stephen, Grant Nichols, Donald Patterson, and Michael Pierce. "Lighting Up: Visitor Reactions to Illumination Level in a Cave Exhibit." Jacksonville State University Technical Report no. 86-15. Jacksonville, AL: Jacksonville State University, 1986.
Bitgood, Stephen, and Donald Patterson. "The Effects of Gallery Changes on Visitor Reading and Object Viewing Time." *Environment and Behavior* 25, no. 6 (1993): 761-81.

Black. Misha. *Exhibition Design*. London: Architectural Press, 1951.
Blackmon, Carolyn P., Teresa K. LaMaster, Lisa C. Roberts, and Beverly Serrell. *Open Conversations: Strategies for Professional Development in Museums*. Chicago: Field Museum of Natural History, 1988.
Blatti, Jo. ed. *Past Meets present. Essays about Historic Interpretation and Public Audiences*. Washington, DC: Smithsonian Institution Press, 1987.
Bloch, Milton. "Labels, Legends and Legibility." *Museum News* 47, no. 3 (1979): 13-17.
Bloomer, Kent C., and Charles W. Moore. *Body, Memory, and Architecture*. New Haven, CT: Yale University Press, 1977.
Borun, Minda, and Maryanne Miller. "To Label or Not to Label?" *Museum News* 58, no. 4 (1980): 64-67.
———. *What's in a Name? A Study of the Effectiveness of Explanatory Labels in a Science Museum*. Washington, DC: Association of Science-Technology Centers, 1980.
Borun, Minda, Barbara Flexer, Alice Casey, and Lynn Baum. "Measuring the Immeasurable: A Pilot Study of Museum Effectiveness." Philadelphia: The Franklin Institute Science Museum, 1977.
———. "Planets and Pulleys: Studies of Class Visits to Science Museums." Washington, DC: Association of Science-Technology Centers, 1983.
Brawne, Michael. *The New Museum*. New York: Frederick A. Praeger, 1965.
———. *The Museum Interior*. New York: Architectural Book Publishing Company, 1982.
Brommelle, N. S., and J. B. Harris. "Part 1. Museum Lighting." *Museums Journal* 61 (1961): 169-77.
———. "Part 2. Artificial Light and Museum Display." *Museums Journal* 61 (1962): 259-67.
———. "Part 3. Aspects of the Effects of Light on Deterioration." *Museums Journal* 62 (1962) :337-46.
———. "Part 4. Viewing the Object." *Museums Journal* 62 (1962) :178-86.
Bruman, Raymond, and Ron Hipschman. *Exploratorium Cookbook II*. San Francisco: Exploratorium, 1980.
———. *Exploratorium Cookbook III*. San Francisco: Exploratorium, 1987.
Bruman, Raymond, and the staff of the Exploratorium. *Exploratorium Caokbook I*. San Francisco: Exploratorium, 1975.
Bryan, Dave. "Involvement." *Exhibit Builder* 2, no. 7 (1985): 18-25.
———. "How the Exhibit Builder Can Avoid Scheduling Mishaps." *Exhibit Builder* 6, no. 6 (1989): 34-40.
Bryan, Dave, and James F. Englehardt. "Interactive Exhibit Controls." *Exhibit Builder* 6, no. 1 (1988): 50-53.
Burcaw, G. Ellis. *Introduction to Museum Work*. Nashville, TN: The American Association for State and Local History, 1983.
Burstein, David, and Frank Stasiowski. *Project Management for the Design Profession-*

al. New York: Whitney Library of Design, 1982.

Cachia, Francis. "Communication and the Museum: An Interview with Dr. Hansgerd Hellenkemper, Director of the Romisch-Germanisches Museum, Cologne." *Museum* 141, vol. 36, no. 1 (1984): 8-13.

Cameron, Duncan. "How Do We Know What Our Visitors Think?" *Museum News* 45, no. 7 (1967): 31-33.

———. "Effective Exhibits: A Search for New Guidelines: The Evaluator's Viewpoint." *Museum News* 46, no. 5 (1968): 43-45.

Caplan, Ralph. *By Design: Why There Are No Locks on the Bathroom Doors in the Hotel Louis XIV and Other Object Lessons.* New York: McGraw-Hill, 1982.

Carey. Susan. *Conceptual Change in Childhood.* Cambridge, MA: The MIT Press, 1987.

Cash, Joan. "Spinning Toward the Future: The Museum on Laser Videodisk." *Museum News* 63, no. 6 (1985): 19-35.

Chambers, Marlene. "Is Anyone Out There?" *Museum News* 62, no. 5 (1984): 47-54.

Chermayeff, Ivan. "Exhibits." *Communication Arts* 20, no. 4 (1978): 72-85.

Ching, Francis D. K. *Interior Design Illustrated.* New York: Van Nostrand Reinhold Company, 1987. ＊『インテリアの空間と要素をデザインする』太田邦夫・菊池岳史・ペリー史子訳, 彰国社, 1994.

Churchman, C. West. "Wicked Problems." *Management Science* 4, no 14 (1967): B-141-B-142.

Chutkow, Paul. "The Lucas Chronicles." *San Francisco Examiner Image Magazine*, 21 March 1993.

Coates, Joseph F. "The Future and Museums." *Museum News* 62, no, 6 (1984): 40-45.

Cohen, Marilyn S., Gary H. Winkel, Richard Olsen, and Fred Wheeler. "Orientation in a Museum: An Experimental Study." *Curator* 20, no. 2 (1977): 85-97.

Cole, K. C. *Vision: In the Eye of the Beholder.* San Francisco: Exploratorium, 1978.

———. *Facets of Light: Colors, Images, and Things That Glow in the Dark.* San Francisco: Exploratorium, 1980.

Collins, Zipporah W., ed. *Museums, Adults and the Humanities: A Guide for Educational Programming.* Washington, DC: American Association of Museums, 1981.

Cook, Robert A. "Instructional Signage: A Zoological Nightmare." *Curator* 32, no. 1 (1989): 16-23.

Craig, Tracey Linton. "'Reinterpreting' the Past." *Museum News* 68, no. 1 (1989): 60-63.

Csikszentmihalyi, Mihaly, and Eugene Rochberg-Halton. *The Meaning of Things: Domestic Symbols and the Self.* Cambridge: Cambridge University Press, 1981.

Cuisenier, Jean. "Exhibiting Meaningfully-The Semantics of Display in Agricultural Museums." *Museum* 143, vol. 36, no. 3 (1984): 130-37.

Dandridge, Frank. "The Value of Design in Visual Communication." *Curator* 9 (April 1966): 331-36.

Danilov, Victor J. *Science Center Planning Guide: A Handbook for Starting and Operating Science and Technology Museums*. Washington. DC: Association of Science-Technology Centers, 1985.

Davidson, Betty. *New Dimensions for Traditional Dioramas: Multisensory. Additions for Access, Interest and Learning*. Boston: Museum of Science, 1991.

de Bono, Edward. *Lateral Thinking: Creativity Step by Step*. New York: Harper & Row, 1970.

de Borhegyi, Stephan F. "Space Problems and Solutions." *Museum News* 42, no. 11 (1965): 18-22.

Deasy, C. M. *Designing Places for People: A Handbook on Human Behavior for Architects, Designers, and Facility Managers*. New York: Whitney Library of Design, 1985.

DeBorhegyi, Suzanne. "Museum Brainstorming: A Creative Approach to Exhibit Planning." *Curator* 21, no 3 (1978): 217-24.

"Declaration of the Central European Design Conference." *Design Issues* 9, no. 1 (1992): 86-88.

Decrosse, Anne, Johanne Landry, and Jean-Paul Natali. "Explora: The Permanent Exhibition of the Centre for Science and Industry at La Villlette, Paris." *Museum* 155, vol. 39, no. 3 (1987): 176-91.

Deming, W. Edwards. *Out of the Crisis*. Boston: The MIT Press, 1986.

Devenish, David. "Methods and Problems of Archaeological Display in British Provincial Museum." *Curator* 9 (1966): 156-65.

Dewey, John. *Art as Experience*. John Dewey, 1934. Reprint. New York: Capricorn Books, 1958.

Diamond, Judy. "The Behavior of Family Groups in Science Museums." *Curator* 29, no. 2 (1986): 139-54.

Dierking, Lynn D. "The Family Museum Experience: Implications from Research." *Journal of Museum Education* 14, no. 2 (1989): 9-11.

Dierking, Lynn D., John J. Koran, Jr., Jeffrey Lehman, Mary Lou Koran, and Edward Munyer. "Recessing in Exhibit Design as a Device for Directing Attention." *Curator* 27, no. 3 (1984): 238-48.

Dolce, Joe. "Profiles: Four Designers." *ID Magazine* 36, no. 1 (1989): 53.

Draper, Linda, ed. *The Visitor and the Museum*. Berkeley: University of California, 1977.

Dreyfuss, Henry. *Designing for People*. New York: The Viking Press, 1974.

Duckworth, Eleanor. *The Having of Wonderful Ideas & Other Essays on Teaching and Learning*. New York: Teachers College Press, 1987.

Eason, Laurie P., and Alan Friedman. "Star Games: The Pains and Pleasures of Formative Evaluation." *Lawrence Hall of Science Report*. Berkeley: Lawrence Hall of Science, 1976.

Eason, Laurie P., and Marcia Linn. "Evaluation of the Effectiveness of Participatory Exhibits." *Curator* 19, no. 1 (1976): 45-62.

Eberhard. John P. "We Ought to Know the Difference." In *Emerging Methods in Environmental Design and Planning,* edited by G. T. Moore. Cambridge, MA: The MIT Press, 1970.

Edwards, Betty. "Creativity." Lecture presented at the annual meeting of the Western Museums Conference, Los Angeles, California, September 1986.

Eisner, Elliot W., and Stephen M. Dobbs. "Silent Pedagogy: How Museums Help Visitors Get in Touch with Exhibitions." *Curator* 33, no. 3 (1990): 217-35.

Eri. Istvan. "A Brief History of the Showcase." *Museum* 146, 37, no. 2 (1985): 72-74.

Falk, John H., and Lynn D. Dierking. *The Museum Experience.* Washington, DC; Whalesback Books, 1992. ＊『博物館体験』高橋順一訳，雄山閣出版，1996.

Falk, John H., John J. Koran, Lynn D. Dierking, and Lewis Dreblow. "Predicting Visitor Behavior." *Curator* 28, no. 4 (1985): 249-57.

Farris, Madeline. "Analysis of New York Hall of Science Visitors' Concepts of Microorganisms." New York: New York Hall of Science, August 1988.

Feher, Elsa, and Karen Rice. "Development of Scientific Concepts through the Use of Interactive Exhibits in a Museum." *Curator* 28, no. 1 (1985): 35-46.

Field, Bob. *Hands-On Museums: Partners in Learning.* New York: Educational Facilities Laboratory, 1975.

Finn, David. *How to Visit a Museum.* New York: Harry N. Abrams, 1985.

Follis, John, and Dave Hammer. *Architectural Signing, and Graphics.* New York: Whitney Library of Design, 1979.

Friedman, Alan, Laurie P. Eason, and G. I. Sneider. "Star Games: A Participatory Astronomy Exhibit." *Planetarium* 8, no. 3 (1979): 3-7.

Frost, Murray. "Planning for Conservation, III Standards and Guidelines." In *Planning Our Museums,* edited by Barry Lord and Gail Dexter Lord. Ottawa: National Museums of Canada, 1983.

Frye, Melinda Young, ed. *Natives & Settlers: Indian and Yankee Culture in Early California.* Oakland, CA : The Oakland Museum, 1979.

Fuller, Buckminster. *Operating Manual for Spaceship Earth.* Carbondale, IL.: Southern Illinois University Press, 1969.

Gallagher, Jeanette McCarthy, and Laurie Dien, eds. "Children's Museums." *Children's Environments Quarterly* 4, no- 1 (1987): 1-62.

Gardner, Howard. *Frames of Mind.* New York: Basic Books, Inc., 1985.

——. "Designing Exhibitions for Multiple Frames of Mind." Lecture presented at the American Association of Museums Annual Meeting, Pittsburgh, Pennsylvania, June 1988.

Gardner, James, and Caroline Heller. *Exhibition and Display.* New York: Dodge Corporation, 1961.

Gardner, Martin. *Aha! insight.* New York: Scientific American, Inc., 1978. ＊『aha! Insight ひらめき思考1』島田一男訳，日経サイエンス社，1983.

Gardner, Toni. "Learning from Listening: Museums Improve Their Effectiveness Through Visitor Studies." *Museum News* 64, no. 3 (1986): 40-44.

Garfield, Donald. "Dimensions of Diversity." *Museum News* 68, no. 2 (1989): 43-48.
Gordon, William J. *Synectics: The Development of Creative Capacity.* New York: Harper & Row, 1961.
Grant, Daniel. "Do Museum Labels Turn Art Into Illustration?" *The Wall Street Journal,* 26 January 1984, 24.
Greenglass, David I. "Learning from Objects in a Museum." *Curator* 29, no. 1 (1986): 53-66.
Greenglass, David I., and David S. Abbey. "An Analysis of Visitors' Responses to Objects in a Traveling Exhibition." *Curator* 24, no. 3 (1981): 181-88.
Griggs, Steven A. "Formative Evaluation of Exhibits at the British Museum (Natural History)." *Curator* 24, no. 3 (1981): 189-201.
──. *Front-end Evaluation: Three Case Studies.* London: British Museum. Department of Public Services, Office of Museum Programs, 1982.
──. "Orienting Visitors Within a Thematic Display." *International Journal of Museum Management and Curatorship* 2 (1983): 119-34.
Grillo, Paul Jacques. *Form, Function & Design.* New York: Dover Publications, Inc., 1975.
Grinell, Sheila. "Science Centers Come of Age." *Issues in Science and Technology* 4, no. 3 (1988): 70-75.
──. *A New Place for Learning Science: Starting and Running a Science Center.* Washington, DC: Association of Science-Technology Centers, 1992.
Gurian, Elaine Heumann. "Museum Learning and the Casual Visitor: What Are the Limits?" Paper presented at the Seminar of the International Laboratory for Visitor Studies, University of Toronto, Toronto, November 1987.
Hall, Edward T. *The Hidden Dimension.* New York: Doubleday; 1966. ＊『かくれた次元』日高敏隆・佐藤信行訳，みすず書房，1970.
──. *The Silent Language.* New York: Doubleday, 1973. ＊『沈黙のことば』國弘正雄・長井善見・齋藤美津子訳，南雲堂，1966.
──. *Beyond Culture.* New York: Doubleday, 1977.
Hall, Margaret. *On Display: A Design Grammar for Museum Exhibitions.* London: Lund Humphries, 1987.
Harney, Andy Leon. "Money Changers in the Temple?" *Museum News* 71, no. 6 (1992): 38-63.
Hartman, Thomas. "From Genesis Through Form: Processes Involved in Exhibit Implementation." *Western Museums Conference Newsletter,* no. 2 (1988): 4-5.
Hayward, Jeff, "An Evaluator's Viewpoint." *ILVS Review* 2, no. 2 (1992): 287-92.
Hayward, Jeff, and Mary L. Brydon-Miller. "Spatial and Conceptual Aspects of Orientation: Visitor Experiences at an Outdoor History Museum." *Journal of Environmental Systems* 13 (1983): 317-32.
Hennigar-Shuh, John. "Talking with Teachers About Museums in Nova Scotia." *Museum* 144, vol. 36, no. 4 (1984): 184-89.
Heltne, Paul G., and Linda A. Marquardt, eds. *Science Learning in the Informal Set-*

ting: *Symposium Proceedings*. Chicago: The Chicago Academy of Sciences, 1988.

Hicks, Ellen Cochran, ed. "An Artful Science: A Conversation About Exhibit Evaluation." *Museum News* 64, no. 3 (1986): 32-39.

Hicks, Ellen Cochran, and Mary Ellen Munley, eds. *Museums for a New Century*. Washington, DC: American Association of Museums, 1984.

Highwater, Jamake. "Special: A Conversation with Joseph Campbell" *Quadrant* 18, no. 1 (1985): 97-102.

Hilke. D. D., and J. D. Balling. "The Family as a Learning System: An Observational Study of Family Behavior in an Information Rich Environment." In *The Role of the Family in the Promotion of Science Literacy*. Washington, DC: National Science Foundation, 1985.

Hilke. D. D., Elizabeth C. Hennings, and Myriam Springuel. "The Impact of Interactive Computer Software on Visitors' Experiences: A Case Study." *ILVS Review: A Journal of Visitor Behavior* 1, no. 1 (1988): 34-49.

Hodges, Henry. "Showcases Made of Chemically Unstable Materials." *Museum* 34, no. 1 (1982): 56-58

———. "Planning for Conservation, II: Design for Conversation." In *Planning Our Museums,* edited by Barry Lord and Gail Dexter Lord. Ottawa: National Museums of Canada, 1983.

Hood, Marilyn G. "Staying Away: Why People Choose Not to Visit Museums." *Museum News* 61, no. 4 (1983): 50-57.

———. "Getting Started in Audience Research." *Museum News* 64, no. 3 (1986): 25-31.

Howell, Daniel B. "A Network System for the Planning, Designing, Construction, and Installation of Exhibits." *Curator* 14 (1971): 100-108.

Hudson, Kenneth. *A Social History of Museums*. London: MacMillan, 1975.

———. *Museums for the 1980s: A Survey of World Trends*. New York: Holmes & Meier Publishers, 1977.

———. *Museums of Influence*. Cambridge: Cambridge University Press, 1987.

Hurlburt, Allen. *The Design Concept*. New York: Harper & Row, 1970.

Itten, Johannes. *The Elements of Color*. New York: Van Nostrand Reinhold Co., 1970.

———. *Design and Form*. New York: Van Nostrand Reinhold Co., 1975. ＊『ヨハネス・イッテン 色彩論』大智浩訳, 美術出版社, 1971.

Jackson, John B. *The Necessity for Ruins and Other Topics*. Amherst: The University of Massachusetts Press, 1980.

Jones, Jeffery. "Museum Computers: Design Innovations." *Curator* 3S, no. 3 (1992): 225-36.

Jung, Carl G. *Man and His Symbols*. New York: Doubleday, 1964.

Karp, Ivan, and Steven D. Lavine. *Exhibiting Cultures: The Poetics and Politics of Museum Display*. Washington, DC: Smithsonian Institution Press, 1991.

Kennedy, Jeff. *User Friendly: Hands-On Exhibits That Work*. Washington, DC: Associa-

tion of Science-Technology Centers, 1990.
Kidder, Tracy. *The Soul of a New Machine.* New York: Avon Books, 1981.
Kimmel, Peter S., and Mark J. Maves. "Public Reaction to Museum Interiors." *Museum News* 51, no. 1 (1972): 17-19.
Kinard, John. "The Visitor Versus the Museum." *In The Visitor and the Museum,* edited by Linda Draper. Berkeley, CA: University of California, 1977.
Klein, Larry. *Exhibits: Planning and Design.* New York: Madison Square Press, 1986.
Kneller, George F. *The Art and Science of Creativity.* New York: Holt, Rinehart, and Winston, 1965.
Knox, Barbara J. "Electric vs. Natural Lighting: The Debate Continues." *Museum News* 66, no. 5 (1988): 64-67.
Koestler, Arthur. *The Act of Creation.* London: Hutchinson, 1969.
Kohn, Sherwood Davidson. "It's OK to Touch at the New-style Hands-on Exhibits." *Smithsonian* 9, no. 6 (1978): 78-84.
Koran. John J., Mary Lou Koran, and Sarah J. Longino. "The Relationship of Age, Sex, Attention, and Holding Power with Two Types of Science Exhibits." *Curator* 29, no. 3 (1986): 227-35.
Kron, Joan, and Suzanne Slesin. *High Tech: The Industrial Style and Sourcebook for the Home.* New York: Clarkson N. Potter, Inc., 1978.
Kropf, Marcia Brumit. "The Family Museum Experience: A Review of the Literature." *Journal of Museum Education* 14, no. 2 (1989): 5-8.
Kueppers, Harald. *The Basic Law of Color Theory.* New York: Barron's, 1982.
Lafontaine, Raymond H., and Patricia A. Wood. "Fluorescent Lamps." *Technical Bulletin* no. 7. Ottawa: Canadian Conservation Institute, 1982.
Larrabee, Eric, ed. *Museums and Education.* Washington, DC: Smithsonian Institution Press, 1968.
Lattis, Richard L. "Buddy Can You Spare a Sign?" In *American Association of Zoological Parks and Aquariums Annual Conference Proceedings.* Wheeling, WV: American Association of Zoological Parks and Aquariums, 1986, 246-56.
Lavine, Steven D. "Museums and Multiculturalism: Who Is in Control?" *Museum News* 68, no. 2 (1989): 36-42.
Lawson, Bryan. *How Designers Think: The Design Process Demystified.* London: The Architectural Press Ltd. 1980.
Leonard, George B. *Education and Ecstasy.* London: John Murray, 1970.
Lilyquist. Christine. "The Installation of the Egyptian Collection at the Metropolitan Museum of Art." *Museum* 142, vol. 36, no. 2 (1984): 85-91.
Linn, Marcia. "Exhibit Evaluation-Informed Decision Making." *Curator* 19, no. 4 (1976): 291-302.
———. "Evaluation in the Museum Setting: Focus on Expectations." *Educational Evaluation and Policy Analysis* 5, no. 1 (1983): 119-27.
Loomis, Ross. *Museum Visitor Evaluation: New Tool for Management.* Nashville, TN: American Association for State and Local History; 1987.

Lord, Barry, and Gail Dexter Lord, eds. *Planning Our Museums.* Ottawa: National Museums of Canada, 1983.

Lynch, Kevin. *The Image of the City.* Cambridge, MA: The MIT Press, 1960.

MacDonald, George F., and Stephen Alsford. *A Museum for the Global Village.* Hull, Quebec: Canadian Museum of Civilization, 1989.

MacLeish, A. Bruce. *The. Care of Antiques and Historical Collections,* 2nd ed. Nashville, TN: The American Association for State and Local History, 1985.

Macleod, K. J. "Museum Lighting." *Technical Bulletin* no. 2. Ottawa: Canadian Conservation Institute, 1975.

Matyas, Marsha Lake, and Lynda Martin-McCormick. *A Status Report on the Role of Minorities, Women, and People with Disabilities in Science Centers.* Washington, DC: Association of Science-Technology Centers, 1993.

McCarthy, Bernice. *The 4MAT System: Teaching to Learning Styles with Right/Left Mode Techniques.* Barrington, IL: Excel, Inc., 1987.

———. "Learning Styles: What Are They? And How Do We Apply Them to Museums?" Lecture presented at the American Association of Museums Annual Meeting, New Orleans, Louisiana, June 1989.

McDermott-Lewis, Melora. *The Denver Art Museum Interpretive Project.* Denver: Denver Art Museum, 1990.

McKim, Robert H *Thinking Visually: A Strategy Manual for Problem Solving.* Palo Alto, California: Dale Seymour Publications, 1980.

McLean, Kathleen. "A Case for Evaluation: The Brooklyn Children's Museum." *Childrens' Environments Quarterly* 4, no. 1 (1987): 24-29.

———. "Computers in Exhibits: What Are They Good For?" *Curator* 35, no. 4 (1992): 246-48.

McLuhan, Marshall. *Understanding Media: The Extensions of Man.* New York: McGraw-Hill, 1964. ＊『メディア論―人間の拡張の諸相』栗原裕・河本仲聖訳, みすず書房, 1987.

McManus. Paulette M. "Reviewing the Reviewers: Towards a Critical Language for Didactic Science Exhibitions." *The International Journal of Museum Management and Curatorship* 5, no. 3 (1986): 213-26.

———. "It's the Company You Keep ... The Social Determination of Learning-Related Behavior in a Science Museum." *International Journal of Museum Management and Curatorship* 6, no. 3 (1987): 263-70.

———. "Oh. Yes, They Do: How Museum Visitors Read and Interact with Exhibit Texts." *Curator* 32, no. 3 (1989): 174-89.

———. "Watch Your Language! People Do Read Labels." In *What Research Says About Learning in Science Museums,* edited by Beverly Serrell. Washington, DC: Association of Science-Technology Centers, 1990.

Mehrabian, Albert. *Public Places and Private Spaces: The Psychology of Work. Play, and Living Environment.* New York: Basic Books, 1976.

Melton, Arthur W. *Problems of Installation in Museums of Art.* Washington, DC:

American Association of Museums Monograph, New Series 14 (1935): 92-150.

———. "Distribution of Attention in Galleries in a Museum of Science and Industry." *Museum News* 143, no. 3 (1936): 6-8.

———. "Visitor Behavior in Museums: Some Early Research in Environmental Design." *Human Factors* 14, no. 5 (1972): 393-403.

Michell, George. "The Making of a Great Exhibition." *Museum* 34, no. 4 (1982): 221-24.

Mikellides, Byron. *Architecture for People.* New York: Holt, Rinehart and Winston, 1980.

Miles, Roger S. *The Design of Educational Exhibits.* London: George Allen & Unwin, 1982. ＊『展示デザインの原理』中山邦紀訳，丹青社，1986.

———. "Museum Audiences." *International Journal of Museum Management and Curatorship* 5, no. 1 (1986): 73-80.

———. "Communicating Science to the Public." In *Museums and the Communication of Science,* edited by D. Evered and M. O'Conner. New York: John Wiley & Sons, 1987.

———. "Museums and Public Culture: A Context for Communicating Science." In *Science Learning in the Informal Setting,* ed. P. G. Heltne and L. Marquardt. Chicago: The Chicago Academy of Sciences. Chicago, 1988.

Miles, Roger S., and M. B. Alt. "British Museum (Natural History): A New Approach to the Visiting Public." *Museums Journal* 78, no. 4 (1979): 158-62.

Minsky, Marvin. *The Society of Mind.* New York: Simon & Schuster Inc., 1985. ＊『心の社会』安西祐一郎訳，産業図書，1990.

Moran, Thomas P. "A Model of a Multilingual Designer." In *Emerging Methods in Environmental Design and Planning,* edited by G. T. Moore. Cambridge, MA: The MIT press, 1970.

Munley, Mary Ellen. "Asking the Right Questions: Evaluation and the Museum Mission." *Museum News* 64, no. 3 (1986): 18-23.

Munro, Patricia, and Glenn Porter. "The Exhibit Challenge." *History News* 39, no. 6 (1984): 12-17.

National Museum of Natural History. "Creating Exhibits: Policies and Practices of the Department of Public Programs." Washington. DC: National Museum of Natural History, 1992.

Neal, Arminta. *Help for the Small Museum.* Boulder: Pruett Publishing, 1969.

———. *Exhibits for the Small Museum.* Nashville: American Association for State and Local History, 1976.

Nelson, George. "The Design Process." *Interior Design* 54, no. 9 (1983): 214-19.

Neuhart, John. Marilyn Neuhart, and Ray Eames. *Eames Design: The Work of the Office of Charles and Ray Eames.* New York: Harry N. Abrams, Inc., 1989.

Newell, Alan, and Herbert A. Simon. *Human Problem Solving.* New Jersey: Prentice-Hall, 1972.

Newsom, Barbara Y., and Adele Z. Silver, eds. *The Art Museum as Educator.* Berkeley: University of California Press, 1978.

Nichols, Susan K., ed. and comp. *Organizing Your Museum: The Essentials.* Washington, DC: American Association of Museums, 1989.

Nichols, Susan K., Mary Alexander, and Ken Yellis, eds. *Museum Education Anthology.* Washington, DC: Museum Education Roundtable, 1984.

Norman, Donald A. *The Psychology of Everyday Things.* New York: Basic Books, 1988. ＊『誰のためのデザイン？―認知科学者のデザイン原論』野島久雄訳，新曜社，1990.

Olds, Anita Rui. "Sending Them Home Alive." *Journal of Museum Education* 15, no. 1 (1990): 10-12.

Oppenheimer, Frank. "Everyone Is You ... Or Me." *Technology Review* 78, no. 7 (1976): 2-7.

Oppenheimer, Frank, and the staff of the Exploratorium. *Working Prototypes.* San Francisco Exploratorium, 1986.

Papanek, Victor. *Design for the Real World.* New York: Van Nostrand Reinhold, 1984.

―――. "The Future Isn't What It Used to Be." *Design Issues* 5, no 1 (1988): 4-17. ＊『生きのびるためのデザイン』阿部公正訳，晶文社，1974.

Park, Edwards, and Jean Paul Carlhian. *A New View from the Castle.* Washington, DC: Smithsonian Institution Press, 1987.

Parr, Alfred E. "The Habitat Group." *Curator* 2, no. 2 (1959): 107-28.

―――. "A Plea for Abundance." *Curator* 2, no. 3 (1959): 275-79.

―――. "Curatorial Functions in Education." *Curator* 6, no. 4 (1963): 287-91.

―――. "Habitat Group and Period Room." *Curator* 6, no. 4 (1963): 325-36.

Parsons, Lee A. "Systematic Testing of Display Techniques for an Anthropological Exhibit." *Curator* 8, no. 2 (1965) :167-89.

Parsons, Margaret, and Ross Loomis. "Visitor Traffic Patterns: Then and Now." In *Behavior.* Washington, DC: Smithsonian Institution, Office of Museum Programs, 1973.

Patterson. Donald, and Stephen Bitgood, "Exhibit Design with the Visitor in Mind." *Technical Report* no. 87-40A. Jacksonville, AL: Jackson State University, Psychology Institute, 1987.

Pearlman, Chee. "Nissan Design International." *ID Magazine* 36, no. 6 (1989): 34-39.

Peart, Bob. "The Impact of Exhibit Type on Knowledge Gain, Attitudes, and Behavior." *Curator* 27, no. 3 (1984): 220-37.

Persegati, Walter. "Looking Back on a Temporary Exhibition. The Vatican Collections: The Papacy and Art." *Museum* 152, vol. 38, no. 4 (1986): 213-29.

Peters, Tom. *Thriving on Chaos: Handbook for a Management Revolution.* New York: Harper & Row, 1987.

Peterson, James F. " User-Friendly' Exhibit Design." In *American Association of Zoological Parks and Aquariums Annual Conference Proceedings.* Wheeling, WV:

American Association of Zoological Parks and Aquariums, 1986, 257-66.
Phillips, David. "Science Centers: A Lesson for Art Galleries?" *International Journal of Museum Management and Curatorship* 5, no. 3 (1986): 259-66.
Piaget, Jean. *Science of Education and the Psychology of the Child*. New York: Orion, 1970.
Pollock, Wendy, and Susan McCormick, eds. *The ASTC Science Center Survey Exhibits Report*. Washington, DC: Association of Science-Technology Centers, 1988.
Posner, Ellen. "The Museum as Bazaar." *The Atlantic* 262, no. 2 (1988): 67-70.
Punt, Barbara. *Doing It Right: A Workbook for Improving Exhibit Labels*. Brooklyn, NY: The Brooklyn Children's Museum, 1989.
Rand, Judy. "Fish Stories that Hook Readers." In *American Association of Zoological Parks and Aquariums Annual Conference Proceedings*. Wheeling, WV: American Association of Zoological Parks and Aquariums, 1985, 140-43.
——. "The Writing on the Wall." Lecture presented at the American Association of Museums Annual Meeting, New Orleans, Louisiana, June 1989.
Rathburn, Robert R., and Carter Lupton. "The Lands of Snow and Cedar." *Museum News* 61, no. 3 (1983): 55-63.
Rattazzi, Serena. "Pi-cas-so 1. Painter." *New York Times*, 8 July 1981, 27.
"Reaching Diverse Audiences, Integrating Diverse Messages." *ASTC Newsletter* 21, no. 1 (1993): 14.
Reque, Barbara. "From Object to Idea." *Museum News* 56, no. 3 (1978): 45-47.
Ripley, Dillon. *The Sacred Grove*. Washington, DC: Smithsonian Institution, 1969.
Robinson, Edward S. *The Behavior of the Museum Visitor*. Washington, DC: American Association of Museums Monograph, n.s. 5 (1928).
Rowan, Katherine E. "What Research Says ... About Explaining Difficult Ideas." *ASTC Newsletter* 20, no. 6 (1992): 7-8.
Rowe. Peter G. *Design Thinking*. Cambridge, MA: The MIT Press, 1987.
Royal Ontario Museum. *Communicating with the Museum Visitor*. Toronto: Royal Ontario Museum, 1976.
——. *Mankind Discovering, Volume I: A Plan for New Galleries at the Royal Ontario Museum*. Toronto: Royal Ontario Museum, 1978.
——. *Hands-On: Setting Up a Discovery Room in Your Museum or School*. Toronto: Royal Ontario Museum, 1979.
——. *Mankind Discovering; Volume II: Evaluations-The Basis for Planning*. Toronto: Royal Ontario Museum, 1979.
——. *Opportunities and Constraints: The First Report of the Exhibits Communication Task Force, Royal Ontario Museum*. Toronto: Royal Ontario Museum, 1979.
Rudin, Emily. "A Sign for All Seasons: From Writer's Clipboard to Zoo Exhibit." *Curator* 22, no. 4 (1979): 303-9.
Ruffins, Fath Davis. "The Exhibition as Form: An Elegant Metaphor." *Museum News* 64, no. 1 (1985): 54-59.

Sazonov, Valery Petrovich. "The One-Picture Gallery." *Museum* 152, vol. 38, no. 4 (1986): 237-40.
Schlereth, Thomas J. *Material Culture Studies in America.* Nashville, TN: American Association for State and Local History; 1982.
———. "Object Knowledge: Every Museum Visitor an Interpreter." *Journal of Museum Education* 9, no 1 (1984): 5-9.
Schon, Donald A. *The Reflective Practitioner: How Professionals Think in Action.* New York: Basic Books, 1983.
Schroeder, Fred. *Designing Your Exhibits: Seven Ways to Look at an Artifact.* Technical Leaflet 91. Nashville, TN: American Association for State and Local History, 1980.
"Science Museums Lighting the Way to Energy Efficiency." *ASTC Newsletter* 21, no. 3 (1993): 8.
Screven, Chandler G. *The Measurement and Facilitation of Learning in the Museum Environment: An Experimental Analysis.* Washington, DC: Smithsonian Institution, Office of Museum Programs, 1974.
———. "Exhibit Evaluation: A Goal-Referenced Approach." *Curator* 19, no. 4 (1976): 271-90.
———. "Educational Evaluation and Research in Museums and Public Exhibits: A Bibliography." *Curator* 27, no. 2 (1984): 147-65.
———. "Educational Exhibitions: Some Areas for Controlled Research." *Journal of Museum Education* 11, no. 1 (1986): 7-11.
———. "Exhibitions and Information Centers: Some Principles and Approaches." *Curator* 29, no. 2 (1986): 109-37.
———. "Museum Learning and the Casual Visitor: What are the Limits?" Lecture presented at the International Laboratory for Visitor Studies Toronto Seminar, University of Toronto, November 1987.
———. *ILVS Bibliography and Abstracts.* 2nd edition. Milwaukee, WI: The International Laboratory for Visitor Studies, 1988.
———. "Motivating Visitors to Read Labels." *ILVS Review* 2, no. 2 (1992): 183-211.
Screven, Chandler G., and Harris H. Shettel, eds. *ILVS Review: A Journal of Visitor Behavior* 1, no. 1 (1988).
Searing, Helen. "The Development of a Museum Typology." In *Building the New Museum,* edited by Suzanne Stephens. New York: The Architectural League of New York, Princeton Architectural Press, 1986.
Sears, Henry. "Planning for Galleries and Display." In *Planning Our Museums,* edited by Barry Lord and Gail Dexter Lord. Ottawa: National Museums of Canada, 1983.
Semper, Rob, and Kristina Hooper Woolsey. *Multimedia in Public Space, Technical Report.* San Francisco: Apple Multimedia Lab and Exploratorium, 1992.
Serrell, Beverly. "Zoo Labels: An Evaluation Study at the Brookfield Zoo." *International Zoo Yearbook* 21 (1982): 54-61.

———. *Making Exhibit Labels: A Step-by-Step Guide.* Nashville, TN: American Association for State and Local History, 1983.

———. "Making Better Layered Labels," In *American Association of Zoological Parks and Aquariums Annual Conference Proceedings.* Wheeling, WV: American Association of Zoological Parks and Aquariums, 1988, 178-81.

———. ed. *What Research Says About Learning in Science Museums.* Washington, DC: Association of Science-Technology Centers, 1990.

———. "Characteristics of a Positive Museum Experience." Chicago: Serrell Associates, 1992.

———. "Water in California Front-end Evaluation Report, Part I. Interviews for The Oakland Museum." Chicago: Serrell Associates, 1992.

Serrell, Beverly; and Britt Raphling. "Computers on the Exhibit Floor," *Curator* 35, no. 3 (1992): 181-89.

Shapiro, Michael Steven, ed. *The Museum: A Reference Guide.* New York: Greenwood Press, 1990.

Shelley, Marjorie. *The Care and Handling of Art Objects: Practices in the Metropolitan Museum of Art.* New York: The Metropolitan Museum of Art, 1987.

Shettel, Harris H. "An Evaluation of Existing Criteria for Judging the Quality of Science Exhibits." *Curator* 11, no. 2 (1958): 137-53.

———. "Exhibits: Art Form or Educational Medium?" *Museum News* 52, no. 1 (1973): 32-41.

Shettel, Harris, and Mary Ellen Munley. "Do Museum Studies Programs Meet Evaluation Training Needs?" *Museum News* 64, no. 3 (1986): 63-70.

Shettel, Harris, M. Butcher, T. S. Cotton, J. Northrup, and D. S. Slough. *Strategies for Determining Exhibit Effectiveness.* Washington, DC: American Institutes for Research, 1968.

Sklar, Martin. "Education vs Entertainment: Competing for Audiences" Lecture presented at the American Association of Museums Annual Meeting, San Francisco, California, June 1987.

Skramstad, Harold K. "Interpreting Material Culture: A View from the Other Side of the Glass." In *Material Culture and the Study of American Life,* edited by Ian M. G. Quimby. New York: W.W. Norton and Company, 1978.

Smith. Roberta. "Facts, Figures, Afterthoughts." *Art in America* 68, no. 10 (1980): 102-4.

Sneider, Carey I., Laurie P. Eason, and Alan J. Friedman. "Summative Evaluation of a Participatory Science Exhibit." *Science Education* 63, no. 1 (1979): 25-36.

Sorken, Michael, ed. *Variation of a Theme Park: The New American City, and the End of Public Space.* New York: The Noonday Press, 1992.

Sparke, Penny. *Design in Context.* London: Chartwell Books, Inc., 1987.

Stam, Deirdre C. "Public Access to Museum Information: Pressures and Policies," *Curator* 32, no. 3 (1989): 190-98.

Stanton, John E. "Communication and Communicators: Some Problems of Display."

Museum 139, vol. 35, no. 3 (1983): 159-63.

Strategy Notebook: Tools for Change. San Francisco: Interaction Associates, 1972.

Strunk, William Jr., and E. B. White. *The Elements of style.* New York: Macmillan Publishing Co., Inc., 1979.

Taylor, Samuel. "Visitors' Questions About Dinosaurs." *Journal of Museum Education* 12, no. 1 (1987): 12-14.

———. *Try It! Improving Exhibits through Formative Evaluation.* Washington, DC: Association of Science-Technology Centers, 1991.

Thier, Herbert. "Developing Effective Exhibits for the Expanding Role of Museums." *Curator* 27, no. 2 (1984): 93-103.

Thier, Herbert D., and Marcia C. Linn. "The Value of Interactive Learning Experiences in a Museum." *Curator* 15, no. 3 (1976): 248-54.

Thomas, Lewis. *The Medusa and the Snail.* New York: The Viking Press, 1979.

Thompson, C. Entertainment and Education: Antonyms or Allies." *Journal of Museum Education* 16, no. 2 (1991): 13.

Thomson, Garry. *The Museum Environment.* London: Butterworths, 1986.

Tressel, George W. "The Role of Museums in Science Education." *Science Education* 64, no. 2 (1983): 257-60.

———. "A Museum is to Touch." *Yearbook of Science and the Future.* Chicago: Encyclopaedia, Inc., 1984.

Tufte, Edward R. *Envisioning Information.* Cheshire, CT: Graphic Press, 1990.

Ucko, David A. "Science Literacy and Science Museum Exhibits." *Curator* 28, no. 4 (1985): 287-300.

Van Ausdall, John. "The Computer as Interpreter." *Museum News* 64, no. 3 (1986): 73-82.

Van Rennes, Eve C., and Cynthia Sue Mark. "Bridging the Visitor-Exhibit Gap with Computers." *Museum News* 60, no. 1 (1981): 21-30.

Velarde, Giles. *Designing Exhibitions.* New York: Whitney Library of Design, 1988.

"Voicing Varied Opinions." *Museum News* 68, no. 2 (1989): 49-52.

Weil, Stephen E. *Beauty and the Beasts.* Washington. DC: Smithsonian Institution Press, 1983.

———. *Rethinking the Museum and Other Meditations.* Washington, DC: Smithsonian Institution Press, 1990.

Weiner, George. "Why Johnny Can't Read Labels." *Curator* 6 (1963): 143-56.

Weintraub, Steven, and Gordon O. Anson. "Technics-Natural Light in Museums: An Asset or a Threat?" *Progressive Architecture* 71 (1990): 49-54.

White, Judith. "More than Just Hands-On! Thoughtfully Developing Participatory Exhibits." In *American Association of Zoological Parks and Aquariums Annual Conference Proceedings.* Wheeling, WV: American Association of Zoological Parks and Aquariums, 1986, 240-45.

White, Judith, and S. Barry. *Families, Frogs, and Fun.* Washington, DC: Smithsonian Institution, National Zoological Park, Office of Education, 1984.

Whitman, John. "More than Buttons, Buzzers and Bells." *Museum News* 57, no. 5 (1978): 43-50.

Wickelgren, Wayne. *How to Solve Problems*. San Francisco: W. H. Freeman and Company, 1974.

Wilk, John R. *The Creation of an Ensemble*. Carbondale, IL: Southern Illinois University Press, 1986.

Willson, David Winfield. "The Control of Light: Some Observations, Evaluations and Applications. "*Interior Design* 55, no. 11 (1984): 248-53.

Wilson, Forrest. *A Graphic Survey of Perception and Behavior for the Design Professions*. New York: Van Nostrand Reinhold Company, 1984.

Wines, James. "Exhibition Design and the Psychology of Situation." *Museum News* 67, no. 2 (1988): 58-61.

Winter, Robert. "Collection and Display: The Social History of Museum Space." In *The Robert O. Anderson Building*. Los Angeles: Los Angeles County Museum of Art, 1986.

Witteborg, Lothar. *Good Show: A Practical Guide for Temporary Exhibitions*. Washington, DC: Smithsonian Institution Traveling Exhibition Service, 1981.

Wolf, Robert L. *A Preliminary Guide for Studying Museum Environments*. Washington, DC: Smithsonian Institution, Office of Museum Programs, 1978.

——. "A Naturalistic View of Evaluation." *Museum News* 58, no. 6 (1980): 39-45.

——. "The Missing Link: A Look at the Role of Orientation in Enriching the Museum Experience." *Journal of Museum Education* 11, no. 1 (1986): 17-21.

Wonders, Karen. "Exhibiting Fauna — From Spectacle to Habitat Group" *Curator* 32, no. 2 (1989): 134.

Wurman, Richard Saul. *What Will Be Has Always Been: The Words of Louis I. Kahn*. New York: Access Press Ltd., 1986.

Yew, Wei, ed. *Noah's Art: Zoo, Aquarium, Wildlife Park, Graphics*. Alberta, Canada: Quon Editions, 1991.

Zinsser, William. *On Writing Well*. New York: Harper & Row, 1988.

引用文献   ＊翻訳本が確認できたものを記した.

1章　博物館利用者
LOUIS I. KAHN
　　Wurman, Richard Saul. *What Will Be Has Always Been: The Words of Louis I. Kahn.* New York: Access Press, Ltd., 1986.

ROGER MILES
　　Miles, Roger. "Museums and Public Culture: A Context for Communicating Science." Lecture presented at the symposium "Science Learning in the Informal Setting" at The Chicago Academy of Sciences. Chicago, IL, November 1987.

FIELD OF DREAMS
　　Copyright © by Universal City Studios Inc. Courtesy of MCA Publishing Rights, a Division of MCA Inc.

2章　博物館の展示
IINDIANA JONES
　　Indiana Jones and the Last Crusade, © 1989 Lucasfilm Ltd. All rights reserved. Permission courtesy of Lucasfilm Ltd.

STEVE MARTIN
　　Permission courtesy of *Saturday Night Live,* NBC Television, October 13, 1979.

3章　チームと体制―チームのプレイヤーたち
WEBSTER'S NEW COLLEGIATE DICTIONARY
　　Woolf, Henry Bosley, ed. *Webster's New Collegiate Dictionary.* Springfield, MA : G. & C. Merriam Company, 1980.

RALPH CAPLAN
　　Caplan, Ralph. *By Design.* New York: MaGraw-Hill book Company, 1982.

4章　展示開発のプロセス
LEWIS CARROLL
　　Carroll, Lewis. *The Adventures of Alice in Wonderland.* Books, Inc.: Boston, n.d.

5章　ちゃんと行う―利用者研究，評価，そして展示
VICTOR PAPANEK
　　Papanek, Victor. *Design for the Real World.* New York: Van Nostrand Reinhold, 1984.
　　＊『生きのびるためのデザイン』阿部公正訳，晶文社，1974.

DONALD A. NORMAN
　　Norman, Donald A. *The Psychology of Everyday Things.* New York: Basic Books, 1988.
　　＊D. A. ノーマン『誰のためのデザイン？　認知科学者のデザイン原論』野島久雄訳，新曜社，1990.

6章　展示開発における問題解決
BUCKMINSTER FULLER

これは，マサチューセッツ工科大学の学生からの質問に答えたものである．技術的な問題に取りくむ際に，美的要因を考慮するかどうかという質問であった．Fadiman, Clifton, gen, ed. *The Little, Brown Book of Anecdotes*. Boston: Little, Brown and Company, 1985.

7章　参加型・インタラクティブ展示
GEORGE B. LEONARD

Leonard, George B. *Education and Ecstasy*. London: John Murray, 1970.

HOWARD GARDNER

Davis, Jessica, and Howard Gardner. "Open Windows Open Doors." *Museum News* 72, no. 1 (1993): 34-58.

8章　ラベル―展示の語り手
CARROLL LEWIS

Carroll, Lewis. *The Adventures of Alice in Wonderland*. Books, Inc.: Boston, n.d.

DONALD A. NORMAN

Norman, Donald A. *The Psychology of Everyday Things*. New York: Basic Books, 1988.

9章　空間を変える
LAO TSU

Lao Tsu. Tao Te Ching. Translated by Gia-Fu Feng and Jane English. New York: Vintage Books, 1972.

EDWARD T. HALL

Hall, Edward T. *The Hidden Dimension*. New York: Doubleday, 1966. ＊『かくれた次元』日高敏隆・佐藤信行訳，みすず書房，1970．

10章　外観―色，質感，グラフィック，素材
RUDOLF ARNHEIM

Arnheim, Rudolf. *Visual Thinking*. Berkeley: University of California Press, 1969.

11章　光に導かれて
FRANCIS D. K. CHING

Ching, Francis D. K. *Interior Design Illustrated*. New York: Van Nostrand Reinhold Company, 1987. ＊『インテリアの空間と要素をデザインする』太田邦夫・菊池岳史・ペリー史子訳，彰国社，1994．

12章　博物館展示―その制約と可能性
JOHN KINARD

Kinard, John. "The Visitor Versus the Museum." In *The Visitor and the Museum,* edited by Linda Draper. Berkeley: University of California, 1977.

写真のクレジット

1章

"The Family" Model, American Museum of Natural History, New York, New York
- Photo by Denis Finnin, photo courtesy of Department of Library Services, American Museum of Natural History

Traveling the Pacific, "Walk On Map," Field Museum, Chicago. Illinois
- Exhibit Development and Design Team: Mary Chiz; Richard Faron; Robert Feldman; Dianne Hanau-Strain; Jeff Hoke; Robert Izor; Paul Martin; Phyllis Rabineau
- Negative #A111277.44c, permission courtesy of the Field Museum of Natural History

2章

"Living Land Living Sea" Gallery at Royal British Columbia Museum, British Columbia, Canada
- Exhibit Designer: Jean Jacques André
- Exhibit Development Team: Adrienne Aikins; Jean Jacques André; Stephanie Baines; Jack Barker; Debbie Bates; Judy Baumgart; Linda Cannon; Carol Christianson; Daryl Currie; Chris Denbigh; Yorke Edwards; Laura Hargrave; Gordon Harper; Tim Hives; Grant Holland; Alec James; Rennie Knowlton; Tony Konings; Ewald Lemke; Bob Matthews; Ed Mullet; Tom Palfrey; Tom Putnam; Ken Rafuse; John Robertson; Pat Scott; Chris Sia; John Smyly; Geoff Stewart; Jan Vriesen; Donna Warren; Jack Waters
- Curatorial Staff: Dr. Chris Brayshaw; Richard Gibb; Charles Guiget
- Royal British Columbia Museum file photo

"Metalwork" in *Mining the Museum*, 1992, Maryland Historical Society, Baltimore, Maryland
- Exhibit Development and Design: Fred Wilson
- Permission courtesy of The Contemporary and The Maryland Historical Society

Finding Your Way (traveling exhibition), Exploratorium, San Francisco, California
- Exhibit Development, Design, and Production: Exploratorium
- Photo by Kathleen Gross

Animals Eat: Different Feasts for Different Beasts, The Brooklyn Children's Museum, Brooklyn, New York
- Exhibit Development and Design Team — Phase I: Kathleen McLean Stephanie Ratcliffe; Peter Shrope; Wendy Aibel-Weiss Phase II: Max Cameron; Carol Enseki; Jane Hultberg; Richard Roach; Craig Vitamanti; Jan Milstead; Eric O'Toole; Gary Miller; Lyvan Munlyn
- Photo by Keith Gemerek

4章

Water in California Visitor Card Station, The Oakland Museum, Oakland, California
- Exhibit Development and Design Team: Sandy Bredt; Alisya Galo; Don Linsdale; Kathleen McLean: Independent Exhibitions; Phil Mumma; Daniel Quan & Associates; Christopher Richard; Tom Steller; Peter Vorster; Richard Walker; Chuck Wollenberg

- Photo by Beth Redmond-Jones

5章

Experiment!, Maryland Science Center, Baltimore, Maryland
- Exhibit Development and Design Team: Pat Baker ; Charlene Cross; Raylene Decatur ; Bob Finton; Henry Frickle; Bill Haas; Sharyn Horowitz; Ken Karlic; Charles Lowder; Kathleen McLean; Terry Nixon; Ahmad Onyango; Stephanie Ratcliffe; Sheryl Segal; Jim Shomo; Peter Shrope
- Photo by Stephanie Ratcliffe

Denver Art Museum, Denver, Colorado
- Permission courtesy of the Denver Art Museum

7章

Aviation, Hong Kong Science Centre, Hong Kong, China
- Exhibit Development and Design Team: the studio of Levy Design, Inc., Portland, Oregon
- Photo by Shab Levy

Darkened Waters: Profile of an Oil Spill, Pratt Museum, Homer, Alaska
- Exhibit Development and Design Team: Gordon Chun and Mary Jo Sutton, Design: Jonathan Hirabayashi Design; Kathleen McLean, Independent Exhibitions; Staff of the Pratt Museum: Martha Madsen, Mike O'Meara, Betsy Pitzman
- Photo by Beth Porter

"History Information Stations" in the Cowell Hall of California History, The Oakland Museum, Oakland, California
- Interactive Multimedia Team: L. Thomas Frye; Deborah Cooper; New England Technology Group; Independent Producer's Services
- Photo by Joe Samberg

8章

Arab Courier Attacked by Lions diorama, Carnegie Museum of Natural History, Pittsburgh, Pennsylvania
- Permission courtesy of the Carnegie Museum of Natural History

Whalefest, Monterey Bay Aquarium, Monterey, California
- Exhibit Development and Design Team: Don Hughes; Judy Rand; Eileen Campbell; Jody Armstrong; Melissa Hutchinson
- Photo courtesy of the Monterey Bay Aquarium

9章

Planet of the Jellies, Monterey Bay Aquarium, Monterey, California
- Exhibit Development and Design Team: Don Hughes; Judy Rand; Eileen Campbell; Jody Armstrong; Melissa Hutchinson
- Photo courtesy of the Monterey Bay Aquarium

Psychology: Understanding Ourselves, Understanding Each Other (traveling exhibition), the American Psychological Association and the Ontario Science Centre
- American Psychological Association Exhibit Development and Design Team: Caryl

Marsh, Ph. D.; Gretchen Jennings; Baiba Sube Lennard
- Ontario Science Centre Exhibit Development and Design Team: Dr. Hooley McLaughlin; Jerome Krause; Mayes Case; John Voskuil
- Photo ("Against the edge of another exhibit") by Neal Johnson Ph.D.
- Photo ("In a more open space") by Hugh Talman

10 章

"Rammed Earth Wall" in *Life Through Time*, California Academy of Sciences, San Francisco, California
- Exhibit Development and Design Team: Linda Kulik; Peter Rodda; Miranda Smith
- Photo by Susan Middleton, California Academy of Sciences, Copyright 1990.

Dr. Seuss From Then to Now, San Diego Museum of Art, San Diego, California
- Exhibit Development and Design Team: Darcie Fohrman; mary Stofflet; Danielle Hanrahan; Deena Blaylock
- Photo by Danielle Hanrahan

Etiquette of the Undercaste, Antenna Theater, Sausalito, California
- Exhibit Development and Design Team: Chris Hardman; Ronald M. Davis; David Torgersen
- Photo by Ronald M. Davis

11 章

Teen Tokyo, The Children's Museum, Boston, MA
- Exhibit Development and Design Team: Leslie Bedford and Dan Spock
- Photo by Richard Howard, negative #1351-94379, permission courtesy of The Children's Museum

12 章

Chiefly Feasts: The Enduring Kwakiutl Potlatch, American Museum of Natural History, New York, New York
- Exhibit Development and Design Team: American Museum of Natural History
- Negative #600779/33-32A, courtesy Department of Library Services, American Museum of Natural History

First Encounters, Florida Museum of Natural History, Gainseville, Florida
- Florida Museum of Natural History Exhibit Development and Design Team: Jerald T. Milanich; Susan Milbrath; Dorr Dennis

photo inset:
Form the Heart of Turtle Island: Native Views of 1992
- Community Planning Team: Jan Attridge; Amy Cordova; Juanita Espinosa; Armando Gutierrez; Shirley Little Bird; Milagros Llauger; Roy McBride; Lori Mollenhoff; Salvatore Salerno; Elaine Salinas
- Science Museum of Minnesota Project Staff: Eileen Flory; Lonnie Kennedy; Beth Peterson; Dan Swan
- Photo by Tim Ready, permission courtesy of the Florida Museum of Natural History and the Science Museum of Minnesota

博物館等一覧

アフリカン・アートセンター　Center for African Art　44
アメリカ自然史博物館　American Museum of Natural History　19, 69, 143, 208-209
インディアナポリス子どもの博物館　Indianapolis Children's Museum　61
ウラニア　Urania　8, 130
エクスプロラトリアム　Exploratorium　28, 47, 168-169
M. H. デ・ヤング記念博物館　M. H. de Young Memorial Museum　202
オークランド博物館　Oakland Museum　84, 103, 139
合衆国ホロコースト記念博物館　United States Holocaust Memorial Museum　17, 168
カナダ文明博物館　Canadian Museum of Civilization　61
カーネギー自然史博物館　Carnegie Museum of Natural History　144
カリフォルニア科学アカデミー　California Academy of Sciences　181
カリフォルニア科学産業博物館　California Museum of Science and Industry　130, 145
コーコラン・アートギャラリー　Corcoran Gallery of Art　202
ゴールデンゲート記念博物館　Golden Gate Memorial Museum　8
サンディエゴ美術館　San Diego Museum of Art　183
スミソニアン研究所　Smithsonian Institution　36, 185
スミソニアン自然史博物館　National Museum of Natural History　22, 179
大英自然史博物館　Natural History Museum, London　17, 37, 208
デンバー美術館　Denver Art Museum　110
ドイツ博物館　Deutsches Museum　8, 130
ニューヨーク近代美術館　Museum of Modern Art　171
ニューヨーク州博物館　New York State Museum　69
ニューヨーク・ホールオブサイエンス　New York Hall of Science　102
ノヴァスコシア博物館　Nova Scotia Museum　121
フィールド自然史博物館　Field Museum of Natural History　26, 36, 57, 61, 208
プラット博物館　Pratt Museum　81-82, 134-135, 202, 210
フランクリン・インスティテュート　Franklin Institute　136
ブリティッシュ・コロンビア州立博物館　British Columbia Provincial Museum　54
ブルックリン子どもの博物館　Brooklyn Children's Museum　50, 107, 133-134
フロリダ自然史博物館　Florida Museum of Natural History　211

ボストン子どもの博物館　Boston Children's Museum　60, 191
ボルチモア水族館　National Aquarium in Baltimore　168
香港科学館　Hong Kong Science Centre　131
ミネソタ科学博物館　Science Museum of Minnesota　211
メトロポリタン美術館　Metropolitan Museum of Art　144
メリーランド・サイエンスセンター　Maryland Science Center　103-104
メリーランド歴史協会　Maryland Historical Society　44
モントレー湾水族館　Monterey Bay Aquarium　82-83, 89-90, 151, 156, 159
ロイヤル・オンタリオ博物館　Royal Ontario Museum　101
ロイヤル・ブリティッシュ・コロンビア博物館　Royal British Columbia Museum　43, 61
ローレンス・ホールオブサイエンス　Lawrence Hall of Science　17
ワシントン国立動物園　National Zoo　171

展示名一覧

アディティ―生命の儀式　Aditi: A Celebration of Life　179
アメリカのオランダ絵画　Great Dutch Paintings of America　202
科学って何？　What is Science?　103
カリフォルニアの水　Water in California　84-85, 103
腐った事実―ゴミについて　Rotten Truth（About Garbage）　87
クジラのすべて　Whalefest　151
クラゲの惑星　Planet of the Jellies　159
黒くなった水―オイル漏れの実態　Darkened Waters: Profile of an Oil Spill　81-82, 105, 134-135, 202, 209
芸術品？　それとも実物資料？　ART/artifact　44
最下層階級の礼儀作法　Etiquette of the Undercaste　36, 185
最初の出会い　First Encounters　211
実験！　Experiment!　103
首領の祭り―今も続くクワキウトル族のポトラック　Chiefly Feasts: The Enduring Kwakiutl Potlatch　209
心理学―自分自身，そしてお互いを理解する　Psychology: Understanding Ourselves, Understanding Each Other　163
太平洋は命の宝石　Living Treasures of the Pacific　89
太平洋を旅する　Traveling the Pacific　26
ティーン・トーキョー　Teen Tokyo　191
動物の食事―いろいろな動物のいろいろな食べ物　Animals Eat: Different Feasts for Different Beasts　50
時をかける生命　Life Through Time　181
ドクター・スースのすべて　Dr. Seuss from Then to Now　183
バウハウス1919-1928　The Bauhaus 1919-1928　171
博物館を掘る　Mining the Museum　44
マスマティカ―数の世界とその向こう　Mathematica: A World of Numbers and Beyond　130
見えない力　Invisible Forces　145
道を探す　Finding Your Way　47
緑の地球　Greenhouse Earth　136
野生からのメッセージ　Messages from the Wilderness　36

ライオンに襲われるアラブの使者　Arab Courier Attacked by Lions　143-144
ロバート・メープルソープ／パーフェクト・モーメント　Robert Mapplethorpe: The Perfect Moment　202

訳者あとがき

　ここ20年で博物館をとりまく状況は大きく変わったと言える．博物館は単に資料を収集，保存，展示するだけでなく，そうしたすべての機能について，自分たちをとりまく社会との関係を強く意識するようになった．1992年には，米国博物館協会が「卓越と均等」（Excellence and Equity: Education and the Public Dimension of Museums）という報告書を発行し，博物館は公共サービスと教育のための機関であることを示している．原書 *"Planning for People in Museum Exhibitions"* がアメリカで出版されたのは1993年．徹底して利用者の経験を重視するその姿勢は，今でも変わらず示唆に富んでいる．わが国でも，博物館の公共性が強調されるようになり，講座やワークショップなどの教育活動が話題にのぼることが多くなっているが，人々にとって博物館のイメージとは，すなわち展示のイメージであると言っても過言ではない．展示こそ，最も多くの人が利用する，公共性の強い部分だろう．

　本書は，展示の中でもとくに解釈的なアプローチの展示（Interpretive Exhibition）の開発を中心に述べている．単に資料や標本をケースの中に並べて見せるだけではなく，利用者の解釈を促すような，つまり，利用者が自分との接点を見出し，そこに意味を見出すことができるような工夫がされた展示のことである．利用者は，単に情報を受け取るだけの受け身な存在ではなく，展示を利用し，そこに意味を見出す主体である．利用者をそのように捉えたときに，博物館の展示は，その開発はどうあるべきなのか．本書は，「利用者の立場から」考えつつ，同時に「展示のつくり手として」どう考え，ふるまうべきかを総括的に述べた良書であると思う．また，展示オープン後のメンテナンス，果ては展示終了後のリサイクルの問題も含め，先を見越した著者の視点には学ぶことが多い．

　本書は，展示開発の分野に興味を持つ人から，実際に展示開発に関わる人まで，幅広いニーズに応えるだろう．訳者の井島は，アメリカ留学中に，展示開発の授業のテキストのひとつとして本書に出会った．展示開発に関わるさまざまな人々，開発の過程で考慮すべきこと，そして，実際にどのような

プロセスを経て開発がすすむのか，展示開発を概観するのに適したテキストであった．

本書が単なる入門書でないことは，自分が展示開発に深く関わるようになって改めて実感した．開発チームメンバー内でのコミュニケーションや役割分担に関する問題，さまざまな条件下での問題解決など，実践において直面する課題が適確に述べられている．いろいろな専門分野や立場の者が集まり，利用者の展示経験を最適なものにするという目的を達成するには，チームとして何を，どのように共有して，課題を解決し，制作をすすめていけばよいか，展示開発や運営の実践経験が豊富な著者だからこそ書くことができた内容だろう．

著者も述べているが，すべての展示プランニングにあてはまる「正しい答え」は存在しない．したがって，本書も「こうすればよい」という便利な答えを提供するものではない．本書は，展示開発に関わる者に，そのプロセスで考慮すべきことを思い起こさせるものであり，課題に直面したときに，その課題の性質を理解，整理するのに役立つガイドであると思う．答えを出すのは私たち自身であるが，そのためのヒントを本書は十分に与えてくれる．

本書には，博物館に関わる職種として，キュレーター，資料保存担当者，エデュケーター，エバリュエーターなど，いろいろなものが登場する．アメリカでは（とくに中規模以上の館では），博物館のさまざまな仕事をそれぞれの専門家が分業する体制が一般的なので，それを反映しているのである．わが国では学芸員という職名で一括して呼ぶのが一般的で，一人が複数の役割を担うことも多いため，日本の状況にはそぐわない話だと思う読者もいるかもしれない．しかし，ここでは，分業か兼業かの議論は重要ではない．学術的内容の正確さ，資料の保存，利用者の経験，学習など，展示のプランニングの際にさまざまな点を考慮しなければならないのは，アメリカも日本も同じである．各立場をすべて一人が担うのか，それとも立場によって分かれた方がよいのか（あるいは外注するのがよいのか）は，組織，人材に応じて各組織で考えていけばよいだろう．著者も，展示開発チームの編成やそのメンバーの役割は固定的なものではなく，各組織にあった方法を考えるべきだと述べている．

出版から10年が経つ本書は，日本の博物館関係者の中でも参考書として利用されてきており，多くの方々から励ましや，協力をいただいた．とくに，

村井貞邦さん，村井良子さんは，既に別の機会に訳出してあった部分を提供して下さり，我々の仕事を応援してくださった．登石久美子さんには，照明に関する専門用語を指導していただいた．その他，マーク J. グライガーさん，雨宮千嘉さん，重盛恭一さん，太田歩さんには，それぞれの専門の立場からさまざまなアドバイスをいただいた．また，翻訳出版の機会を与えてくださった，玉川大学教育博物館の先生方，そして玉川大学出版部の成田隆昌さんに感謝したい．

事項索引

〔ア行〕

アクセスのしやすさ　23, 54, 136, 170, 190
色（色彩）　21, 138, 147, 162-163, 171, 176-180, 192-193
インタープリター　27, 39, 42
ウォークスルー　85, 89-90
エデュケーター　56-59, 63, 69-70, 152
エネルギー効率　197, 221
オリエンテーション／導入　23, 158, 165-166, 189, 206

〔カ行〕

外観　176-187
科学館技術館協会 Association of Science-Technology Centers（ASTC）　17, 39, 53, 197
学習スタイル　24-28, 73, 78
価値（観）　40-41, 209-210
壁とパネル　52, 159-160, 164, 167, 172-173, 178, 182, 205
環境のためのデザイン方針 Design Principles of Environmental Stewardship　222-223
観覧時間　36
キュレーター　16-17, 34-35, 56-59, 63, 69-70, 77, 102, 144-145, 152
空間　157-175, 188
　かたち　159-160
　強調　163
　近接学　174
　スケール　161-162
　調和　158-163
　バランス　160-161
　比例　162
　リズム　162-163
空間概念図（バブルダイアグラム）　86-87
グラフィック　42, 48-49, 146-147, 176, 182-183, 215-216
劇場型展示　49-50
ケロッグ・プロジェクト Kellogg Project　58-59
工業デザイナー　9, 45, 60, 66
工業デザイン　19, 66, 132, 135
コミュニケーション／伝達　21, 29, 32, 34-35, 38, 40, 59, 80-83, 97-99, 132, 143, 149, 210, 213, 217
娯楽　20, 22, 23, 31
コントラスト　154-155, 163, 177-178, 189-190
コンピュータ　49, 131, 151, 167, 205-208

〔サ行〕

サイトライン　170-171
3次元空間　32-33, 49, 157, 183
質感（テクスチャー）　41, 162-163, 176, 180-182, 191
実現性　74, 78, 99, 104
シナリオ　85
照明　138, 154-155, 162, 164, 170, 173, 177, 179, 188-198, 216
資料保存担当者／資料保存　56, 70, 189, 193
ストーリーライン　85-87
スミソニアン巡回展サービス Smithsonian Institution Traveling Exhibition Service（SITES）　53
製作　74-75, 90-92, 155
制約　52, 75, 81, 199-205
設置　52-53, 91-92, 196-197
全米科学財団 National Science Foundation　111

先行オーガナイザー　166, 215
全米博物館展示協議会 National Association for Museum Exhibition（NAME）　7, 206
専門家　56-61, 64, 70, 78, 149, 203-204
専門的ジェネラリスト　59-62, 204
創造のプロセス　63, 72-74
双方向性マルチメディア 139, 205-208
素材　136, 174, 176-177, 183-187, 204-205
　環境にやさしい素材　93, 184, 186-187, 205, 218-223

〔タ行〕

耐久性　97, 183-184, 218
多重知能理論　24-27
W. K. ケロッグ財団　W. K. Kellogg Foundation　57
チーム　56-71, 80, 83
　部門横断型チーム　66, 135
　チームのあり方　64-69
　チームワークの心理学　62-64
チャールズ＆レイ・イームズ　オフィス Eames, Office of Charles and Ray　130
中央ヨーロッパデザイン会議　Central European Design Conference　186
追跡調査　36, 106
デザインコンセプト　87-88
デザイナー　48, 51, 56-61, 63, 66, 69-70, 73-74, 79, 95, 113, 119-120, 131, 157-158, 164-165, 176-179, 183-184, 186-189
デザイン　39-40, 54, 74-75, 87-88, 90-95, 113, 115, 132, 135-137, 153-155, 157-175, 177-178, 186-187, 191, 215-217
　最終デザイン　88
　詳細デザイン　74-75
　初期デザイン　74-75, 87
　デザインと評価　98, 104
　デザインの修正　90
展示の種類
　インタラクティブ展示　45, 128-141

現象展示　39, 45-46, 81, 131-132
空間体験型展示　42-43
参加型展示　52, 128-141
巡回展示　40, 53
常設展示　40, 50-52, 184
資料中心の展示　40-45
短期展示　52-53, 184
テーマ展示／トピック展示　39, 45-50, 80-81, 86
ハンズ・オン展示　128-129
ブロックバスター　52
展示スタッフ　203-204
展示の前後関係　33, 41
展示ディベロッパー　60-61, 152
展示の修正／調整／変更　94, 106, 109
展示のメッセージ　33-34, 39, 42, 44, 80-83, 152, 217
　コミュニケーション目標　80-83, 132
　メッセージの階層化　82-83, 150
　持ち帰りメッセージ　80-83, 90
展示批評　203, 213-217

〔ナ行〕

ナショナル・ジオグラフィック協会 National Geographic Society　136
ニューヨーク世界博覧会　New York World's Fair　184
人間工学　136

〔ハ行〕

人の流れと動線　166-170
評価　97-112,
　企画段階　34, 84-85, 100, 102-103, 107, 112
　制作途中　34, 88, 91, 100, 104-105, 107, 112
　総括　93, 100, 106, 109
評価と利用者研究　99-101
疲労（疲れ）　111, 130, 164, 172
フォーカスグループ　34, 102

事項索引　*265*

プロセスの修正／調整　94
雰囲気　49, 164, 176-177, 182
米国博物館協会　American Association of Museums（AAM）　20, 26, 111, 213
米国標準技術研究所　National Institute of Standards and Technology　187
歩調　158, 164-172

〔マ行〕

ミッション（使命）　23, 51-52, 78, 98, 210
メンテナンス　22, 92-93, 137-138, 196-197
目的（声明）文　79, 82
目標と目的　37, 75, 79, 81, 90, 93, 106, 132, 148-149
モックアップとプロトタイプ　45, 104, 136, 154
問題解決　74, 113-127
　ブレインストーミング　78, 120-121
　問題の明確化　115-118

〔ヤ行〕

予算　52, 79, 89, 100, 106-107, 109, 138, 200-203
ヨーロッパ環境デザイン会議　European Conference on Design for the Environment　187

〔ラ行〕

来観者からのフィードバック　34, 84
ライフサイクル・アセスメント　187, 218
ラベル　105, 108, 129, 142-156, 217
　情報の多層化　147-148
　組織（館）の声　142-143
　伝達者としての解説ラベル　146-147
　パネルの製作　142, 155
　「人は解説を読まない」　147
　文字とパネルの色　154-155
　文字の大きさ　154
　文字の間隔　155
　ラベルの執筆と編集　151-153
利用者研究　19, 59, 99-102, 111-112
利用者研究のための国際研究所　International Loboratory for Visitor Studies（ILVS）　111
利用者調査・評価委員会 Committee for Audience Research and Evaluation（CARE）　111
利用者（観覧者）の経験／体験　20, 23, 27-30, 32, 35-39, 42, 54, 69-70, 73, 86, 89, 93, 111-112, 132, 200, 207, 210

人名索引

〔ア行〕

アイズナー Eisner, Elliot 145
アシモウ Asimow, Morris 74, 186
アダムス Adams, James 118, 120
アニス Annis, Sheldon 27
アルト Alt, Mick 37
アルンハイム Arnheim, Rudolf 171, 176
アンドレ André, Jean Jacques 54
イッテン Itten, Johannes 179
ウィルク Wilk, John 65
ウィルコム Wilcomb, C. P. 8
ウィルソン Wilson, Fred 44-45
ヴォーゲル Vogel, Susan 44
ウールジー Woolsey, Kristina Hooper 207
エバーハード Eberhard, John 95, 119-120
オズボーン Osborn, Alexander 120
オッペンハイマー Oppenheimer, Frank 28-29, 129, 168
オールズ Olds, Anita Rui 174-175

〔カ行〕

ガードナー Gardner, Howard 24-27, 128
ガードナー Gardner, James 38
カープ Karp, Ivan 208
カリー Carey, Susan 113
カーン Kahn, Louis I. 15
キナード Kinard, John 199, 210
キャロル Carroll, Lewis 72, 142
キャンベル Campbell, Joseph 145
グラバーン Graburn, Nelson 27
グラント Grant, Daniel 144
グリアン Gurian, Elaine Heumann 17
グリッグス Griggs, Steven 37, 102
グリネル Grinell, Sheila 45, 201
グリロ Grillo, Paul Jacques 165, 167

〔サ行〕

グレイサー Glaser, Milton 54
クロン Kron, Joan 184
ケストラー Koestler, Arthur 114-115
ケネディ Kennedy, Jeff 132

シニア Senior, Jim 144
ジョーンズ Jones, Jeffrey 208
シルヴァー Silver, Adele 16
スクラー Sklar, Martin 20
スクリーヴン Screven, Chandler 29, 99-100, 147-148
スポック Spock, Michael 60-61
スレシン Slesin, Suzanne 184
セレル Serrell, Beverly 30, 148-149, 208
センパー Semper, Rob 207

〔タ行〕

ダックワース Duckworth, Eleanor 80
ダブス Dobbs, Stephen 145
チン Ching, Francis D. K. 188
デ・ボノ de Bono, Edward 115-118, 120
デ・モンテベロ de Montebello, Philippe 144
ディアキング Dierking, Lynn 35, 93
ディズニー Disney 20-22, 167,
テイラー Taylor, Samuel 102
デミング Deming, W. Edwards 67
デューイ Dewey, John 213
トマス Thomas, Lewis 63
ドレイファス Dreyfuss, Henry 184

〔ナ行〕

ノーマン Norman, Donald A. 97, 142

〔ハ行〕

パー　Parr, Albert　69, 168
ハーシュバーグ　Hirshberg, Gerald　66
パパネック　Papanek, Victor　60, 97, 116-117
ピーターズ　Peters, Tom　68
フォーク　Falk, John　35
フラー　Fuller, Buckminster　113
フラッグ　Flagg, Barbara　109
ベイヤー　Bayer, Herbert　171
ヘイワード　Hayward, Jeff　98
ヘラー　Heller, Caroline　38
ベルチャー　Belcher, Michael　79
ボーラン　Borun, Minda　133
ホール　Hall, Edward T.　157, 174, 180
ホール　Hall, Margaret　98, 148
ポルセリ　Porcelli, Lorenzo　54
ポロック　Pollock, Wendy　4

〔マ行〕

マイルズ　Miles, Roger　15, 17, 20, 37

マクドナルド　MacDonald, George　61, 210
マクマナス　McManus, Paulette　143, 147, 203
マクルーハン　McLuhan, Marshall　23
マッカーシー　McCarthy, Bernice　24-25
マッキム　McKim, Robert　120
マーティン　Martin, Steve　31
ミンスキー　Minsky, Marvin　125
メルトン　Melton, Arthur　9, 111, 130

〔ラ行〕

ラオ　Lao-Tsu（老子）　157
ラヴァイン　Lavine, Steven　208
ラフリング　Raphling, Britt　208
ランド　Rand, Judy　81, 142, 156
リッテル　Rittel, Horst　117
ル・コルビュジェ　Le Corbusier　162
ルーカス　Lucas, George　64
レッシュ　Laetsch, Mac　17
レナード　Leonard, George B.　128
ロビンソン　Robinson, Edward　8-9, 111,
ローワン　Rowan, Katherine　148

□著　者

キャスリーン・マックリーン（Kathleen McLean）
美術，歴史，文化，科学系の博物館で，展示の開発・デザインを手掛けて，30年になる．現在，サンフランシスコのエクスプロラトリアムの展示・プログラム部門（the Center for Public Exhibition and Public Programs）のディレクター．

□訳　者

井島　真知（いしま　まち）
1968年生まれ
早稲田大学第一文学部哲学科教育学専修卒業
バンクストリート教育大学大学院博物館教育プログラム修了
林原自然科学博物館　展示普及部エデュケーター
訳書：『ハンズ・オンとこれからの博物館』（共訳・東海大学出版会）

芦谷　美奈子（あしや　みなこ）
1965年生まれ
千葉大学理学部生物学科卒業
同大学院理学研究科修士課程修了後，1991年より現所属の準備室に勤務．
滋賀県立琵琶湖博物館　主任学芸員
訳書：『ハンズ・オンとこれからの博物館』（共訳・東海大学出版会）

博物館をみせる　人々のための展示プランニング

2003年5月25日　第1刷
2015年2月15日　第5刷

著者　K．マックリーン
訳者　井　島　真　知
　　　芦　谷　美奈子
発行者　小　原　芳　明
発行所　玉　川　大　学　出　版　部
〒194-8610　東京都町田市玉川学園6-1-1
TEL 042-739-8935　FAX 042-739-8940
http://www.tamagawa-up.jp/
振替　00180-7-26665

NDC 069　　印刷所　株式会社　三　秀　舎

© Tamagawa University Press 2003　Printed in Japan

ISBN 978-4-472-40287-6 C3000　　乱丁本・落丁本はお取替いたします

フランスの博物館と図書館 ブラン゠モンマイユール他編／松本・小浜訳	図書館・博物館に共通するもの，異質なものを問い直し，一般への公開法と利用法，研究機関・生涯学習機関としての機能を論じる．関係者必携． A5 3200円
スミソニアンは何を展示してきたか ヘンダーソン他編／松本・小浜訳	現代のどの博物館も直面している収集や展示にともなう問題を扱い，伝統にとらわれず，生きた展示にするための取り組み方，考え方について語る． A5 4200円
デジタル時代の大学と図書館 21世紀における学術情報資源マネジメント ホーキンス他編／三浦・斎藤・廣田訳	高等教育機関に甚大な影響を及ぼしつつあるデジタル技術，学術コミュニケーションの将来，大学のあり方を論じ，知の再編成の見取り図を描く． A5 4800円
遙かなるスミソニアン 博物館と大学とアーカイブスと 松本栄寿	スミソニアン・アメリカ歴史博物館研究員，メリーランド大学の学生として技術の歴史を学び，アメリカ各地の博物館とアーカイブスを旅する． 四六 2500円
IT時代の産業技術博物館構想 馬渕浩一	既存施設とのネットワーク化をめざし，あらゆる形態の技術情報を収集して，産業技術情報センターとしての役割をになう博物館像を提示する． 四六 3000円
京都集書院 福沢諭吉と京都人脈 多田建次	京都集書院はわが国初の公共図書館として後の図書館に多大な影響を及ぼした．図書館史，教育史双方の視点からその歴史を詳説する． 四六 3600円

表示価格に消費税が加算されます　　　　　　　　　　　　玉川大学出版部